Die Mitwirkungspflicht der Parteien des Zivilprozesses vor dem Hintergrund letzter Reformen in Deutschland und der Türkei

Europäische Hochschulschriften

European University Studies

Publications Universitaires Européennes

Reihe II **Rechtswissenschaft**

Series II Law

Série II Droit

Band/ Volume **5988**

Hilal Ünal Kaya

Die Mitwirkungspflicht der Parteien des Zivilprozesses vor dem Hintergrund letzter Reformen in Deutschland und der Türkei

PETER LANG

Bibliografische Information der Deutschen Nationalbibliothek
Die Deutsche Nationalbibliothek verzeichnet diese Publikation in der Deutschen Nationalbibliografie; detaillierte bibliografische Daten sind im Internet über http://dnb.d-nb.de abrufbar.

Zugl.: Berlin, Freie Univ., Diss., 2017

D 188
ISSN 0531-7312
ISBN 978-3-631-74748-3 (Print)
E-ISBN 978-3-631-74789-6 (E-PDF)
E-ISBN 978-3-631-74790-2 (EPUB)
E-ISBN 978-3-631-74791-9 (MOBI)
DOI 10.3726/b13424

Peter Lang – Berlin · Bern · Bruxelles · New York · Oxford · Warszawa · Wien

Diese Publikation wurde begutachtet.

www.peterlang.com

Vorwort

Die vorliegende Arbeit wurde im Sommersemester 2017 von der Juristischen Fakultät der Freien Universität Berlin als Dissertation angenommen. An dieser Stelle möchte ich den zahlreichen Personen, die mich während der Bearbeitung meiner Dissertation in vielfältiger Art und Weise unterstützt haben, ganz herzlich danken.

Mein besonderer Dank gilt zunächst meinem Doktorvater, Herrn Professor Dr. Martin Schwab, für seine fachliche und persönliche Unterstützung. Durch seine konstruktiven Anmerkungen und Hinweise sowie nicht zuletzt seine stetige Diskussionsbereitschaft hat er wesentlich zum Gelingen meiner Arbeit beigetragen. Immer war er für mich da, hat mich aufgebaut und mir geholfen, auch wenn es mal eine schwerere Phase gegeben hat. Ebenfalls herzlich bedanken möchte ich mich bei Frau Prof. Dr. Ruth Janal für die freundliche Übernahme des Zweitgutachtens sowie bei Frau Prof. Dr. Cosima Möller für ihr Mitwirken in der Prüfungskommission.

Ein herzlicher Dank gebührt weiterhin meinen Freunden Lars Klenk, Müjde Tufan und Eva Flug, die durch ihre stete Hilfsbereitschaft, ihr offenes Ohr sowie durch sorgfältiges Korrekturlesen wesentlich zum Abschluss dieser Arbeit beigetragen haben.

Bei meinen Eltern und Schwestern möchte ich ganz herzlich dafür bedanken, dass sie immer an mich und meine Arbeit geglaubt haben. Ihr moralischer Beistand und ihr motivierender Zuspruch haben mir Kraft und Mut zur Anfertigung und Vollendung meiner Dissertation gegeben.

Mein ganz besonderer Dank aber gilt meinem Ehemann Ali Can Kaya für seine liebevolle und geduldige Unterstützung, ohne die ein solcher Arbeitsumfang in dieser beschwerlichen Zeit niemals hätte gelingen können.

Inhaltsverzeichnis

Abkürzungsverzeichnis

ABl.	Amtsblatt
AcP	Archiv für die civilistische Praxis
a. F.	alte Fassung
AG	Amtsgericht
ALI	American Law Institute
Alt.	Alternative
AnwBl	Anwaltsblatt
Art.	Artikel
AÜHFD	Ankara Üniversitesi Hukuk Fakültesi Dergisi (Zeitschrift)
AYM	Anayasa Mahkemesi (Das Verfassungsgericht)
Bd.	Band
BeckRS	Beck-Rechtsprechung
Begr.	Begründung
BGB	Bürgerliches Gesetzbuch
BGBI.	Bundesgesetzblatt
BGH	Bundesgerichtshof
BKR	Zeitschrift für Bank- und Kapitalmarktrecht
BMJ	Bundesministerium der Justiz
BRAK-Mitt.	Mitteilungen der Bundesrechtsanwaltskammer
bspw.	beispielsweise
BT-Drucks	Bundestagsdrucksache
bzgl.	bezüglich
bzw.	beziehungsweise
c. a.	circa
CPO	Civilprozeßordnung.
ders.	derselbe
d. h.	daher
DJZ	Deutsche Juristen-Zeitung
DRiZ	Deutsche Richterzeitung
DÜHFD	Dokuz Eylül Üniversitesi Hukuk Fakültesi Dergisi (Zeitschrift)
dZPO	Deutsche Zivilprozessordnung
EGZPO	Einführungsgesetz zur Zivilprozessordnung
EMRK	Europäische Menschenrechtskonvention
Endg.	Endgültig
EU	Europäische Union
FamFG	Das Gesetz über das Verfahren in Familiensachen und in den Angelegenheiten der freiwilligen Gerichtsbarkeit
FG	Festgabe
Fn.	Fußnote
FS	Festschrift

GebrMG	Gebrauchsmustergesetz
gem.	gemäß
GeschmMG	Geschmacksmustergesetz
GesEntw	Gesetzesentwurf
GG	Grundgesetz
ggf.	gegebenenfalls
GRUR	Gewerblicher Rechtsschutz und Urheberrecht (Zeitschrift)
GRURInt	Gewerblicher Rechtsschutz und Urheberrecht Internationaler Teil
HalblSchG	Halbleiterschutzgesetz
HD.	Hukuk Dairesi (Zivilsenat)
HGK	Hukuk Genel Kurulu (GroBer Senat in Zivilsachen)
HHFD	Hacettepe Hukuk Fakültesi Dergisi (Zeitschrift)
h. M.	herrschende Meinung
Hrsg.	Herausgeber
IBA	International Bar Association
İBD	İstanbul Barosu Dergisi (Zeitschrift)
i. d. S.	in dem Sinne
İNÜHFD	İnönü Üniversitesi Hukuk Fakültesi Dergisi (Zeitschrift)
i. R. d.	Im Rahmen der
i. S. d.	Im Sinne des
i. V. m	im Vergleich mit
JA	Juristische Arbeitsblätter
JR	Juristische Rundschau
JuS	Juristische Schulung
JW	Juristische Wochenschrift
JZ	Juristen Zeitung
KOM	Europäische Kommission
LG	Landesgericht
lit.	Buchstabe
Marke RVO	Rechtsverordnung mit Gesetzeskraft über den Schutz der Markenrechte
MarkenG	Markengesetz
MBD	Manisa Barosu Dergisi (Zeitschrift)
MDR	Monatsschrift für Deutsches Recht
m. E.	Meines Erachtens
MİHDER	Medeni Usul ve İcra İflas Hukuku Dergisi (Zeitschrift)
MMR	Multimedia und Recht (Zeitschrift)
MüKoZPO	Münchener Kommentar zur Zivilprozessordnung
n. F.	neue Fassung
NJ	Neue Justiz
NJW	Neue Juristische Wochenschrift
NJW-RR	NJW-Rechtsprechungsreport
Nr.	Nummer
o. Ä.	oder Ähnliches

OHG	Offene Handelsgesellschaft
OLG	Oberlandesgericht
Patent RVO	Rechtsverordnung mit Gesetzeskraft über den Schutz der Patentrechte
PatG	Patentgesetz
RabelsZ	Rabels Zeitschrift für ausländisches und internationales Privatrecht
RGZ	Amtliche Sammlung von Entscheidungen des Reichsgerichts in Zivilsachen
RL	Richtlinie
Rn.	Randnummer
S.	Seite
SchiedsVZ	Zeitschrift für Schiedsverfahren
sog.	sogenannte
SortSchG	Sortenschutzgesetz
TBBD	Türkiye Barolar Birliği Dergisi (Zeitschrift)
tHGB	Türkisches Handelsgesetzbuch
tMediationsG	Türkisches Mediationsgesetz
tOG	Türkisches Obligationsgesetz
tStGB	Türkisches Strafgesetzbuch
tVG	Türkisches Verfassungsgesetz
tZGB	Türkisches Zivilgesetzbuch
tZPO	Türkische Zivilprozessordnung
tZVG	Türkisches Zwangsvollstreckungs- und Insolvenzgesetz
u. a.	unter anderem
UNIDROIT	International Institute for the Unification of Private Law
UPCA	Übereinkommen über ein Einheitliches Patentgericht
UrhG	Urheberrechtsgesetz
usw.	und so weiter
VersR	Zeitschrift für Versicherungsrecht, Haftungs- und Schadensrecht
vgl.	vergleiche
YKD	Yargıtay Kararları Dergisi (Zeitschrift)
ZEuP	Zeitschrift für Europäisches Privatrecht
ZPO-RG	Zivilprozessreformgesetz
ZRP	Zeitschrift für Rechtspolitik
ZZP	Zeitschrift für Zivilprozess
ZZPInt	Zeitschrift für Zivilprozess International

Fragestellung und Gang der Untersuchung

„Recht haben und Recht bekommen sind zwei Paar Schuhe“ sagt ein deutsches Sprichwort.

In einem Verfahren bekommt nicht automatisch derjenige Recht, der Recht hat, sondern derjenige, der sein Recht beweisen kann. Doch was ist, wenn die erforderlichen Beweismittel im Besitz des Prozessgegners sind? Hat die beweisbelastete Partei dann Recht, kann aber kein Recht bekommen? Oder hilft ihr das Recht dabei, die erforderlichen Beweismittel vom Gegner zu erhalten? Mit diesen Fragen im deutschen und türkischen Recht beschäftigt sich die vorliegende Arbeit.

Seit vielen Jahren sind der deutsche und türkische Zivilprozess vom Grundsatz *„nemo contra se edere tenetur“* geprägt. Danach ist keine Prozesspartei verpflichtet, ihrem Gegner die Mittel zum Prozesssieg zu verschaffen.[1] Im Kern betrachtet dieses Prinzip den Prozess als Arena der Parteien und gewährt ihnen daher auch Spielraum für prozesstaktische Erwägungen. Keine Partei dürfe danach auf prozessualer Ebene dazu gezwungen werden, eine für sie nachteilige Information zu offenbaren, soweit keine materiell-rechtliche Verpflichtung existiert.[2] In neuerer Zeit wird dieser Grundgedanke jedoch zunehmend relativiert. Gesetzesreformen und höchstrichterliche Rechtsprechung in Deutschland und der Türkei haben die Mitwirkungspflichten der nicht beweisbelasteten Partei bei der Sachverhaltsermittlung stärker in den Vordergrund gerückt. Besonders bemerkenswert ist, dass diese Entwicklung sich in beiden Ländern unabhängig vom materiellen Recht rein auf prozessualer Ebene verwirklicht.

Die vorliegende Abhandlung möchte die Aufklärungspflichten in Deutschland und Türkei *de lege lata* und *de lege ferenda* analysieren. Sie gliedert sich in vier Teile. Die ersten beiden Teile widmen sich der Rechtslage *de lege lata.* Zunächst werden die Verfahrensgrundsätze und Prozesszweckdiskussionen nachgezeichnet (Teil I). Die Untersuchung dieser Prinzipien bietet einen Überblick über die Grundlagen des deutschen und türkischen Zivilprozessrechts, welcher für einen sachgerechten

---

1 BGH v. 26.6.1958, NJW 1958, S. 1491 (1492); BGH v. 11.06.1990, NJW 1990, S. 3151 (3151); BGH v. 7.12. 1999, NJW 2000, S. 1108 (1109); BGH v. 26.10.2006, NJW 2007, S. 155 (156). Zustimmend: MüKoZPO-Prütting, 5. Aufl. 2016, § 286 Rn. 130; Stein/Jonas-Leipold, 22. Aufl. 2005, § 138 Rn. 26; Stein/Jonas-Althammer, 23. Aufl. 2016, § 142 Rn. 9; Arens, ZZP 96 (1983), S. 1, (4); Prütting, AnwBl 2008, S. 153 (156); ders., Gegenwartsprobleme der Beweislast, 1983, S. 137; Prütting/Gehrlein-Laumen, 8. Aufl. 2016, § 286 Rn. 87; Rosenberg/Schwab/Gottwald, Zivilprozessrecht, 2010, § 109 Rn. 8; vgl. Arslan, Medeni Usul Hukukunda Dürüstlük Kuralı, 1989, S. 118; vgl. Erdönmez, Medeni Usul Hukukunda Belgelerin İbrazı Mecburiyeti, 2010, S. 26 ff.; Yargitay HGK v. 24.6.1964, 4–776/487, zit. nach Arslan, Medeni Usul Hukukunda Dürüstlük Kuralı, 1989, S. 118 Fn. 328.

2 Siehe unten Vierter Teil § 8 III.2.

Rechtsvergleich unentbehrlich ist. Außerdem steht die Gestaltung des Verfahrens ausgehend von den Prozessmaximen in engem Zusammenhang mit der Frage nach dem allgemeinen Prozesszweck sowie mit der Rolle von Parteien und Richter bei der Stoffsammlung.

Anschließend werden die konkret bestehenden Mitwirkungspflichten der Parteien analysiert (Teil II). Ein besonderes Augenmerk liegt hierbei auf den zahlreichen Hilfsmitteln, die die höchstrichterliche Rechtsprechung der beweisbelasteten Partei zur Verfügung stellt, um die mit dem *„nemo contra se edere tenetur"*-Grundsatz verbundenen Belastungen auszugleichen.

Im dritten Teil werden die internationalen und nationalen Reformbewegungen untersucht. Auf nationaler Ebene werden dabei insbesondere die deutsche ZPO-Reform von 2001 und die türkische Reform von 2011 analysiert. Es fragt sich, welche Auswirkungen sie auf die bestehenden Aufklärungspflichten haben. Zudem steht die Frage, unter welchen Voraussetzungen und in welchem Umfang die beweisbelastete Partei Zugang zu gegnerischen Informationen erhalten soll, im Zentrum internationaler und europäischer Harmonisierungsbestrebungen. Die einschlägigen Regelwerke könnten als Ausgangspunkt für die künftigen Entwicklungen in Deutschland und der Türkei dienen. Sie bedürfen daher eingängiger Betrachtung.

Schließlich möchte die Arbeit der Frage nachgehen, ob es im deutschen und türkischen Zivilprozess sinnvoll wäre, eine allgemeine prozessuale Aufklärungspflicht anzuerkennen (Teil IV). Prominent hat erstmals *Rolf Stürner* sich 1976 auf den Standpunkt gestellt, dass der deutsche Zivilprozess eine derartige Aufklärungspflicht beinhalte. Er sprach sich gegen den Grundsatz *„nemo contra se edere tenetur"* aus und propagierte im Gegenzug eine allgemeine prozessuale Aufklärungspflicht der nicht beweisbelasteten Partei analog §§ 138, 372a, 423, 445 ff., 654 ff. a. F. ZPO.[3] Die wohl herrschende Ansicht in der deutschen Literatur wendet sich wie die Rechtsprechung gegen die Anerkennung einer allgemeinen prozessualen Aufklärungspflicht. Was sind jedoch die Gründe für diese Ansicht? Sind die hierfür angeführten Argumente tatsächlich stichhaltig, obwohl die Gesetzeslage, als auch die Rechtsprechung durchweg durch ein informationsfreundliches Bild geprägt sind? Dem gilt es nicht nur für das deutsche, sondern auch für das türkische Recht nachzugehen. In der Türkei ist die Diskussion um eine allgemeine prozessuale Aufklärungspflicht allerdings anders als in Deutschland gänzlich unbekannt. Die vorliegende Arbeit wird diesbezüglich daher Neuland betreten.

3 Siehe unten Vierter Teil § 8 II.1.

Erster Teil

Verfahrensgrundsätze und Prozesszwecke

§ 1 Die Verfahrensgrundsätze

Die Verfahrensgrundsätze prägen und gestalten den Zivilprozess.[4] Sie bestimmen den äußeren Verfahrensablauf, die prozessuale Ermittlung des Sachverhalts, insbesondere die Beweisführung und -würdigung, ebenso wie die Verteilung der Aufgaben zwischen Gericht und Parteien.[5] Sie sind ein wesentliches Charakteristikum einer Prozessordnung, welche helfen, nicht unmittelbar im Gesetz beantwortete Fragen zu analysieren.[6] Sie ermöglichen schließlich einerseits eine einheitliche Handhabung des Verfahrensrechts durch die Gerichte und tragen damit zur Berechenbarkeit der Rechtsfortbildung bei, andererseits geben sie den Rahmen vor für künftige Gesetzesänderungen.[7]

Wie ihre Bedeutung bereits nahelegt, ist die hier angestrebte rechtsvergleichende Analyse nur möglich, wenn diese Prinzipien für den deutschen und türkischen Zivilprozess vorab untersucht werden. Die Behandlung ist zudem angezeigt, da die Prozessmaximen Auswirkungen haben auf die Rolle der Parteien und Richter bei der Stoffsammlung.

I. Der Verhandlungsgrundsatz

1. Inhalt

Die Stoffsammlung bildet das Kernstück der Sachverhaltsermittlung. Wird in einem Prozess die Sammlung des Streitstoffs dem Richter auferlegt, spricht man grundsätzlich von Untersuchungs- oder Inquisitionsgrundsatz. Sind die Parteien hingegen dafür allein verantwortlich, wird von Beibringungs- oder Verhandlungsgrundsatz gesprochen. Sowohl der deutsche als auch der türkische Gesetzgeber haben sich für die Geltung des Verhandlungsgrundsatzes im Zivilprozess entschieden. Danach liegt es grundsätzlich in den Händen der Parteien die entscheidungserheblichen Tatsachen vorzutragen und unter Beweis zu stellen.[8] In der deutschen Zivilprozessordnung (im Folgenden: dZPO) wird dieser Grundsatz zwar nicht ausdrücklich geregelt, ihre Existenz ergibt sich jedoch aus einem Umkehrschluss[9] zu den §§ 26,

4 Prütting/Gehrlein-Prütting, 8. Aufl. 2016, Einl. Rn. 23.
5 MüKoZPO-Rauscher, 5. Aufl. 2016, Einl. Rn. 309 f.
6 Grunsky, Grundlagen des Verfahrensrechts, 1974, § 2 S. 17; Prütting/Gehrlein-Prütting, 8. Aufl. 2016, Einl. Rn. 23.
7 Benedicter, Die Sachverhaltsermittlung im Zivilprozess, 2005, S. 161.
8 Schwab, Zivilprozessrecht, 2016, § 4 Rn. 156; Alangoya, Medeni Usul Hukukunda Vakıaların ve Delilllerin Toplanmasına İlişkin İlkeler, 1979, S. 9, 95.
9 Rosenberg/Schwab/Gottwald, Zivilprozessrecht, 2010, § 77 Rn. 7.

127 FamFG sowie aus einer Analogie[10] zu den Vorschriften der §§ 128, 138 Abs. 2, 282, 286, 288, 306, 307, 308, 331 Abs. 1, 592 S. 1 dZPO. In der türkischen Zivilprozessordnung (im Folgenden: tZPO) hingegen ist der Verhandlungsgrundsatz in § 25 tZPO ausdrücklich geregelt. Nach Absatz 1 darf der Richter die Tatsachen, die die Parteien nicht vortragen, seinem Urteil nicht zugrunde legen. Nach Absatz 2 ist er nicht befugt – außerhalb der gesetzlich geregelten Fälle – von Amts wegen Beweise zu erheben. Weder in Deutschland noch in der Türkei wird jedoch dieser Grundsatz in Reinform verwirklicht. In beiden Ländern ist der Richter befugt – mit Ausnahme des Zeugenbeweises – von sich aus alle Beweise zu erheben.

Der Verhandlungsgrundsatz ist eine Ausprägung der materiellrechtlichen Privatautonomie im Zivilprozess.[11] Im Laufe der Zeit erfuhr er jedoch erhebliche Durchbrechungen, sowohl in Deutschland als auch in der Türkei. Durch zahlreiche Reformen erhielt der Richter im Prozess Schritt für Schritt stärkere Befugnisse gegenüber den Parteien. Diese Entwicklung ist auch bei den letzten Reformen in beiden Ländern zu beobachten.

Die ständige Stärkung der Richtermacht gegenüber der Parteiherrschaft stellt die Frage ins Zentrum, wie sich die Verpflichtungen zwischen Parteien und Gericht im Bereich der Sachverhaltsaufklärung verteilen sollen. Vor der Beantwortung dieser Frage ist es sinnvoll, zunächst einen Blick auf die Durchbrechungen des Verhandlungsgrundsatzes in beiden Ländern zu werfen.

2. Einschränkungen

a) Im deutschen Zivilprozess

Dem liberalen Zeitgeist des 19. Jahrhunderts entsprechend, war die CPO von 1877 durch weitgehende Parteifreiheit geprägt. Der Zivilprozess war eine rein private Angelegenheit der Parteien und seine Führung lag größtenteils in deren Händen. Sie konnten über Fristen, Termine, Ladungen und Zustellungen bestimmen. Es wurde keine zeitliche Grenze für neues Vorbringen der Parteien vorgesehen. Die Machtbefugnis des Richters gegenüber den Parteien war äußerst begrenzt. Der Leitgedanke war, die Bürger vor richterlicher Willkür zu schützen.[12]

Ein solches liberale Prozessverständnis wurde allerdings kurz nach Inkrafttreten der CPO wegen der langen Dauer und hohen Kosten der Prozesse heftig kritisiert. In Reaktion hierauf wurde die Richtermacht verstärkt und die Parteiherrschaft zurück-

---

10 Beckhaus, Die Bewältigung von Informationsdefiziten bei der Sachverhaltsaufklärung, 2010, S. 71; Weyers, FS-Esser, 1975, S. 193 (196); Roth, Die Wahrheitspflicht der Parteien im Zivilprozeß, 1991, S. 74 ff.

11 Yıldırım, FS-Schilken, 2015, S. 573 (576).

12 Ausführlich: Brehm, Die Bindung des Richters an den Parteivortrag und Grenzen freier Verhandlungswürdigung, 1982, S. 10 ff.; Wassermann, Der soziale Zivilprozeß, 1978, S. 32 ff.; Kapoor, Die neuen Vorlagepflichten für Urkunden und Augenscheinsgegenstände in der Zivilprozessordnung, 2009, S. 54 f.; Meyer, JR 2004, S. 1 (1).

gedrängt. Mit der Amtsgerichtsnovelle von 1909 wurde dem Richter ermöglicht, gewisse vorbereitende Maßnahmen, wie z. B. die Anordnung der Urkundenvorlage, zu treffen (§ 501 dZPO a. F.; § 273 dZPO n. F.). Weiterhin wurde es ihm ermöglicht, auch ohne Antrag des Gegners den Sach- und Streitgegenstand zu erörtern (§ 502 dZPO a. F.; § 139 dZPO n. F.). Da die Novelle ausschließlich für das amtsgerichtliche Verfahren gestaltet wurde, war ihre Zielsetzung beschränkt.[13]

Eine grundlegende Wende brachte dann die Novelle von 1924, die die Macht des Richters im Bereich der Sachverhaltsaufklärung wesentlich verstärkte. Gerichte erhielten die Befugnis, verspätet vorgebrachten Streitstoff bei Verschleppungsabsicht zurückzuweisen. Die Herrschaft der Parteien über Fristen und Termine wurde generell abgeschafft (§§ 224, 227, 251 dZPO) und der Richter wurde verpflichtet den Sach- und Streitverhalt nicht nur in tatsächlicher, sondern auch in rechtlicher Hinsicht zu erörtern (§ 139 dZPO).[14]

Durch die Novelle von 1933 wurde die Parteiherrschaft noch weiter eingeschränkt. Die Wahrheitspflicht wurde in die ZPO eingeführt (§ 138 dZPO), der Parteieid wurde durch die Parteivernehmung ersetzt (§ 445 ff. dZPO) und die Leitung des Verfahrens wurde noch stärker in die Hände des Richters gelegt.[15]

Die sog. Vereinfachungsnovelle von 1976 erweiterte die richterlichen vorbereitenden Maßnahmen (§§ 272, 273 dZPO) und verschärfte die Präklusion für verspätet vorgebrachte Angriffs- und Verteidigungsmittel (§ 296 dZPO).[16] Später wurde der Richter mit dem sog. Rechtspflege- Vereinfachungsgesetz von 1990 für Bagatellverfahren ermächtigt, das Verfahren nach billigem Ermessen zu bestimmen (§ 495 a dZPO).[17]

In jüngster Zeit wurde den Richtern durch die ZPO-Reform von 2001 ein noch wirksameres Verfahrensrecht an die Hand gegeben, damit sie „den Zivilprozess noch präziser auf seine gesellschaftliche Funktion, der zügigen Herstellung von Rechtsfrieden und Rechtssicherheit, zuschneiden“ können.[18] Dafür wurde u. a. der Wortlaut des § 139 dZPO, der die materielle Prozessleitungsbefugnis des Gerichts regelt und im deutschen Recht schon lange existiert, erweitert.[19] Zugleich erfuhr

---

13 Für weitere Informationen zur Novelle 1909: Wassermann, Der soziale Zivilprozeß, 1978, S. 59 f.; Stein/Jonas-Brehm, 23. Aufl. 2014, vor § 1 Rn. 150 ff.; Kapoor, Die neuen Vorlagepflichten für Urkunden und Augenscheinsgegenstände in der Zivilprozessordnung, 2009, S. 56.

14 Stein/Jonas-Brehm, 23. Aufl. 2014, vor § 1 Rn. 160 ff.; Wassermann, Der soziale Zivilprozeß, 1978, S. 60 f.; Kapoor, Die neuen Vorlagepflichten für Urkunden und Augenscheinsgegenstände in der Zivilprozessordnung, 2009, S. 56 f.

15 Stein/Jonas-Brehm, 23. Aufl. 2014, vor § 1 Rn. 172 ff., *Meyer*, JR 2004, S. 1 (3).

16 Prütting, FS-Schumann, S. 309 (311 f.); Kapoor, Die neuen Vorlagepflichten für Urkunden und Augenscheinsgegenstände in der Zivilprozessordnung, 2009, S. 60.

17 Für weitere Informationen: Stein/Jonas-Brehm, 23. Aufl. 2014, vor § 1 Rn. 200.

18 BT-Dr. 14/4722, S. 58.

19 Katzenmeier, JZ 2002, S. 533 (533). In der Lehre gibt es auch Stimmen, die vertreten, dass durch die Reform sich keine wesentliche inhaltliche Erweiterung im Bereich der

die richterliche Anordnungskompetenz im Bereich der Urkundenvorlage sowie der Augenscheins- und Begutachtungsobjektsvorlage ebenfalls eine Erweiterung (§ 142, 144 dZPO).[20]

b) *Im türkischen Zivilprozess*

Seit Inkrafttreten der tZPO von 1924 wurden sieben verschiedene Gesetzesentwürfe aus den Jahren 1948, 1952, 1955, 1967, 1971, 1993 und 2008 für die Erneuerung des Zivilprozesses vorbereitet. Bis auf den letzten Entwurf erlangten diese jedoch keine Gesetzeskraft.

Ähnlich wie im deutschen Zivilprozess beziehen sich die Reformbestrebungen auch im türkischen Zivilprozess auf eine effektivere Verfahrensführung durch die Stärkung der richterlichen Befugnisse. Mit dem Gesetzesentwurf von 1948[21] wurde erstmals der Versuch unternommen, die richterliche Hinweispflicht auf die Unvollständigkeiten der Parteivorträge auszudehnen (§ 88 GesEntw.). Daneben wurde in der Begründung betont, dass das Fragerecht des Richters nicht nur Berechtigung, sondern auch Pflicht sei.[22] Der Richter wurde in § 59 Abs. 2 GesEntw. berechtigt, von Amts wegen über eine Prozessverbindung oder Prozesstrennung zu entscheiden. Diese Neuerung konnte jedoch erst im Jahr 1981 in die tZPO eingeführt werden (§§ 45, 46 tZPO a. F.; §§ 166, 167 tZPO n. F.). Bis dahin durfte der Richter eine solche Entscheidung nur auf das Verlangen einer Partei treffen.

Mit der ZPO-Reform 2011 wurden die richterlichen Aufklärungspflichten erneut erweitert. Der Richter wurde berechtigt, auf die Beseitigung von Unklarheiten der Parteivorträge nicht nur aus tatsächlicher, sondern auch aus rechtlicher Sicht hinzuwirken (§ 75 Abs. 2 tZPO a. F.; § 31 tZPO n. F.).[23] Durch die Einführung der prozessualen Wahrheitspflicht in die tZPO wurde die Herrschaft der Parteien über das Verfahren erheblich begrenzt. Die Parteien haben sich nunmehr vollständig und wahrheitsgemäß über den entscheidungserheblichen Tatsachenstoff zu erklären (§ 29 tZPO). Eine weitere Einschränkung des Verhandlungsgrundsatzes ergibt sich im Bereich der parteilichen Beweisführung: Nach neuer Gesetzeslage müssen die Parteien alle ihre Beweise im Vorprüfungsstadium des Verfahrens vorlegen (§ 140

---

richterlichen Prozessleitung ergebe. Musielak, NJW 2000, S. 2769 (2772); Schaefer, NJW 2002, S. 849 (850 ff.); Bahlmann, Stärkung der ersten Instanz? Eine Untersuchung zu §§ 139 und 278 ZPO n. F., 2006, S. 59, 209 f.

20 Siehe unten Zweiter Teil § 3 II.1.b) und c).

21 Für weitere Informationen zum Gesetzesentwurf siehe: Çağa, İBD 1949, S. 13 (18 ff.).

22 Tülay Özer, HUMK'tan HMK'ya Medeni Usul Kanunu Tasarilari, 2012, S. 103.

23 Manche Autoren sehen jedoch in der neugeregelten Vorschrift einen Rückschritt hinsichtlich der richterlichen Beweisanordnungskompetenz, siehe: Deren-Yıldırım, Informationsbrief der Deutsch-Türkischen Juristenvereinigung 2012, S. 2 (5, 9); abrufbar unter: http://www.dtjv.de/infobrief/dtjvinfo_2012_2.pdf (Stand 10.08.2015); Alangoya, Medeni Usul Hukukçuları Toplantısı V, 2006, S. 33 (43).

Abs. 5 tZPO).[24] Die nachträglich vorgebrachten Beweise sind nur unter strengen Voraussetzungen zulässig (§ 145 tZPO). Dadurch wird die Herrschaft der Parteien über den Zeitpunkt des Beweisantritts generell abgeschafft.

3. Richtermacht und Parteiaktivitäten bei der Stoffsammlung

Ohne Zweifel ist für die prozessuale Aufklärung des Sachverhalts eine gewisse Zusammenarbeit zwischen Richter und Parteien notwendig. Es ist daher selbstverständlich, dass der Gesetzgeber in einem Verfahren, in dem der Verhandlungsgrundsatz gilt, auch dem Richter Befugnisse bei der Stoffsammlung einräumt. Die Frage ist, wie weit diese Befugnisse gegenüber den Parteiaktivitäten reichen sollen.

Der Zivilprozess wird sowohl in Deutschland als auch in der Türkei grundsätzlich als Parteienprozess gestaltet. Die Erforschung des Sachverhalts orientiert sich prinzipiell an den Behauptungs-, Substantiierungs- und Beweislasten der Parteien. Außerdem bleibt der Verhandlungsgrundsatz – trotz seiner Durchbrechungen – in beiden Ländern im Kern unberührt. Der Richter soll sich vielmehr in dessen Grenzen bewegen. Eine richterliche Aufklärungsaktivität, die über die parteiliche Aktivität hinausgeht, wäre mit dem System der Zivilprozessordnungen beider Länder kaum vereinbar.

Die mit den einzelnen Durchbrechungen des Verhandlungsgrundsatzes einhergehenden richterlichen Befugnisse bringen in der Praxis bestimmte Risiken mit sich: Einerseits sind die Vorschriften, die den Richter zur Aufklärung ermächtigen, meistens als Ermessensnormen ausgestaltet.[25] Dies kann in der Rechtspraxis zu unterschiedlichen richterlichen Entscheidungen führen, je nachdem wie das Ermessen ausgeübt wird. Weiterhin ist insbesondere die Reichweite der richterlichen Prozessleitungsbefugnis sowohl in Deutschland als auch in der Türkei sehr umstritten. Weder in der Rechtsprechung noch in der Lehre konnten bis jetzt gemeinsame Kriterien festgelegt werden.[26] Wie *Peters*[27] zutreffend formuliert: „Fast jeder Richter legt es nach seinem persönlichen Geschmack verschieden aus. Der eine macht kaum Gebrauch davon, der andere erörtert die fernliegendsten Dinge, und zwischen beiden gibt es tausend verschiedene Abstufungen." Das gilt auch in der höchstrichterlichen Rechtsprechung. Je nach den Besonderheiten des Falles wird also unterschiedlich verhandelt.[28] Der Verlauf des Verfahrens ist für die Beteiligten so nur schwer kalkulierbar.

---

24 Siehe unten Erster Teil § 1 III.2.

25 Vgl. mit den §§ 142, 144, 273, 448 dZPO und §§ 288, 144, 169, 266 tZPO.

26 Stackmann, NJW 2007, S. 3521 (3522); Peters, Richterliche Hinweispflichten, 1983, S. 128, 135; Bahlmann, Stärkung der ersten Instanz? Eine Untersuchung zu §§ 139 und 278 ZPO n. F., S. 60; vgl. Karaaslan, Medeni Usul Hukukunda Hakimin Davayi Aydinlatma Ödevi, 2013, S. 111, 136, 142 f.

27 Peters, JW 1938, S. 1432 (1432).

28 Wassermann, Der soziale Zivilprozeß, 1978, S. 111.

Andererseits ist es in beiden Ländern wohlbekannt, dass die Richter von ihren Aufklärungskompetenzen überwiegend in nur sehr geringem Maße Gebrauch machen, wie z. B. von der Anordnung des persönlichen Erscheinens oder der Urkundenvorlage.[29] Mit der Ausübung ihrer Frage- und Hinweispflicht sind sie ebenso zurückhaltend.[30] Drei Gründe sind hierfür wesentlich verantwortlich: Erstens möchten die Richter durch ihre inquisitorische Tätigkeiten nicht die Grenze des Verhandlungsgrundsatzes überschreiten.[31] Zweitens tragen sie Sorge dafür, dass ihre Aufklärungsbemühungen von Amts wegen nicht das Neutralitätsgebot verletzen und den Eindruck der Befangenheit begründen.[32] Drittens befürchten viele Richter, dass ihre Aufklärungstätigkeiten zur Verlängerung des Prozesses führen könnten.[33] Wenn man die Belastung der Gerichte und die durchschnittliche Verfahrenslänge berücksichtigt[34], ist es nicht verwunderlich, dass die Richter die Streitsache auf einfachstem und schnellstem Weg erledigen möchten.

Aus diesen Gründen erscheint die bloße Verstärkung der Richtermacht nicht als optimaler Weg zu einer besseren Sachverhaltsaufklärung im Zivilprozess. Daneben müssten auch die Parteiaktivitäten und Parteiverantwortlichkeiten verstärkt werden. Insbesondere eine aktive Beteiligung der Parteien an der Tatsachenermittlung sollte gewährleistet werden.[35]

II. Der Dispositionsgrundsatz

1. Inhalt

Der deutsche und türkische Zivilprozess sind weitgehend vom Dispositionsgrundsatz beherrscht. Dieser betrifft die Verfügungsfreiheit der Parteien über den Streitge-

29 Bernhardt, FG-Rosenberg, 1949, S. 9 (39); Stackmann, NJW 2007, S. 3521 (3521); Hirtz, NJW 2014, S. 2529 (2531); Schmude, BRAK-Mitt. 2005, S. 155 (156 f.). Siehe auch unten Dritter Teil § 6 I.3.

30 Yılmaz, Yeni Hukuk Muhakemeleri Kanunu'yla Getirilen Degisiklikler, abrufbar unter: http://www.muglabarosu.org.tr/upload/UserUpload/file/hmkyenilikler.pdf (Stand 10.08.2016) S. 12. Siehe auch unten Dritter Teil § 6 I.3.

31 Schmude, BRAK-Mitt. 2005, S. 155 (157).

32 Piekenbrock, NJW 1999, S. 1360 (1360 f.); vgl. Yılmaz, Yeni Hukuk Muhakemeleri Kanunu'yla Getirilen Degisiklikler, abrufbar unter: http://www.muglabarosu.org.tr/upload/UserUpload/file/hmkyenilikler.pdf (Stand 10.08.2016) S. 12.

33 Piekenbrock, NJW 1999, S. 1360 (1361); vgl. Bernhardt, FG-Rosenberg, 1949, S. 9 (42).

34 Für den statistischen Überblick der Geschäftsentwicklung der Zivilsachen in der Türkei zwischen 2010–2014 siehe: http://www.adlisicil.adalet.gov.tr/istatistik_2014/5.pdf. (Stand 10.08.2016). Für die Geschäftsentwicklung der Zivilsachen in Deutschland von 2007 bis 2014 siehe: https://www.bundesjustizamt.de/DE/SharedDocs/Publikationen/Justizstatistik/Geschaeftsentwicklung_Gerichte_Staatsanwaltschaften.pdf;jsessinid=0FD70ADE94BF651008341F31CB4168A7.1_cid386?__blob=publicationFile&v=6 (Stand 10.08.2016)

35 Vgl. Stürner, Aufklärungspflicht der Parteien des Zivilprozesses, S. 62 ff.

genstand.[36] Nach diesem Grundsatz entscheiden die Parteien darüber, ob ein Prozess stattfindet, wenn ja, gegen wen und mit welchem Gegenstand gestritten wird und ob der Prozess ohne Urteil beendet wird.[37] Den Gegensatz des Dispositionsgrundsatzes bildet der Offizialgrundsatz, wonach der Richter von Amts wegen oder auf Antrag einer Behörde das Verfahren eröffnen, durchführen und beenden kann.[38]

Ähnlich wie der Verhandlungsgrundsatz ist auch der Dispositionsgrundsatz eine Ausprägung der Parteifreiheit und Parteiverantwortung im Zivilprozess.[39] Die beiden Grundsätze sind jedoch voneinander streng zu trennen: Der Verhandlungsgrundsatz bezieht sich nur auf die Stoffsammlung und bezeichnet die Herrschaft der Parteien über den Tatsachenstoff, während der Dispositionsgrundsatz das Verfügungsrecht der Parteien über den Prozess als Ganzen betrifft.[40]

Die Parteien dürfen durch ihre Dispositionsrechte über den Streitgegenstand verfügen, namentlich durch Klagerücknahme (§ 269 dZPO; § 123 tZPO), Verzicht (§ 306 dZPO; § 307 tZPO), Anerkenntnis (§ 307 dZPO; § 308 tZPO), Vergleich (§ 794 Abs. 1 dZPO; § 313 tZPO) oder Erledigungserklärung (§ 91 a dZPO). Der deutsche Zivilprozess ermöglicht den Parteien ferner, ein Versäumnisurteil gegen sich ergehen zu lassen (§§ 330, 331 dZPO). Im türkischen Zivilprozessrecht ist hingegen die Institution der Säumnisentscheidung abgeschafft worden.[41] Stattdessen führt der Richter – auf Forderung der anwesenden Partei – den Prozess in Abwesenheit der anderen Partei fort. In diesem Fall darf die nicht-anwesende Partei den Prozesshandlungen, die in ihrer Abwesenheit vorgenommen wurden, nicht widersprechen (§ 150 Abs. 2 tZPO). Hat die anwesende Partei kein Interesse am Fortgang des Prozesses in Abwesenheit der anderen Partei, wird die Akte aus dem Geschäftsumlauf genommen (§ 150 Abs. 2 tZPO).[42] Das Verfahren ruht sodann für drei Monate (§ 150 Abs. 4 tZPO). In diesem

36 Rosenberg/Schwab/Gottwald, Zivilprozessrecht, 2010, § 76 Rn. 1; Thomas/Putzo-Reichold, 37. Aufl. 2016, Einl I Rn. 5; Alangoya, Medeni Usul Hukukunda Vakıaların ve Delilllerin Toplanmasına İlişkin İlkeler, 1979, S. 2; Kuru/Arslan/Yılmaz, Medeni Usul Hukuku, 2012, S. 341; Göksu, MİHDER 2009/2, S. 251 (255).

37 Schwab, Zivilprozessrecht, 2016, § 4 Rn. 154; Grunsky, Grundlagen des Verfahrensrechts, 1974, § 4 S. 24; Alangoya, Medeni Usul Hukukunda Vakıaların ve Delilllerin Toplanmasına İlişkin İlkeler, 1979, S. 2; Özekes, Medeni Usul Hukukunda Hukuki Dinlenilme Hakki, 2003, S. 67.

38 Schwab, Zivilprozessrecht, 2016, § 4 Rn. 155; Musielak-Musielak, 13. Aufl. 2016, Einl. Rn. 36; Meriç, Medeni Yargılama Hukukunda Tasarruf İlkesi, 2011, S. 55 ff.; Kuru/Arslan/Yılmaz, Medeni Usul Hukuku, 2012, S. 343 f.

39 Schwab, Zivilprozessrecht, 2016, § 4 Rn. 154; Yıldırım, FS-Schilken, 2015, S. 573 (576).

40 Rosenberg/Schwab/Gottwald, Zivilprozessrecht, 2010, § 76 Rn. 2; Thomas/Putzo-Reichold, 37. Aufl. 2016, Einl I Rn. 5; Wassermann, Der soziale Zivilprozeß, 1978, S. 37.

41 Pekcanıtez, Ritsumeikan Law Review 30 (2013), S. 175 (182).

42 Bringt die nicht anwesende Partei Entschuldigungsgründe vor, kann der Richter den Prozess auf einen anderen Tag verlegen. Für weitere Informationen: Pekcanıtez/Atalay/Özekes, Medeni Usul Hukuku, 2012, S. 510 ff.

Zeitraum bleibt die Klage weiterhin rechtshängig.[43] Jede Partei kann innerhalb dieser Frist die Fortsetzung des Verfahrens beantragen. Geschieht dies nicht, entscheidet das Gericht am Ende dieser drei Monate von Amts wegen dahin gehend, dass die Klage so angesehen wird, als ob sie niemals erhoben wurde (§ 150 Abs. 5 tZPO). Die Prozesskosten trägt grundsätzlich der Kläger (§ 331 Abs. 3 tZPO). Die diesbezügliche Entscheidung des Gerichts ist ein Endurteil, sodass gegen sie Rechtsmittel eingelegt werden können.[44] Eine Besonderheit besteht hinsichtlich der Rechtskraft: Bei dem Urteil handelt es sich nach türkischem Recht um ein Prozessurteil, welches – im Unterschied zum Sachurteil – nur eine begrenzte Rechtskraftwirkung entfaltet. Da mit einem solchen Urteil über die Sache selbst noch nicht entschieden ist, kann die Klage in einem späteren Zeitpunkt erneut erhoben werden.[45]

Als weiterer Ausdruck des Dispositionsgrundsatzes kann der Kläger – unter bestimmten Voraussetzungen – seinen Klageantrag ändern (§ 263 dZPO; §§ 141, 176 ff. tZPO). Schließlich ist der Richter aufgrund dieses Grundsatzes an den Parteiantrag gebunden. Er darf den Parteien nichts zusprechen, was sie nicht beantragt haben (§ 308 Abs. 1 dZPO; § 26 Abs. 1 tZPO).

Wie der Verhandlungsgrundsatz findet auch der Dispositionsgrundsatz keine uneingeschränkte Anwendung in zivilrechtlichen Streitsachen in beiden Ländern. Im Folgenden wird eine kurze Zusammenfassung diesbezüglicher Einschränkungen gegeben.

2. Einschränkungen

Die Dispositionsfreiheit der Parteien findet ihre Grenze in Deutschland und der Türkei vor allem dort, wo der Gegenstand des Verfahrens das öffentliche Interesse berührt, wie in Ehe- und Kindschaftssachen.[46] In solchen Fällen ermittelt das Gericht von Amts wegen, die Wirksamkeit eines Anerkenntnisses und Geständnisses ist grundsätzlich ausgeschlossen. Ebenso dürfen die Parteien das Verfahren nicht durch einen Vergleich beenden.[47] Der Verzicht ist jedoch in Ehesachen weitgehend zulässig, sodass auf den Antrag auf Scheidung oder Aufhebung der Ehe verzichtet werden kann. Dagegen ist er in Kindschaftssachen unzulässig.[48]

---

43 Kuru/Arslan/Yılmaz, Medeni Usul Hukuku, 2012, S. 555.

44 Pekcanıtez/Atalay/Özekes, Medeni Usul Hukuku, 2012, S. 514.

45 Kuru/Arslan/Yılmaz, Medeni Usul Hukuku, 2012, S. 559; Pekcanıtez/Atalay/Özekes, Medeni Usul Hukuku, 2012, S. 515.

46 Schwab, Zivilprozessrecht, 2016, § 4 Rn. 155; Musielak-Musielak, 13. Aufl. 2016, Einl. Rn. 36; für zahlreiche Beispiele aus türkischem Recht: Meriç, Medeni Yargılama Hukukunda Tasarruf İlkesi, 2011, S. 56 ff.

47 Rosenberg/Schwab/Gottwald, Zivilprozessrecht, 2010, § 76 Rn. 5 f.; Kuru/Arslan/Yılmaz, Medeni Usul Hukuku, 2012, S. 344 f., 522, 527; Meriç, Medeni Yargılama Hukukunda Tasarruf İlkesi, 2011, S. 218 f.

48 Prütting/Gehrlein-Thole, 8. Aufl. 2016, § 306 Rn. 10; Stein/Jonas-Leipold, 22. Aufl. 2008, § 306 Rn. 15; Kuru/Arslan/Yılmaz, Medeni Usul Hukuku, 2012, S. 518; Meriç, Medeni Yargılama Hukukunda Tasarruf İlkesi, 2011, S. 219.

Ausnahmsweise kann in beiden Ländern eine staatliche Behörde ein Verfahren eröffnen, wenn das öffentliche Interesse berührt ist,[49] z.B. bei der Aufhebung einer bigamischen Ehe (§§ 1306, 1316 Abs. 1 Nr. 1 BGB; §§ 145 Abs. 1 Nr. 1, 146 Abs. 1 tZGB). Auch an zahlreichen Stellen der Zivilprozessordnung der beiden Länder befinden sich Einschränkungen in Bezug auf die Bindung des Gerichts an Parteianträge, wie z.B. bei Kostenentscheidungen (§ 308 Abs. 2 dZPO; §§ 326, 332 Abs. 1 tZPO) und Ordnungsmittel (§§ 380 Abs. 1, 411 Abs. 2 dZPO; §§ 245, 269 Abs. 2 tZPO), die antragsunabhängig ergehen. Gesetz- oder sittenwidrige Parteivorträge binden das Gericht ebenfalls nicht.[50]

Als weitere Einschränkung der Dispositionsfreiheit sind offenkundige Tatsachen[51] nicht beweisbedürftig (§ 291 dZPO; § 287 Abs. 2 tZPO). Nach h. M. darf das Gericht eine offenkundige Tatsache auch ohne entsprechende Behauptung der Parteien in den Prozess einführen und seiner Entscheidung zugrunde legen.[52] Geht es um eine offenkundige Tatsache, ist daher der Dispositionsakt der Parteien grundsätzlich ausgeschlossen.[53] Dasselbe wird auch für die Unmöglichkeit einer behaupteten Tatsache angenommen.[54]

Sehr umstritten ist, ob der Richter auch an übereinstimmend unrichtiges Parteivorbringen gebunden ist. Mit anderen Worten: Erlaubt die Dispositionsfreiheit der Parteien über den Streitgegenstand, dem Gericht einen unwahren Sachverhalt einverständlich als wahren darzustellen? In der Literatur wird diese Frage meist im Zusammenhang mit dem Geständnis behandelt.[55] Aufgrund der Besonderheiten des Themas wird die Frage im Folgenden selbstständig behandelt.

---

49 Schwab, Zivilprozessrecht, 2016, § 4 Rn. 155; Yıldırım, FS-Schilken, 2015, S. 573 (576).

50 Häsemeyer, ZZP 85 (1972), S. 207 (212); Bernhardt, FG-Rosenberg, 1949, S. 9 (20).

51 Zu unterscheiden ist zwischen allgemeinkundigen und gerichtskundigen Tatsachen: Allgemeinkundig sind Tatsachen, die außerhalb des Gerichts in engeren oder weiteren Kreisen bekannt sind. Gerichtskundig sind Tatsachen, die der Richter aus seiner amtlichen Tätigkeit kennt. Für weitere Informationen: Prütting/Gehrlein-Laumen, 8. Aufl. 2016, § 291 Rn. 2 f.; Stein/Jonas-Leipold, 22. Aufl. 2008, § 291 Rn. 5 ff., 8 ff.

52 Prütting/Gehrlein-Laumen, 8. Aufl. 2016, § 291 Rn. 6; Stein/Jonas-Leipold, 22. Aufl. 2008, § 291 Rn. 18 ff.; Wieczorek/Schütze-Assmann, 2013, 4. Aufl., § 291 Rn. 18; Bernhardt, FG-Rosenberg, 1949, S. 9 (23); Alangoya, Medeni Usul Hukukunda Vakıaların ve Delilllerin Toplanmasına İlişkin İlkeler, 1979, S. 129.

53 Prütting/Gehrlein-Laumen, 8. Aufl. 2016, § 291 Rn. 6; Wieczorek/Schütze-Assmann, 2013, 4. Aufl., § 291 Rn. 18; vgl. Stein/Jonas-Leipold, 22. Aufl. 2008, § 291 Rn. 18.

54 Scherer, DRiZ 1996, S. 58 (59); Pawlowski, MDR 1997, S. 7 (8).

55 Der Dispositionscharakter des Geständnisses ist in der Lehre umstritten. Für den Dispositionscharakter des Geständnisses: Stein/Jonas-Leipold, 22. Aufl. 2008, § 288 Rn. 34; MüKoZPO-Prütting, 5. Aufl. 2016, § 288 Rn. 3; Brehm, Bindung des Richters an den Parteivortrag und Grenzen freier Verhandlungswürdigung, 1982 S. 21 ff.; Mantzouranis, Die notwendige Streitgenossenschaft im Zivilprozess, 2013, S. 334 f.; vgl. Grunsky, Grundlagen des Verfahrensrechts, 1974, § 20 S. 185. Die Gegenmeinung: Häsemeyer, ZZP 85 (1972), S. 207 (222 ff.); Bernhardt, FG-Rosenberg, 1949, S. 9 (32); vgl. auch Olzen, ZZP 98 (1985), S. 403 (415 ff.).

3. Bindung des Richters an unwahren Parteivortrag?

Durch die Möglichkeit, eine Tatsache unstreitig zu stellen, wird den Parteien ein wichtiges Mittel zur Verfügung über den Sachverhalt an die Hand gegeben. Die Übereinstimmung kann entweder durch eine gemeinsame Erklärung der Parteien oder ein ausdrückliches Geständnis einer Partei erreicht werden. Nach § 288 Abs. 1 dZPO und § 188 Abs. 1 tZPO bedarf eine vor Gericht zugestandene Tatsache keines Beweises. Im deutschen Recht sind auch die Tatsachen, die nicht ausdrücklich bestritten werden, als zugestanden anzusehen (§ 138 Abs. 3 dZPO). Das gilt für das türkische Recht jedoch nicht, es sei denn, einer der gesetzlich geregelten Ausnahmefälle liegt vor, wie §§ 171 Abs. 2, 220, 229 Abs. 1 tZPO.[56]

Die Problematik tritt erst dann auf, wenn der unstreitige Tatsachenvortrag nicht der Wahrheit entspricht. Ein Teil der Literatur geht dann davon aus, dass der Richter den unstreitigen Tatsachenvortrag dem Urteil nicht zugrunde legen muss, wenn er von seiner Unrichtigkeit überzeugt ist.[57] Als Ausgangspunkt wird auf die gesetzlich geregelte Wahrheitspflicht (§ 138 dZPO; § 29 tZPO) hingewiesen, die nicht nur zwischen den Parteien untereinander, sondern auch dem Gericht gegenüber bestehe. Die Verfechter sehen ein gerichtliches Geständnis als eine an den Richter gerichtete *Wissenserklärung*, die im vollen Umfang der Wahrheitsprüfung unterliege. Der Richter könne nicht gezwungen werden, die von ihm nun einmal festgestellte Wahrheit bei seiner Entscheidung außer Acht zu lassen.[58] Auch die gesetzliche Regelung, dass die zugestandene Tatsache keines Beweises bedarf, hindere den Richter nicht, bei Zweifeln an der Wahrheit einer unstreitigen Behauptung Beweis zu erheben. Denn diese Regelung sei eine bloße Erleichterung für den Richter bei seiner freien Verhandlungswürdigung.[59]

Die herrschende Meinung geht hingegen von der Bindungswirkung des übereinstimmenden Parteivortrags ohne Rücksicht auf die Wahrheit aus.[60] Sie beruft sich auf die Anerkennung der Privatautonomie im Zivilprozess. Es bestehe kein

---

56 Kuru/Arslan/Yılmaz, Medeni Usul Hukuku, 2012, S. 372.

57 Bernhardt, FG-Rosenberg, 1949, S. 9 (30 ff.); ders., Das Zivilprozessrecht, 1968, S. 141 ff.; Olzen, ZZP 98 (1985), S. 403 (415 ff.); Heß, Wahrheits- und Aufklärungspflicht im Zivil- und Arbeitsgerichtsprozeß, 2006, S. 153 ff.; Scherer, DRiZ 1996, S. 58 (59 ff.).

58 Bernhardt, FG-Rosenberg, 1949, S. 9 (32 f.).

59 *Scherer*, DRiZ 1996, S. 58 (61); Heß, Wahrheits- und Aufklärungspflicht im Zivil- und Arbeitsgerichtsprozeß, 2006, S. 156.

60 Stein/Jonas-Leipold, 22. Aufl. 2008, § 288 Rn. 4, 30 ff.; Stein/Jonas-Kern, 23. Aufl. 2016, § 138 Rn. 15, 37; MüKoZPO-Prütting, 5. Aufl. 2016, § 288 Rn. 1, 32, 35; Wolf, FS-Nakamura, 1996, S. 685 (687 f.); Baumbach/Lauterbach/Albers/Hartmann, 75. Aufl. 2017, Einführung vor §§ 288–290 Rn. 6; Grunsky, Grundlagen des Verfahrensrechts, 1974, § 20 S. 184 ff.; Brehm, Bindung des Richters an den Parteivortrag und Grenzen freier Verhandlungswürdigung, 1982, S. 3, 22 ff.; Thomas/Putzo-Reichold, 37. Aufl. 2016, § 138 Rn. 7; Kuru/Arslan/Yılmaz, Medeni Usul Hukuku, 2012, S. 374; Pekcanıtez/Atalay/Özekes, Medeni Usul Hukuku, 2012, S. 546.

Grund dafür, einer Partei, die außerhalb des gerichtlichen Verfahrens ihre Rechtsbeziehungen frei gestalten kann, diesen Einfluss im Prozess zu verwehren.[61] Eine Partei könne daher ganz frei entscheiden, ob sie sich gegen eine unwahre Behauptung des Gegners zur Wehr setzt oder die Behauptung ausdrücklich als richtig anerkennt. Das Geständnis sei keine *Wissens-* sondern eine *Willenserklärung* des Einverständnisses damit, dass die zugestandene Tatsache ungeprüft zur Urteilsgrundlage gemacht werde.[62]

Die Rechtsprechung in Deutschland und der Türkei geht offensichtlich davon aus, dass das Gericht zugestandene Behauptungen ohne Prüfung als wahr anzusehen hat.[63] Zur Begründung wird im Wesentlichen ausgeführt, dass das bewusst falsche Geständnis nicht widerrufbar ist, sofern es nicht durch einen Irrtum veranlasst ist (§ 290 dZPO; § 188 Abs. 2 tZPO). Hierbei wird jedoch eine wichtige Ausnahme zugelassen: Wirken die Parteien zusammen, um vom Gesetz missbilligte Wirkungen zu erzielen (insbesondere rechtswidrige Schädigung eines Dritten), ist der Richter keinesfalls an das Geständnis gebunden.[64]

Das bewusst unwahre Geständnis oder übereinstimmend unrichtige Parteivorbringen kollidieren auch aus hiesiger Sicht nicht mit der Wahrheitspflicht, soweit die Parteien keine illegitimen Ziele verfolgen. Der Grundirrtum der Gegenansicht besteht darin, derartige Parteihandlungen mit der Prozesslüge gleichzusetzen. Der Einigungswille der Parteien bezieht sich allerdings weniger auf die Wahrheit oder Unwahrheit einer Tatsache, sondern mehr auf deren Unstreitigkeit. Erklären die Parteien, dass sie über einzelne Punkte nicht streiten wollen, dann muss ihre Entscheidung respektiert und durchgeführt werden. Der Zivilprozess ist letztendlich ein Parteienprozess unter Einfluss von Verhandlungs- und Dispositionsmaxime.

Es ist nicht zu leugnen, dass die Wahrheit wichtigste Prämisse der richterlichen Beurteilung ist. Das gilt jedoch nur, wo der Richter eine Lösung für das Streitthema finden soll. Es ergibt keinen Sinn, die Wahrheit dort weiterzusuchen, wo die Parteien sich über einen Streitpunkt einigen. Die Gegenansicht geht wohl davon aus, durch die Anrufung des Gerichts sei die Streitsache aus dem privaten Bereich gezogen und zu einer öffentlichen Angelegenheit geworden, weshalb auf die Suche nach der Wahrheit nur aufgrund der übereinstimmenden Parteiwillen nicht verzichtet werden

61 Wolf, FS-Nakamura, 1996, S. 685 (687); Grunsky, Grundlagen des Verfahrensrechts, 1974, § 20 S. 184 f.

62 Baumbach/Lauterbach/Albers/Hartmann, 75. Aufl. 2017, Einführung vor §§ 288–290 Rn. 5; Stein/Jonas-Leipold, 22. Aufl. 2008, § 288 Rn. 4, 34.

63 BGH v. 30.4.2015, NZI 2015, S. 734 (736); BGH v. 19.5.2005, NJW-RR 2005, S. 1297 (1298); BGH v. 14.3.1995, NJW 1995, S. 1432 (1433). Yargitay 3. HD v. 30.06.2014, E. 2014/11063 K. 2014/10620, abrufbar unter: http://www.hukukmedeniyeti.org/karar/62383/yargitay-3-hukuk-dairesi-e-2014-11063-k-2014-10620/ (Stand 10.08.2015).

64 BGH v. 22.5.1970, VersR 1970, S. 826 (827); OLG Schleswig v. 20.1.1999, NJW-RR 2000, S. 356 (356); OLG Düsseldorf v. 27.5.1997, NJW-RR 1998, S. 606 (606).

solle.[65] Sie übersieht jedoch, dass kein öffentliches Interesse daran bestehen kann, die Streitpunkte durch Ignorieren des übereinstimmenden Parteiwillens zu vermehren. Eine solche Haltung verlängert lediglich die Prozesse und verletzt den Rechtsfrieden.

III. Der Beschleunigungsgrundsatz

1. Inhalt

Ein effektiver Rechtsschutz verlangt nicht nur ein richtiges Urteil, sondern auch eine möglichst schnelle Erledigung des Rechtsstreits. In Deutschland ist es in der verfassungsgerichtlichen Rechtsprechung anerkannt, dass sich aus Art. 2 i. V. m. Art. 20 Abs. 3 GG die Verpflichtung der Gerichte ergibt, das Verfahren in angemessener Zeit zu einem Abschluss zu bringen.[66] In der Türkei wird die Pflicht der Gerichte zur einen zügigen Durchführung des Verfahrens durch Art. 141 Abs. 4 Verfassungsgesetz (im Folgenden: tVG) ausdrücklich geregelt.[67] Das Verbot einer überlangen Verfahrensdauer ist ferner auch in Art. 6 Abs. 1 EMRK verankert. In der Türkei findet der Beschleunigungsgrundsatz seinen Ausdruck weiter in § 30 tZPO unter der Überschrift „Verfahrensökonomie", wonach der Richter ein ordentliches Verfahren in angemessener Zeit einzuleiten sowie unnötige Kosten zu vermeiden hat. In der deutschen Zivilprozessordnung besteht zwar keine ausdrückliche Regelung, der zugrunde liegende Rechtsgedanke hat jedoch in diversen Einzelvorschriften seinen Niederschlag gefunden (§§ 272, 273, 275 Abs. 1, 276 Abs. 1, 278, 282, 296 dZPO).[68]

Jede überflüssige Verlängerung des Verfahrens beschädigt das Recht des Einzelnen und kommt einer teilweisen Rechtsverweigerung nahe.[69] In der Türkei wird das Beschleunigungsgebot häufig mit dem Sprichwort „Gec gelen adalet adelet degildir" (Verspätete Gerechtigkeit ist keine wirkliche Gerechtigkeit) erklärt.[70] An einer raschen Rechtsdurchsetzung haben nicht nur die Parteien, sondern auch der Staat ein Interesse. Lange Verfahren beeinträchtigen den Rechtsfrieden und gefährden das Vertrauen der Bürger in eine geordnete Rechtspflege.[71] Es besteht auch die

---

65 Bernhardt, FG-Rosenberg, 1949, S. 9 (30); ders., Das Zivilprozessrecht, 1968, S. 141; Olzen, ZZP 98 (1985), S. 403 (419).

66 BVerfG v. 20.9.2007, NJW 2008, S. 503 (503); BVerfG v. 30. 7. 2009, NJW-RR 2010, S. 207 (208).

67 AYM v. 15.4.2014, 2013/5278 http://www.anayasa.gov.tr.; AYM v. 14.1.2015, E. 2014/128, K. 2015/10)http://www.anayasa.gov.tr.

68 Vgl. Wieczorek/Schütze-Prütting, 4. Aufl., Einl. Rn. 102.

69 Baur, Wege zu einer Konzentration der mündlichen Verhandlung im Prozeß, 1966, S. 9; Vollkommer, ZZP 81 (1968), S. 102 (105).

70 Kuru, Makaleler, 2006, S. 117 (117); Pekcanıtez/Atalay/Özekes, Medeni Usul Hukuku, 2012, S. 334.

71 Regierungsentwurf eines Gesetzes zur Vereinfachung und Beschleunigung gerichtlicher Verfahren, BT-Drucks. 7/2729, S. 32; Özekes, Medeni Usul Hukukunda Hukuki Dinlenilme Hakki, 2003, S. 76.

Gefahr, dass der Einzelne in Anbetracht der Verfahrensdauer auf die gerichtliche Rechtsdurchsetzung insgesamt verzichtet und stattdessen den Weg der Selbsthilfe zur Realisierung seines Rechts beschreitet.[72] Um solche negativen Konsequenzen zu verhindern, muss der Staat sein Rechtsprechungsmonopol effektiv und ohne Verzögerung ausüben.

Die Bedeutung einer zügigen Erledigung des Verfahrens war schon im gemeinen Recht bekannt. Damals wurde der Versuch unternommen, das Problem der Prozessverschleppung mit der Eventualmaxime zu überwinden.[73] Der Prozess wurde dort in einzelne Abschnitte eingeteilt. Die Parteien mussten in dem frühen Prozessabschnitt vorsorglich sämtliche in Betracht kommenden Angriffs- und Verteidigungsmittel vorbringen, ungeachtet dessen, ob es wirklich darauf ankam. Nach dem Übergang in den nächsten Verfahrensabschnitt gab es keine Möglichkeit mehr, Versäumtes nachzuholen.[74] Heute ist es in Deutschland schwer, von einer Geltung der reinen Eventualmaxime zu sprechen, da der geltende Grundsatz der „Einheit der mündlichen Verhandlung“ prinzipiell im Widerspruch zur Eventualmaxime steht.[75] Im Kern gibt das Prinzip der „Einheit der mündlichen Verhandlung“ den Parteien das Recht, bis zum Schluss der mündlichen Verhandlung neue Anträge vorbringen zu können (§ 296 a dZPO). Außerdem können die Parteien nach § 264 Nr. 1 und 2 dZPO während des Verfahrens ihre tatsächlichen und rechtlichen Anführungen ergänzen und berichtigen sowie ihren Klageantrag erweitern. Allerdings ist in Deutschland das Recht der Parteien, neuen Tatsachen in den Prozess einzuführen, durch scharfe Präklusionswirkungen erheblich begrenzt.[76] Daher kann man aus deutscher Sicht sagen, dass die strenge Eventualmaxime durch den milderen Beschleunigungsgrundsatz ersetzt worden ist. Im türkischen Recht existiert die Eventualmaxime hingegen noch heute, wenngleich in abgeschwächter Form.

---

72 Grunsky, Grundlagen des Verfahrensrechts, 1974, § 24 S. 219; Schmid, Materielle Wahrheit und Eventualmaxime im bündnerischen Zivilprozessrecht unter besonderer Berücksichtigung des Novenrechts, 1975, S. 6; Rüzgaresen, Medeni Muhakeme Hukukunda Usul Ekonomisi Ilkesi, 2013, S. 176.

73 Ausführlich: Leipold, ZZP 93 (1980), S. 237 (257 ff.); Schmid, Materielle Wahrheit und Eventualmaxime im bündnerischen Zivilprozessrecht unter besonderer Berücksichtigung des Novenrechts, 1975, S. 18 ff.; Zeiss/Schreiber, Zivilprozessrecht, 2014, § 34 Rn. 205.

74 Schneider, MDR 1977, S. 793 (794).

75 Bernhardt, Das Zivilprozeßrecht, 1968, S. 148.

76 In neuerer Zeit löst die Verschärfung der Präklusionsvorschriften in Deutschland Diskussionen darüber aus, ob heute wieder von einer Geltung der Eventualmaxime gesprochen werden soll. *Baur* geht von einer deutlichen Tendenz zur Eventualmaxime aus, siehe Baur, AnwBl 1986, S. 424 (426); *Leipold* lehnt hingegen eine Rückkehr zur Eventualmaxime ab, siehe Leipold, ZZP 93 (1980), S. 237 (261). In der Begründung zum Regierungsentwurf der Vereinfachungsnovelle wird eine Rückkehr zur strengen Eventualmaxime ausdrücklich abgelehnt, siehe BT-Drucks. 7/2729, S. 38.

2. Die Eventualmaxime des türkischen Rechts

Aufgrund der Gliederung des Zivilverfahrens in bestimmte Abschnitte ist die Eventualmaxime im türkischen Zivilprozess deutlich sichtbar. Vor der Zivilprozessreform von 2011 hatten die Parteien alle ihre Angriffs- und Verteidigungsmittel schon am Anfang des Prozesses – nämlich in ihren ersten Schriftsätzen – vorzutragen.[77] Der Kläger konnte daher seinen Klageantrag grundsätzlich nicht mehr ändern oder erweitern, ebenso konnte der Beklagte seine Klageantwort nicht mehr ändern oder erweitern oder neuen Tatsachen in den Prozess einführen (§§ 185, 202 Abs. 2 tZPO a. F.). Ausnahmen galten bei der Zustimmung des Gegners und bei einmaliger Berichtigung der Schriftsätze unter strengen Voraussetzungen (§§ 185 Abs. 2, 202 Abs. 2, 83 ff. tZPO a. F.).

Die Eventualmaxime beansprucht auch in der neuen Zivilprozessordnung von 2011 nach wie vor Geltung, nun allerdings unter Einschränkungen. Gem. § 141 Abs. 1 tZPO dürfen die Parteien nunmehr während des zweiten Schriftsatzwechsels – in ihrer Replik und Duplik – neue Tatsachen in das Verfahren einführen. Nach dem Schriftsatzwechsel folgt das Vorprüfungsstadium, wo das Vorbringen neuer Tatsachen nur noch mit Zustimmung des Gegners möglich ist (§ 141 Abs. 1 tZPO). Mit dem Abschluss des Vorprüfungsstadiums darf der Sachverhalt grundsätzlich nicht mehr erweitert und geändert werden. Ausnahmen gelten bei ausdrücklicher Zustimmung der Gegenpartei oder bei Berichtigung der Schriftsätze (§ 141 Abs. 2 tZPO). Das Berichtigungsrecht darf nur einmal ausgeübt werden, und zwar unter der Voraussetzung, dass die abändernde Partei dem Gegner den durch die Abänderung entstandenen Schaden ersetzt (§§ 176 Abs. 2, 178 tZPO).

Mit der Eventualmaxime bezweckt der türkische Gesetzgeber eine bessere Vorbereitung auf die Hauptverhandlung und eine schnelle Erledigung des Rechtsstreits.[78] Sie vermeidet zudem die Gefahr, dass eine Partei eine entscheidungserhebliche Tatsache bewusst bis zu einem späten Verfahrensstadium zurückhält und damit böswillig den Prozess verzögert. Dies allerdings zu dem Preis, dass die Parteien alle Tatsachen – ohne Rücksicht auf ihre Notwendigkeit – gleichzeitig vortragen, um nicht Gefahr zu laufen, irgendeinen für das Verfahren möglicherweise wesentlichen Umstand unberücksichtigt zu lassen.[79] Diese unnötige Anhäufung von Tatsachen könnte ebenfalls zu einer Prozessverzögerung führen.

---

77 Üstündag, FS-Gaul, 1997, S. 751 (751 ff.); Deren-Yıldırım, FS-Schilken, 2015, S. 235 (245 f.).

78 Pekcanıtez/Atalay/Özekes, Medeni Usul Hukuku, 2012, S. 305; Alangoya, Medeni Usul Hukukunda Vakıaların ve Delilllerin Toplanmasına İlişkin İlkeler, 1979, S. 4 Fn. 15.

79 Ulukapı, Arslan'a Armağan, 1998, S. 713 (726); Deren-Yıldırım, FS-Schilken, 2015, S. 235 (246); Yıldırım, Waseda Proceedings of Comparative Law, 2004, S. 72 (79).

3. Zurückweisung verspäteten Parteivorbringens (Präklusion)

a) *In Deutschland*

Die Präklusion ist ein wichtiges Hilfsmittel zur Beendigung des Verfahrens in angemessenen Zeit.[80] Sie zwingt die Parteien zur Darlegung bzw. Mitwirkung binnen einer bestimmten Frist und dient damit der Verfahrensbeschleunigung.[81] Die Parteivorbringen, welche die dafür vorgesehenen Fristen überschreiten, sind vom Gericht im Regelfall nicht mehr zu berücksichtigen.

In Deutschland sind die Präklusionsvorschriften durch das Gesetz zur Vereinfachung und Beschleunigung gerichtlicher Verfahren (Vereinfachungsnovelle) von 1976[82] neu gestaltet und erheblich verschärft worden. Damit wurde einmal bezweckt, das Verfahren auf einen Verhandlungstermin unter entsprechend gründlicher Vorbereitung des Gerichts zu konzentrieren (§§ 272 ff. dZPO); zum anderen wurde die Prozessförderungspflicht der Parteien verstärkt.[83] Die Parteien haben nunmehr ihre Angriffs- und Verteidigungsmittel so zeitig vorzubringen, wie es nach der Prozesslage einer sorgfältigen und auf Förderung des Verfahrens bedachten Prozessführung entspricht (§ 282 i. V. m. §§ 277 Abs. 1, 340 Abs. 3 S. 1 dZPO).

Das Gericht kann sowohl bei Verstoß gegen die allgemeine Prozessförderungspflicht als auch bei Überschreiten der gerichtlich gesetzten Frist das Parteivorbringen nach § 296 dZPO zurückweisen.[84] Voraussetzung der Zurückweisung bei Fristüberschreitung ist, dass entweder die Zulassung verspäteten Vorbringens nach der freien Überzeugung des Gerichts die Erledigung des Rechtsstreits verzögern würde oder die Partei die Verspätung nicht genügend entschuldigt (§ 296 Abs. 1 dZPO). Die Zurückweisung wegen Verletzung der Prozessförderungspflicht setzt voraus, dass das Zulassen des Vorbringens nach der freien Überzeugung des Gerichts die Erledigung des Rechtsstreits verzögern würde und die Verspätung auf grober Nachlässigkeit beruht (§ 296 Abs. 2 dZPO). Die in Bezug auf die Klagezulässigkeit entgegen der Prozessförderungspflicht zu spät vorgebrachten Rügen sind nur zuzulassen, wenn die Partei dies genügend entschuldigt (§ 296 Abs. 3 i. V. m. § 282 Abs. 3 dZPO).

b) *In der Türkei*

Die Gesetzeslage zur Präklusion gestaltet sich in der Türkei anders als in Deutschland: Denn in der türkischen ZPO gilt keine allgemeine Prozessförderungspflicht der Parteien. Sie haben jedoch alle Tatsachen sowie ihre Angriffs- und Verteidigungs-

---

80 Zeiss/Schreiber, Zivilprozessrecht, 2014, § 34 Rn. 205.
81 Lüke, JuS 1981, S. 503 (503).
82 Bundesgesetzblatt 1976, S. 3281 ff.
83 Regierungsentwurf eines Gesetzes zur Vereinfachung und Beschleunigung gerichtlicher Verfahren, BT-Drucks. 7/2729, S. 32; Lüke, JuS 1981, S. 503 (503).
84 Ausführlich Schwab, Zivilprozessrecht, 2016, § 5 Rn. 218 ff.

mittel grundsätzlich während des Schriftsatzwechsels vorzutragen. Die Fristen für die Einreichung der Schriftsätze werden durch Gesetz festgelegt (§§ 127 Abs. 1, 136 Abs. 1 tZPO). Alle Beweise, die in den Schriftsätzen erwähnt sind, müssen bis zum Schluss des Vorprüfungsstadiums dem Gericht vorgelegt werden (§ 140 Abs. 5 tZPO). Was im Vorprüfungsstadium nicht vorgelegt wurde, wird grundsätzlich nicht mehr berücksichtigt. Die Zurückweisung verspäteten Vorbringens ist in der Türkei im Grundsatz eine gebundene Entscheidung, bei der dem Richter folglich kein Ermessensspielraum zusteht.[85] Eine wichtige Ausnahme davon regelt § 145 tZPO, der dem Richter ggf. die Möglichkeit der Berücksichtigung des verspäteten Beweismittels ermöglicht. Danach kann der Richter über die Zulassung des verspäteten Beweismittels nach seinem freien Ermessen entscheiden, wenn mit der Verspätung keine Verzögerung des Verfahrens bezweckt wird oder die Verspätung nicht auf Nachlässigkeit beruht.[86]

Anders als im deutschen Zivilprozess spielen daher die richterlichen Fristen im türkischen Zivilprozess keine wichtige Rolle bei der Vorbringung neuer Angriffs- und Verteidigungsmittel. Dies wird in der Türkei durch gesetzliche Fristen gesichert. Die richterlichen Fristen dienen vielmehr der Organisation des Verfahrens. Der Richter legt z. B. für die Anhörung der Parteien oder Kostenerstattung der von Amts wegen durchzuführenden Untersuchungen eine Frist fest (§§ 144 Abs. 2, 325 Abs. 1 tZPO). In ähnlicher Weise gewährt er den Parteien einen angemessenen Zeitraum, in denen sie die Mängel ihrer Anträge beseitigen können (§ 32 Abs. 2 tZPO).

Eine andere Besonderheit des türkischen Rechts in Bezug auf die Präklusion ergibt sich aus § 94 Abs. 2 tZPO. Nach dieser Vorschrift tritt bei *einmaliger* Versäumung einer gerichtlich gesetzten Frist die Präklusionswirkung nicht automatisch ein, es sei denn, der Richter erklärt in seiner Entscheidung, dass die von ihm vorgesehene Frist endgültig ist. Wenn es keine solche Erklärung gibt, kann die versäumende Partei eine neue Fristsetzung beantragen. Die neu festgestellte Frist ist dann zwingend endgültig und für die Parteien bindend. Sonderlich zielführend ist diese Regelung nicht, weil sie den Parteien quasi ein unbeschränktes Recht auf Verlangen einer zweiten Frist einräumt. Eine Partei, welche die erste Frist überschreitet, braucht weder einen Entschuldigungsgrund noch einen Nachweis für ihre mangelnde Nachlässigkeit, um eine zweite Frist in Anspruch nehmen zu können.[87] Dies kann jedoch dazu führen, dass die Parteien innerhalb der ersten Frist aus Nachlässigkeit ein Vorbingen versäumen, da ihnen stets die Sicherheit einer zweiten Frist bleibt. Ferner können arglistige Parteien das Recht auf die zweite Frist bewusst einsetzen, um das Verfahren zu verzögern.

85 Deren Yidirim, FS-Schilken, 2015, S. 235 (247).

86 Pekcanıtez/Atalay/Özekes, Medeni Usul Hukuku, 2012, S. 582 f., die Autoren sprechen für eine enge Auslegung der Ausnahme, damit der Zweck, das Verfahren zu beschleunigen, nicht beseitigt wird.

87 Pekcanıtez/Atalay/Özekes, Medeni Usul Hukuku, 2012, S. 218.

IV. Rechtliches Gehör

1. Inhalt des Anspruchs auf rechtliches Gehörs

Der Anspruch auf rechtliches Gehör ist heute als zentrales Verfahrensprinzip allgemein anerkannt, ganz gleich, ob ein Prozess der Verhandlungs- oder der Untersuchungsmaxime folgt.[88] Er ist sowohl in Deutschland als auch in der Türkei verfassungsrechtlich geschützt (Art 103 Abs. 1 GG, Art. 36 Abs. 1 tVG). Eine ausdrückliche Normierung des rechtlichen Gehörs findet sich in der Türkei zusätzlich einfachrechtlich in § 27 tZPO. In § 27 Abs. 1 tZPO werden die Anspruchsinhaber bestimmt. Danach haben die Parteien, die an dem Verfahren Beteiligten und die betroffenen Dritten – im Rahmen ihres Interesses – einen Anspruch auf rechtliches Gehör. In Abs. 2 wird der Inhalt des rechtlichen Gehörs festgelegt: Danach haben die Anspruchsberechtigten in erster Linie das Recht auf Information über alle relevanten Tatsachen (§ 27 Abs. 2 lit. a tZPO). Der Richter hat sie also über den gesamten Streitstoff zu informieren.[89] In zweiter Linie steht das Recht auf Äußerung und Beweisführung (§ 27 Abs. 2 lit. b tZPO). Dem Anspruchsinhaber soll es ermöglicht werden, sein Recht zu verteidigen und so Einfluss auf gerichtliche Entscheidung zu nehmen.[90] Zuletzt verlangt rechtliches Gehör vom Gericht, die Ausführungen der Parteien zur Kenntnis zu nehmen und in Erwägung zu ziehen (§ 27 Abs. 2 lit. c tZPO). Das Gesetz weist gleichzeitig darauf hin, dass der Richter seine Entscheidung konkret und eindeutig begründen soll (§ 27 Abs. 2 lit. c tZPO).[91] Mit der Regelung wird insgesamt bezweckt, die Parteien vor Überraschungsentscheidungen zu schützen.[92]

Der Anspruch auf rechtliches Gehört steht im Spannungsverhältnis zum Beschleunigungsgrundsatz. Die Zurückweisung von verspäteten Parteivorbringen aus Beschleunigungsgründen beschränkt das rechtliche Gehör, erweist sich jedoch häufig als notwendig, um effektiven Rechtsschutz zu gewährleisten und Prozessver-

---

88 BVerfG v. 18.6.1957, NJW 1957, S. 1228 (1228); BVerfG v. 14.4.1987, NJW 1988, S. 125 (125); Grunsky, Grundlagen des Verfahrensrechts, 1974, § 25 S. 226.

89 Hergenröder, Zivilprozessuale Grundlagen richterlicher Rechtsfortbildung, 1995, S. 292; Pekcanıtez/Atalay/Özekes, Medeni Usul Hukuku, 2012, S. 330. Ausführlich: Pekcanıtez, Seyfullah Edis'e Armagan, 2000, S. 753 (769 ff.); Özekes, Medeni Usul Hukukunda Hukuki Dinlenilme Hakki, 2003, S. 86 ff.

90 Grunsky, Grundlagen des Verfahrensrechts, 1974, § 25 S. 232; Bernhardt, Das Zivilprozeßrecht, 1968, S. 144. Ausführlich: Pekcanıtez, Seyfullah Edis'e Armagan, 2000, S. 753 (775 ff.); Özekes, Medeni Usul Hukukunda Hukuki Dinlenilme Hakki, 2003, S. 106 ff.

91 Zum Begründungserfordernis der richterlichen Entscheidungen im türkischen Recht: AYM v. 13.06.2013, 2013/1235, http://www.anayasa.gov.tr.; AYM v. 6.02.2014, 2013/816, http://www.anayasa.gov.tr.

92 Pekcanıtez/Atalay/Özekes, Medeni Usul Hukuku, 2012, S. 333; Pekcanıtez, Seyfullah Edis'e Armagan, 2000, S. 753 (786 ff.); vgl. Grunsky, Grundlagen des Verfahrensrechts, 1974, § 25 S. 233 f.

schleppung zu vermeiden.[93] Aus diesem Grund können die Präklusionsvorschriften keineswegs schlechthin als Verstoß gegen rechtliches Gehör gesehen werden[94], sofern sie diesem Zweck entsprechend angewendet werden. Unter welchen Voraussetzungen Beschränkungen des rechtlichen Gehörs damit gerechtfertigt werden können, ist jedoch im Einzelnen umstritten. Die Divergenzen sollen nachfolgenden kurz dargestellt werden.

2. Präklusion und rechtliches Gehör

Ausgangspunkt ist die Frage, wann verspätetes Vorbringen den Prozess verzögert. Sie wird in der Lehre und Rechtsprechung unterschiedlich beantwortet: Nach der vom BGH vertretenen Ansicht ist allein maßgebend, ob der Rechtsstreit bei Zulassung des verspäteten Sachvortrags länger dauern würde als bei Zurückweisung dieses Vorbringens *(absoluter Verzögerungsbegriff).*[95] Es kommt danach nicht darauf an, wie lange der Prozess bei fristgerechtem Vorbringen gedauert hätte. Nach Ansicht des BVerfG ist der *absolute Verzögerungsbegriff* zwar im Grundsatz mit Art. 103 Abs. 1 GG vereinbar, dies allerdings nur unter einer Ausnahme: Wenn *offenkundig* ist, dass die selbe Verzögerung auch bei rechtzeitigem Vorbringen eingetreten wäre, dann darf ein Gericht das verspätete Vorbringen nicht zurückweisen.[96]

Dem *absoluten Verzögerungsbegriff* wird in der Lehre zu Recht entgegengehalten, dass er zu einer sog. Überbeschleunigung führen kann. Die Kritiker[97] fordern, dass der Richter hypothetische Erwägungen darüber anstellen soll, wie der Prozess bei rechtzeitigem Vortrag verlaufen wäre. Hätte das Verfahren bei rechtzeitigem Vorbringen ebenso lange gedauert, so dürfte das Gericht das verspätete Vorbringen nicht zurückweisen *(hypothetischer Verzögerungsbegriff).*[98] Der BGH wendet sich in jüngster Zeit gegen den *hypothetischen (relativen) Verzögerungsbegriff,* da „es nicht Sinn der der Beschleunigung dienenden Präklusionsvorschriften sein [kann], das Gericht mit schwierigen Prognosen über hypothetische Kausalverläufe zu belasten und damit weitere Verzögerungen zu bewirken".[99]

Es steht außer Frage, dass der *absolute Verzögerungsbegriff* vom Gericht leichter zu handhaben ist, da er eben keine hypothetischen Überlegungen erfordert. Dabei darf jedoch nicht übersehen werden, dass damit nicht vorschnell die Gerechtigkeit

93 Vgl. Schwab, Zivilprozessrecht, 2016, § 5 III Rn. 219.
94 Leipold, ZZP 93 (1980), S. 237 (244).
95 BGH v. 3.7.2012, NJW 2012, S. 2808 (2809); BGH v. 31.1.1980, NJW 1980, S. 945 (946).
96 BVerfG v. 5.5.1987, NJW 1987, S. 2733 (2736); siehe auch: BayVerfGH v. 01.12.2009, BeckRS 2010, 46092.
97 Schwab, Zivilprozessrecht, 2016, § 5 III Rn. 224; *Lüke*, JuS 1981, S. 503 (504); Leipold, ZZP 93 (1980), S. 237 (250); Zeiss/Schreiber, Zivilprozessrecht, 2014, § 34 Rn. 208.
98 Für die Vertiefung und Beispiele: Schwab, Zivilprozessrecht, 2016, § 5 III Rn. 220 ff.
99 BGH v. 3.7.2012, NJW 2012, S. 2808 (2809).

zugunsten der Schnelligkeit geopfert werden kann.[100] Jede Zurückweisung eines Vorbringens erschwert die Aufklärung der materiellen Wahrheit und stellt eine Begrenzung des rechtlichen Gehörs dar. Hieraus rechtfertigt sich, an eine Zurückweisung hohe Anforderung zu stellen. Der Zweck der Präklusion ist die Verhinderung einer Prozessverzögerung, die wesentlich auf das Verhalten der Partei zurückgeführt werden kann. Wenn aber der Prozess bei rechtzeitigem Vortrag genauso lang dauern würde, dann ist es keine Folge des pflichtwidrigen Verhaltens einer Partei.[101] Die Präklusion soll den Prozess beschleunigen, nicht aber – was *Leipold* zutreffend anmerkt – die Partei unabhängig hiervon für ein verspätetes Vorbringen bestrafen.[102]

Die Zurückweisung ist mit dem Anspruch auf rechtliches Gehör ferner dann nicht vereinbar, wenn die Verspätung auf eine Verletzung der Aufklärungspflicht des Gerichts beruht. Ein Gericht, welches Parteivortrag als verspätet zurückweisen will, muss erst prüfen, ob es seine Fürsorgepflichten erfüllt hat, z. B. ob es vorbereitende Maßnahmen rechtzeitig getroffen oder ob es seine materielle Prozessleitungspflicht erfüllt hat.[103] Auch das BVerfG hat bereits mehrfach entschieden, dass die Zurückweisung jedenfalls dann Art. 103 Abs. 1 GG verletzt, wenn richterliches Fehlverhalten die Verzögerung mitverursacht hat.[104]

V. Das Prinzip der freien Beweiswürdigung

Der Grundsatz der freien Beweiswürdigung bedeutet die Befreiung des Richters von jedem Zwang bei der Würdigung des Beweiswerts eines Beweismittels. Seine Ausprägungen sind im deutschen und türkischen Zivilprozess unterschiedlich.

1. Im deutschen Zivilprozess

Nach § 286 dZPO hat das Gericht unter Berücksichtigung des gesamten Inhalts der Verhandlungen und des Ergebnisses einer etwaigen Beweisaufnahme nach freier Überzeugung zu entscheiden, ob eine tatsächliche Behauptung wahr ist. Das heißt, der Richter kann über den konkreten Beweiswert eines Beweismittels nach freier Überzeugung, d. h. ohne Bindung an gesetzliche Beweisregeln, befinden.[105] Er kann etwa einem Zeugen Glauben schenken, obwohl 20 andere Zeuge das Gegenteil bekundet haben oder vom Gutachten eines Sachverständigen abweichen.[106] Wichtig

100 Vgl. BVerfG v. 8.5.1973, NJW 1973, S. 1315 (1316); Leipold, ZZP 93 (1980), S. 237 (243).
101 Leipold, ZZP 93 (1980), S. 237 (250).
102 Leipold, ZZP 93 (1980), S. 237 (251).
103 Deubner, FS-Lüke, 1997, S. 51 (51 ff.); Lüke, JuS 1981, S. 503 (504); Zeiss/Schreiber, Zivilprozessrecht, 2014, § 34 Rn. 208.
104 BVerfG v. 8.1.2004, NJW 2004, S. 1371 (1373); BVerfG v. 20.10.1994, NJW-RR 1995, S. 377 (378); BVerfG v. 22.8.1991, NJW 1992, S. 680 (681); BVerfG v. 10.2.1993, BeckRS 1993, 00882.
105 Prütting/Gehrlein-Laumen, 8. Aufl. 2016, § 286 Rn. 2.
106 Schwab, Zivilprozessrecht, 2016, § 9 Rn. 486.

ist, dass er im Urteil die Gründe angibt, die für seine Überzeugung leitend gewesen sind (§ 286 Abs. 1 S. 2 dZPO). Diese Begründung muss so konkret sein, dass daraus entnommen werden kann, dass der Richter eine vernünftige und sachentsprechende Gesamtwürdigung vorgenommen hat.[107]

Eine Abweichung vom Grundsatz der freien Beweiswürdigung ergibt sich aus § 286 Abs. 2 dZPO, wonach der Richter in den gesetzlich bezeichneten Fällen an gesetzliche Beweisregeln gebunden ist. Gesetzliche Beweisregeln bestimmen – ohne Rücksicht auf die Überzeugung des Gerichts – die Wahrheit oder Unwahrheit einer Tatsache. Bis zum Beweis des Gegenteils ist der Richter an diese Regeln gebunden.[108] In der dZPO finden sich solche Beweisregeln bei den Regelungen über das Protokoll (§ 165 dZPO), über das anwaltliche Empfangsbekenntnis (§§ 174, 195 Abs. 2 dZPO), über den Nachweis der Auslandszustellung (§ 183 Abs. 2 dZPO), für den Tatbestand des Urteils (§ 314 dZPO) und für die Beweiskraft öffentlicher oder privater Urkunden (§§ 415 bis 418, 435, 438 Abs. 2 dZPO).[109]

Die Beweiswürdigung umfasst nicht nur das Ergebnis einer etwaigen Beweisaufnahme, sondern den gesamten Inhalt der Verhandlungen (§ 286 Abs. 1 dZPO). Damit gehören das gesamte Parteivorbringen sowie alle Handlungen und Unterlassungen der Parteien zum Bestandteil der Beweiswürdigung.[110] Der Richter kann die Beantwortung oder Nichtbeantwortung von Fragen, die Ablehnung einer Parteivernehmung, die Nichtbefreiung von bestehenden Schweigepflichten oder die Widersprüchlichkeiten der Parteierklärung bei seiner Beweiswürdigung berücksichtigen.[111] Freie Beweiswürdigung bedeutet jedoch nicht eine reine Beurteilung nach subjektiver Beliebigkeit des Richters, sondern er ist auch an gewisse objektive Gegebenheiten gebunden. Er muss insbesondere die Denk-, Naturgesetze und Erfahrungssätze beachten.[112]

2. Im türkischen Zivilprozess (Das legale Beweissystem des türkischen Rechts)

Der türkische Zivilprozess folgt einem Mischsystem aus freier richterlicher Beweiswürdigung und legalem Beweissystem. Das Prinzip der freien richterlichen Beweiswürdigung wird in § 198 tZPO zwar ausdrücklich festgestellt, wird jedoch in

107 BGH v. 22.01.1991, NJW 1991, S. 1894 (1895); MüKoZPO-Prütting, 5. Aufl. 2016, § 286 Rn. 22.

108 Prütting/Gehrlein-Laumen, 8. Aufl. 2016, § 286 Rn. 18; Zöller-Greger, 31. Aufl. 2016, § 286 Rn. 3.

109 MüKoZPO-Prütting, 5. Aufl. 2016, § 286 Rn. 25.

110 Stein/Jonas-Leipold, 22. Aufl. 2008, § 286 Rn. 15; MüKoZPO-Prütting, 5. Aufl. 2016, § 286 Rn. 7.

111 Prütting/Gehrlein-Laumen, 8. Aufl. 2016, § 286 Rn. 6; MüKoZPO-Prütting, 5. Aufl. 2016, § 286 Rn. 7.

112 Stein/Jonas-Leipold, 22. Aufl. 2008, § 286 Rn. 3; MüKoZPO-Prütting, 5. Aufl. 2016, § 286 Rn. 10; Prütting/Gehrlein-Laumen, 8. Aufl. 2016, § 286 Rn. 11.

seiner Geltung durch das legale Beweissystem erheblich eingeschränkt. Im legalen Beweissystem sind Wert und Aussagekraft der Beweise vorbestimmt. Theoretisch unterscheidet man in diesem System zwischen Streng- und Freibeweis.[113] Als Strengbeweis gilt die notarielle oder privatschriftliche Urkunde, der Eid und die rechtskräftige Entscheidung, die für den Richter bindend sind. Greifen sie ein, gibt es für richterliche Beweiswürdigung keinen Raum mehr. Mittel des Freibeweises sind der Sachverständige, der Zeuge und der Augenschein, bei deren Würdigung der Richter frei ist. In der türkischen Zivilprozessordnung findet sich zwar keine ausdrückliche Regelung zur Unterscheidung zwischen Streng- und Freibeweis, diese ergibt sich jedoch aus der Rechtsfolgen der einzelnen Beweise sowie aus der langen Tradition des türkischen Beweissystems.[114]

Eine weitere Besonderheit des legalen Beweissystems ist die Beweismittelbeschränkung bei bestimmten Rechtsgeschäften. Danach kann der Beweis für ein Rechtsgeschäft, dessen Wert einen gesetzlichen Betrag übersteigt, nur durch einen Strengbeweis (häufig durch eine notarielle oder privatschriftliche Urkunde) angetreten werden.[115] Für ein solches Rechtsgeschäft ist der Freibeweis grundsätzlich unzulässig. Welche Konsequenzen legale Beweisregeln hinsichtlich der richterlichen Urteilsfindung haben, wird an anderer Stelle ausführlich behandelt werden.[116] An dieser Stelle genügt die Feststellung, dass diese Regeln die Gerichte bei ihrer Beweiswürdigung erheblich beschränken. Anders als im deutschen Recht hat das Gericht im türkischen Recht insgesamt einen sehr engen Spielraum bei der Würdigung der Beweismittel.

Wie im deutschen Recht ist der türkische Richter durch Naturgesetze und Erfahrungssätze dort gebunden, wo das Gesetz ihm die Beweiswürdigung nach seiner freien Überzeugung ermöglicht.[117] Die Pflicht zur Begründung seiner Überzeugung wird ebenso in § 27 Abs. 2 lit. c tZPO zum Ausdruck gebracht.

VI. Das Prinzip des Urkundenbeweises im türkischen Recht

1. Inhalt

Nach türkischem Recht ist der Beweis eines Rechtsgeschäfts, dessen Gegenstand die Summe von 2500 TL. übersteigt, grundsätzlich nur mit einem Urkundenbeweis möglich (§ 200 Abs. 1 tZPO). Die Urkunde im hier verwendeten Sinne ist jede in Schriftzeichen verkörperte Gedankenäußerung, die zum Beweis im Rechtsverkehr

113 Pekcanıtez/Atalay/Özekes, Medeni Usul Hukuku, 2012, S. 606 f.; Yıldırım, ZZPInt 3, 1998, S. 379 (380); ders., FS-Rechberger, 2005, S. 749 (750).

114 Pekcanıtez/Atalay/Özekes, Medeni Usul Hukuku, 2012, S. 605 f.

115 Siehe unten Erster Teil § 1 VI.1.

116 Siehe unten Erster Teil § 2 II.4.b).

117 Pekcanıtez/Atalay/Özekes, Medeni Usul Hukuku, 2012, S. 316; ausführlich: Yıldırım, Medeni Usul Hukukunda Delillerin Degerlendirilmesi, 1990, S. 188 ff.

geeignet und von ihrem Aussteller unterschrieben ist.[118] Die Rechtsgeschäfte, welche diese Summe überschreiten, können grundsätzlich nur durch eine notarielle oder privatschriftliche Urkunde nachgewiesen werden.[119] Wertpapiere, schriftliche Verträge und einseitige Schulderklärung mit Unterschrift bilden die häufigsten Mittel für diesen Beweis. Der Strengbeweis gilt für alle Behauptungen zu einem derartigen Rechtsgeschäft, also z.B. für Entstehung, Löschung, Übertragung, Änderung, Stundung, Erneuerung usw. Der Zeugenbeweis ist bei derartigen Rechtsgeschäften prinzipiell ausgeschlossen. Gleiches gilt – ohne Rücksicht auf den Streitwert – in Bezug auf Behauptungen, die auf einer Urkunde beruhen (§ 201 tZPO). Legt also eine Partei eine Beweisurkunde für ihre Behauptung vor, ist diese Behauptung unabhängig von der Höhe des Streitwerts nur durch eine andere Urkunde zu entkräften. Kurz gesagt: Der Zeugenbeweis ist gegenüber einem Urkundenbeweis schlechthin ausgeschlossen (§ 201 tZPO). Besteht bspw. zwischen den Parteien ein schriftlicher Vertrag, dann kann der Schuldner die Tilgung seiner Schuld nur mit einer Urkunde nachweisen, selbst wenn die Schuld die im Gesetz vorgesehene Grenze von 2500 TL. nicht erreicht.[120] Auf andere Schuldverhältnisse, wie z.B. unerlaubte Handlungen oder ungerechtfertigte Bereicherungen, ist diese Regel nicht anwendbar.[121]

Im türkischen Recht nennt man diese Regel das „Prinzip des Urkundenbeweises". Wichtig ist jedoch zu betonen, dass „Urkundenbeweis" hier im Sinne von „Strengbeweis" zu verstehen ist. Da die Urkunde im türkischen Zivilprozess die wichtigste Form des Strengbeweises ist, hat der Gesetzgeber den Begriff „Prinzip des Urkundenbeweises" gewählt. Die Rechtsgeschäfte können entgegen dieser missverständlichen Bezeichnung aber auch mit anderen Mitteln des Strengbeweises – nämlich mit Eid und rechtskräftiger Entscheidung – bewiesen werden. Ebenso wird mit dem „Verbot des Zeugenbeweises" im Grunde auf das „Verbot des Freibeweises" hingewiesen. Der Begriff wurde wiederum gewählt, da der Zeugenbeweis in der Praxis die häufigste und wichtigste Form des Freibeweises ist.[122] In dieser Arbeit wird – in Anlehnung an den gesetzlichen und praktischen Ausdruck – auch die gleiche Terminologie verwendet.

---

118 Kuru/Arslan/Yılmaz, Medeni Usul Hukuku, 2012, S. 380; Yavaş, Senetle İspat ve Senede Karşı Senetle İspat Kuralları ile Bu Kuralların İstisnaları, 2009, S. 114; Yıldırım, ZZPInt 3 (1998), S. 379 (385); Nart, DEÜHFD 2007/1, S. 207 (213). Im neu geregelten § 205 Abs. 2 tZPO werden elektronische Nachrichten mit qualifizierter Signatur nunmehr handschriftlichen Urkunden gleichgestellt.

119 Eine Öffentliche Urkunde, die von einer öffentlichen Behörde innerhalb der Grenzen ihrer Amtsbefugnisse in der vorgeschriebenen Form ausgestellt wurde, zählt in der Türkei auch zu den Strengbeweisen und können im Rahmen des Urkundenprinzips verwendet werden (§ 204 tZPO).

120 Yavaş, Senetle İspat ve Senede Karşı Senetle İspat Kuralları ile Bu Kuralların İstisnaları, 2009, S. 365.

121 Pekcanıtez/Atalay/Özekes, Medeni Usul Hukuku, 2012, S. 632.

122 Kuru/Arslan/Yılmaz, Medeni Usul Hukuku, 2012, S. 394.

Eine Urkunde muss unterschrieben sein, damit sie im Rahmen des Urkundenprinzips verwendet werden kann. Eine Urkunde ohne Unterschrift (wie ein Brief, Vertragsentwurf oder Telegramm) wird im türkischen Recht lediglich als „Anfangsbeweis“ bewertet.[123] Er macht die behauptete Tatsache wahrscheinlich und kann durch Zeugen ergänzt werden (§ 202 Abs. 1 tZPO). Dies stellt also eine wichtige Präzisierung des Prinzips des Urkundenbeweises dar.[124]

Bestreitet der Beweisgegner die Echtheit der Urkunde, so muss zunächst die Frage der Echtheit geklärt werden. Hier differenziert das Gesetz zwischen Privaturkunden und öffentlichen Urkunden: Die Echtheit einer Privaturkunde kann entweder im laufenden Prozess oder in einem selbstständigen Prozess bestritten werden (§ 208 Abs. 3 tZPO). Wählt der Beweisgegner erstere Möglichkeit, behandelt das Gericht seine Behauptung als eine Vorfrage und entscheidet darüber durch ein Zwischenstreiturteil.[125] Wählt der Beweisgegner die zweite Möglichkeit, also bestreitet er die Echtheit in einem separaten Verfahren, dann darf die betreffende Urkunde im Hauptstreit bis zum Ende der Echtheitsprüfung des zweiten Gerichts nicht verwendet werden (§ 209 Abs. 1 tZPO). Anders als Privaturkunden kann die Echtheit öffentlicher Urkunden nur durch eine selbstständige Klage geprüft werden, weil ihre Errichtung die Mitwirkung einer Behörde oder einer mit öffentlichem Glauben ausgestatteten Person erfordert, die an dem Rechtstreit über die Echtheit der Urkunde auch beteiligt werden muss (§ 208 Abs. 4 tZPO). Beantragt der Beweisgegner eine solche Prüfung durch eine abgesonderte Klage, dann wird das Verfahren in der Hauptsache bis zur Beendigung dieser Echtheitsprüfung ausgesetzt (§ 208 Abs. 4 i. V. m. 165 Abs. 1 tZPO).[126] Behauptungen über die Echtheit einer Urkunde können – egal ob es sich um eine privatschriftliche oder öffentliche Urkunde handelt – ohne Beweismittelbeschränkung bewiesen werden.[127]

Zuletzt ist zu betonen, dass das „Prinzip des Urkundenbeweises“ nur die Parteien, nicht jedoch Dritte umfasst. Dritte können ihre Behauptungen zu den zwischen den Parteien abgeschlossenen Rechtsgeschäften ohne Beweismittelbeschränkung beweisen.[128]

---

123 Kuru/Arslan/Yılmaz, Medeni Usul Hukuku, 2012, S. 402; Nart, DEÜHFD 2007/1, S. 207 (230).

124 Siehe unten Erster Teil § 1 VI.2.

125 Kuru/Arslan/Yılmaz, Medeni Usul Hukuku, 2012, S. 381; Erdönmez, TBBD 2016/123, S. 147 (159).

126 Pekcanıtez/Atalay/Özekes, Medeni Usul Hukuku, 2012, S. 620; Erdönmez, TBBD 2016/123, S. 147 (156).

127 Vgl. Erdönmez, TBBD 2016/123, S. 147 (149, 159 Fn. 21).

128 Yavaş, Senetle İspat ve Senede Karşı Senetle İspat Kuralları ile Bu Kuralların İstisnaları, 2009, S. 374 ff.; Kuru/Arslan/Yılmaz, Medeni Usul Hukuku, 2012, S. 406.

2. Ausnahmen

Um unbillige Härten zu vermeiden, macht der Gesetzgeber einige Ausnahmen vom „Prinzip des Urkundenbeweises". Nach § 203 tZPO ist der Zeugenbeweis ohne Rücksicht auf den Streitwert zulässig;

a) bei Rechtsgeschäften unter Familienangehörigen (bei Vorfahren und Nachkommen, Ehegatten, Geschwistern und Schwiegereltern),
b) bei Rechtsgeschäften, bei denen die Erstellung einer Urkunde nach Gewohnheitsrecht nicht üblich ist (z. B. Mietverträge zwischen Dorfbewohnern oder Rechtsgeschäfte zwischen Tante und Nichte, die in einem Haushalt wohnen)[129],
c) bei Rechtsgeschäften, bei denen die Erstellung einer Urkunde aus besonderen Gründen, wie z. B. Brand, Schiffbruch, Erdbeben, unmöglich war,
d) bei Behauptungen, dass das Rechtsgeschäft durch einen Willensmangel – wie z. B. Erpressung, Irrtum, arglistige Täuschung – zustande gekommen sei,
e) bei Behauptungen eines Dritten, dass die Urkunde nur zum Schein abgeschlossen sei,
f) wenn die Urkunde infolge höherer Gewalt oder im Besitz einer offiziellen Behörde verlorengegangen ist.

Die Ausnahmeregelung in lit. e ist m. E. überflüssig, weil das Prinzip des Urkundenbeweises wie gesagt nur für die Parteien gilt, nicht jedoch für Dritte. Sie können sowieso alle ihre Behauptungen zum zwischen den Parteien bestehenden Vertrag durch Zeugenbeweis beweisen.

Ferner kann von der Regel des Urkundenbeweises abgewichen werden, wenn die Gegenpartei mit der Einvernahme von Zeugen einverstanden ist (§ 200 Abs. 2 tZPO). Möglich ist auch, dass die Parteien die Zulässigkeit des Zeugenbeweises vorab vereinbaren. In Fällen, in denen eigentlich ein Urkundenbeweis erforderlich ist, dürfen die Parteien die Geltung des Freibeweises vereinbaren. Dies stellt im türkischen Recht einen Beweisvertrag dar und ist ausdrücklich in § 193 tZPO geregelt.[130]

Der Anfangsbeweis ist eine andere wichtige Ausnahme vom „Prinzip des Urkundenbeweises" und wurde durch die ZPO Reform 2011 erheblich erweitert. Nach türkischem Recht sollte der Begriff des Anfangsbeweises als ein Dokument definiert werden, das zwar keine Urkunde im Sinne des Strengbeweises ist, jedoch wichtige Hinweise über das Rechtsgeschäft enthält (§ 202 Abs. 2 tZPO). Zusätzlich muss es durch die davon nachteilig betroffene Partei vorbereitet werden (§ 202 Abs. 2 tZPO). Nach der alten Fassung der tZPO war die Schriftlichkeit auch ein notwendiges

---

129 Kuru/Arslan/Yılmaz, Medeni Usul Hukuku, 2012, S. 399.

130 Yavaş, Senetle İspat ve Senede Karşı Senetle İspat Kuralları ile Bu Kuralların İstisnaları, 2009, S. 309; Yıldırım, ZZPInt 3 (1998), S. 379 (385); Kuru/Arslan/Yılmaz, Medeni Usul Hukuku, 2012, S. 395; Pekcanıtez, Ritsumeikan Law Review 30 (2013), S. 175 (185). Für ausführliche Informationen zu Beweisverträge im türkischen Recht siehe: Taşpınar, Medeni Yargılama Hukukunda İspat Sözleşmeleri, 2001, S. 180 ff.

Merkmal des Anfangsbeweises (§ 292 tZPO a. F). Mit der neuen Regelung hingegen verzichtet der Gesetzgeber auf diese Notwendigkeit und erweitert – parallel zur technischen Entwicklung – den Umfang der Dokumente, die als Anfangsbeweis in Betracht kommen. Nunmehr sind bspw. auch elektronische Datenträger, Bilder, Tonbandaufnahme oder Zeichnungen als Anfangsbeweis zu bewerten (§ 202 Abs. 2 i. V. m. § 199 Abs. 1 tZPO). Falls ein solches Dokument vorhanden ist, kann eine Behauptung, die im Prinzip nur mit einer Urkunde zu beweisen ist, mit allen anderen Beweismitteln bewiesen werden. Das Bestehen eines Anfangsbeweises beseitigt also die Beweismittelbeschränkung.

Es stellt sich noch die Frage, ob der Richter auch die durch Parteivernehmung erfolgten Einlassungen der befragten Partei als Anfangsbeweis würdigen kann. In der Lehre wird diese Frage häufig bejaht. Im türkischen Recht ist die Parteivernehmung als Mittel zur Informationsgewinnung vorgesehen (§ 169 tZPO). Das Ergebnis der Vernehmung wird schriftlich protokolliert und von der vernommenen Partei unterschrieben (§ 174 Abs. 1 tZPO). Diese Protokollierung kann vom Richter als Anfangsbeweis gewürdigt werden und zur Befreiung von der Beweismittelbeschränkung führen.[131]

Außerdem umfasst das Prinzip des Urkundenbeweises nur Rechtsgeschäfte. Rechtsgeschäfte bestehen aus einer oder mehreren Willenserklärungen, die allein oder in Verbindung mit anderen Tatbestandsmerkmalen eine Rechtsfolge herbeiführen, weil sie gewollt ist.[132] Bei Rechtshandlungen hingegen treten Rechtsfolgen unabhängig von einem entsprechenden Willen kraft Gesetzes ein (z. B. unerlaubte Handlungen, Pflichtverletzungen, ungerechtfertigte Bereicherungen).[133] Diese Definitionen entsprechen denen des deutschen Rechts. Die Rechtshandlungen sind vom Prinzip des Urkundenbeweises ausgeschlossen und können ohne Beweismittelbeschränkung nachgewiesen werden (§ 200 Abs. 1 tZPO). Zum Beispiel kann das Bestehen eines Kaufvertrags grundsätzlich nur mit einer Urkunde bewiesen werden, wenn der Wert der Kaufsache die gesetzliche Grenze überschreitet. Ein Schadensersatzanspruch wegen Mängeln der Kaufsache hingegen kann auch durch Zeugenbeweis nachgewiesen werden, da die mangelhafte Lieferung eine Rechtshandlung darstellt.[134] Dies gilt freilich nicht für den ebenfalls nachzuweisenden Kaufvertrag, für den auch in diesem Fall das Prinzip des Urkundenbeweises gilt.

Das Urkundenprinzip des türkischen Rechts ist durch das französische Zivilprozessrecht inspiriert. Anders als im französischen Recht sind die Ausnahmen vom Urkundenprinzip in der tZPO indes *en detail* kodifiziert. Die kasuistische Aufzählung in der tZPO lässt wenig Raum für eine Feinabstimmung durch die

131 Konuralp, Yazılı Delil Baslangıcı, 1988, S. 106; Postacioglu/Altay, Medeni Usul Hukuku Dersleri, 2015, S. 679; Yavaş, Senetle İspat ve Senede Karşı Senetle İspat Kuralları ile Bu Kuralların İstisnaları, 2009, S. 272.

132 Kuru/Arslan/Yılmaz, Medeni Usul Hukuku, 2012, S. 395.

133 Kuru/Arslan/Yılmaz, Medeni Usul Hukuku, 2012, S. 404.

134 Yavaş, Senetle İspat ve Senede Karşı Senetle İspat Kuralları ile Bu Kuralların İstisnaları, 2009, S. 334.

Rechtsprechung.[135] Der französische Gesetzgeber hingegen begnügt sich damit, die Ausnahmen vom Urkundenprinzip mit Gründen tatsächlicher und sittlicher Unmöglichkeit (*Code Civil* Art. 1348) abstrakt zu umschreiben und überlässt die weitere Konkretisierung der Rechtsprechung. Weiter findet das Prinzip des Urkundenbeweises in der Türkei – anders als in Frankreich – auch bei Handelssachen Anwendung.[136]

VII. Sonstige Verfahrensgrundsätze

Zu erwähnen sind abschließend noch die Grundsätze der Mündlichkeit, Unmittelbarkeit und Öffentlichkeit. Die mündliche Verhandlung ist ein wichtiges Instrument, um den Parteien rechtliches Gehör zu gewähren.[137] Sie ermöglichen dem Gericht, einen unmittelbaren und lebendigen Eindruck vom Streitstoff zu gewinnen und unmittelbar Fragen an die Parteien zu stellen.[138] Das Mündlichkeitsprinzip wird in Deutschland durch § 128 Abs. 1 dZPO gesichert. Die mündliche Verhandlung ist allerdings durch Einverständnis beider Parteien verzichtbar und vor dem Amtsgericht bei einem Streitwert bis zu 600 Euro nur auf Antrag einer Partei obligatorisch (§§ 128 Abs. 2 S. 1, 495a dZPO). Die Entscheidungen des Gerichts, die nicht Urteil sind, können auch ohne mündliche Verhandlung ergehen (§ 128 Abs. 4 dZPO).

Der Grundsatz der mündlichen Verhandlung prägt auch den türkischen Zivilprozess. Seine Existenz ergibt sich aus einer Gesamtschau von Einzelvorschriften, namentlich §§ 27, 28, 144, 147 ff., 152, 169 ff., 184, 186 tZPO.[139] Das Gericht darf also wie in Deutschland grundsätzlich nur aufgrund mündlicher Verhandlung entscheiden.[140] In den Ausnahmefällen, in denen der Gesetzgeber auf die Notwendigkeit einer mündlichen Verhandlung ausdrücklich verzichtet hat, darf das Gericht auch ohne mündliche Verhandlung eine Entscheidung erlassen, z. B. bei der gerichtlichen Entscheidung über die Zulässigkeit einer Klage gem. § 138 tZPO oder die einstweilige Verfügung gem. § 390 Abs. 2 tZPO.

Zur mündlichen Verhandlung gehört auch der Grundsatz der Unmittelbarkeit. Danach ist die Verhandlung – insbesondere die Beweisaufnahme – unmittelbar vor

135 Yıldırım, ZZPInt 3 (1998), S. 379 (386); Yavaş, Senetle İspat ve Senede Karşı Senetle İspat Kuralları ile Bu Kuralların İstisnaları, 2009, S. 84, 230 f.

136 Yavaş, Senetle İspat ve Senede Karşı Senetle İspat Kuralları ile Bu Kuralların İstisnaları, 2009, S. 230; Yıldırım, ZZPInt 3 (1998), S. 379 (384); Kuru/Arslan/Yılmaz, Medeni Usul Hukuku, 2012, S. 230.

137 Schwab, Zivilprozessrecht, 2016, § 4 Rn. 167.

138 Saenger-Saenger, 7. Aufl. 2017, Einl. Rn. 70; Pekcanıtez/Atalay/Özekes, Medeni Usul Hukuku, 2012, S. 338.

139 Vgl. Pekcanıtez/Atalay/Özekes, Medeni Usul Hukuku, 2012, S. 339.

140 Yargitay 6. HD v. 11.06.2012, 5358/866, zit. nach Pekcanıtez/Atalay/Özekes, Medeni Usul Hukuku, 2012, S. 734 Fn. 2; Yargitay 2. HD v. 04.03.2014, E. 2013/21470 K. 2014/4695 (Kazancı Bilgi Bankası).

dem erkennenden Gericht durchzuführen.[141] Im deutschen Recht ist das Unmittelbarkeitsprinzip für den Zivilprozess in den §§ 128, 309 und § 355 dZPO kodifiziert. Im türkischen Zivilprozessrecht gibt es zwar keine direkte Regelung, das Prinzip findet jedoch wiederum Ausdruck in zahlreichen Einzelnormen, so u. a. §§ 197, 144, 149, 152, 170 ff., 188, 195, 259, 290 tZPO.[142]

Schließlich erfolgt die mündliche Verhandlung vor dem erkennenden Gericht sowohl in Deutschland als auch in der Türkei öffentlich (§§ 169 ff. GVG; Art. 141 tVG, § 28 tZPO). Der Öffentlichkeitsgrundsatz gewährt jedermann freien Zutritt zu den Gerichtsverhandlungen und gilt insbesondere für die Beweisaufnahme und Entscheidungsverkündung.[143] Soweit die Öffentlichkeit im Einzelfall oder generell ausgeschlossen ist (§§ 170 ff. GVG; Art. 141 tVG, § 28 Abs. 2 tZPO), ist dennoch jedenfalls die Verkündung der Entscheidung zwingend öffentlich.[144] Ebenso steht der Prozess trotz Ausschluss der Öffentlichkeit den Parteien weiterhin offen (i. d. S. der Grundsatz der Parteiöffentlichkeit).[145]

---

141 Schwab, Zivilprozessrecht, 2016, § 4 Rn. 167.

142 Für ausführliche Informationen: Arslan, Medeni Usul Hukukunda Delillerin Toplanmasi ve Doğrudanlik İlkesi, 2012, S. 119 ff.

143 Wieczorek/Schütze-Prütting, 4. Aufl., Einl. Rn. 100; Pekcanıtez/Atalay/Özekes, Medeni Usul Hukuku, 2012, S. 335 f.

144 Prütting/Gehrlein-Prütting, 8. Aufl. 2016, Einl. Rn. 33.

145 Wieczorek/Schütze-Prütting, 4. Aufl. Einl. Rn. 101; Pekcanıtez/Atalay/Özekes, Medeni Usul Hukuku, 2012, S. 336.

§ 2 Prozesszweckdiskussion

Die Frage nach dem Zweck des Zivilprozesses wird bis heute von zahlreichen Autoren aus verschiedenen Blickwinkeln betrachtet. Die im 19. Jahrhundert herrschende Prozesszwecklehre, die noch heute in Deutschland und der Türkei starken Einfluss hat, wurde von *Adolf Wach*[146] begründet. Er sah gemäß der damaligen Auffassung des Liberalismus den Prozess als eine „reine individuelle Rechtsdurchsetzung" der Parteien. Die Gegenposition zu dieser liberalen Einstellung wurde von *Franz Klein*[147] vertreten, der das Ziel des Prozesses in dem „Interesse der Allgemeinheit" sah. Nach seiner Vorstellung war nicht allein das Recht der Parteien, sondern vor allem das Interesse der Allgemeinheit zu berücksichtigen. In den 1930er Jahren wurde in Deutschland eine neue Lehre entwickelt, die die „Bewährung der Privatrechtsordnung" als eigenständigen Prozesszweck anerkannte.[148] Mit dem Prozess sollte die Rechtsordnung des Staates aufrechterhalten werden.[149] Heute wird allerdings die Bewährung der Rechtsordnung lediglich als eine Nebenfolge der Durchsetzung von subjektiven Rechten gesehen, deshalb wird ihr selbstständiger Charakter als Prozesszweck weitgehend abgelehnt.[150]

Auch türkische Rechtwissenschaftler haben sich lange mit der Frage des Prozesszweckes beschäftigt, ohne jedoch einen gemeinsamen Nenner zu finden. In der Lehre setzt sich die Auffassung durch, das vorrangige Ziel des Prozesses sei die subjektive Rechtsdurchsetzung der Parteien.[151] Die Zwecke „Herstellung des Rechtsfriedens" und „Bewährung der Rechtsordnung" werden zwar betont, jedoch akzeptiert die h. M.[152] sie nicht als eigenständige Ziele, sondern als bloße Folgen des Prozesses. Weiter hat in der Türkei auch die sozialen Gedanken des *Kleins* eine Vielzahl von Anhänger gefunden.[153]

---

146 Wach, Handbuch des Deutschen Civilprozessrechts, 1885, S. 19 ff.

147 Klein, Zeit- und Geistesströmungen im Prozess, 1958, S. 25. Er ist auch der Schöpfer der österreichischen ZPO.

148 Z. B. de Boor, Die Auflockerung des Zivilprozesses, 1939, S. 1 f.

149 Benedicter, Die Sachverhaltsermittlung im Zivilprozess, 2005, S. 148.

150 Vgl. Gaul, Zivilprozessrecht im Lichte der Maximen, 2001, S. 68 (83); Benedicter, Die Sachverhaltsermittlung im Zivilprozess, 2005, S. 147 ff.; Vgl. Stürner, Die Aufklärungspflicht der Parteien des Zivilprozesses, 1976, S. 52 ff.

151 Deren-Yıldırım, Baki Kuru Armağanı, 2004, S. 817 (830); Taşpınar, Faruk Erem Armağanı, 1999, S. 759 (770 f, 782 ff.).

152 Taşpınar, Faruk Erem Armağanı, 1999, S. 759 (765 f., 774 f.); Taşpınar, Medeni Yargılama Hukukunda İspat Sözleşmeleri, 2001, S. 101; Tercan, Şakir Berki' ye Armağan, 1996, S. 181 (195); Alangoya, Medeni Usul Hukukunda Vakıaların ve Delillerin Toplanmasına İlişkin İlkeler, 1979, S. 91 Fn. 286.

153 Önen, İBD 1948, S. 614 (623); Alangoya, Medeni Usul Hukukçuları Toplantısı V, 2006, S. 33 (36 ff, 54); Yıldırım, FS-Schilken, 2015, S. 573 (585 f.).

Ein anderer Aspekt, der in der deutschen und türkischen Literatur weitgehende und leidenschaftliche Diskussionen ausgelöst hat, betrifft die materielle Wahrheitsfindung als Prozesszweck. Nach einer Ansicht soll das oberste Ziel des Prozesses eine Entscheidung sein, die der materiellen Wahrheit entspricht.[154] Die Verwirklichung subjektiver Rechte sei zwar eine wichtige Zielsetzung des Zivilprozesses, könne jedoch nur in Verbindung mit der materiellen Wahrheit Bedeutung gewinnen.

Für die Fortentwicklung der Parteipflichten im Zivilprozess spielen die Lehren vom sozialen Zivilprozess und materieller Wahrheitsfindung eine wichtige Rolle. Denn die Frage, inwieweit ein gerichtliches Urteil der materiellen Wahrheit entsprechen soll, betrifft auch den Beteiligungsgrad der Parteien an dieser Wahrheitssuche. Ebenso hat die soziale Prozessauffassung in Form der Verknüpfung von Prozess und Allgemeininteresse erheblichen Einfluss auf die Ausgestaltung der Parteipflichten. Aus diesen Gründen sollen diese zwei Lehren im Folgenden näher erläutert werden.

I. Die Wende von der liberalen zur sozialen Prozessauffassung

Die Prozessordnungen Mitte des 19. Jahrhunderts waren in Deutschland und der Türkei von einer stark liberalen Auffassung bestimmt, die den Gedanken eines Kampfes der Parteien um das Recht entwickelte. Sie sahen im Zivilprozess eine rein private Angelegenheit der Parteien. Der Erfolg fiel nicht immer dem besseren Recht, sondern den besseren Waffen und der besseren Prozesstaktik zu.[155] Die Prozessführung – insbesondere die Aufklärung des Sachverhalts – war Sache der Parteien. Sie waren weder zu einem vollständigen noch zu einem wahrheitsgemäßen Sachvortrag verpflichtet.[156] Die Rolle des Richters im Verfahren war eher passiv.[157]

Alsbald wurde eine derartig liberale Prozessauffassung von den Anhängern des sozialen Zivilprozesses heftig kritisiert. Namentlich unter dem Einfluss von *Anton Menger* und *Franz Klein* wurde das Interesse der Allgemeinheit in den Vordergrund gerückt. Sie sahen als Prozessziel nicht allein das Recht der Parteien, sondern vordringlich das Interesse des Volksganzen. *Menger*[158] forderte vom Gesetzgeber, bei jeder Rechtsregel die Interessen der besitzlosen Volksklassen zu berücksichtigen. Auch *Klein*[159] vertrat die Ansicht, dass der Prozess eine „Massenerscheinung", eine „Wohlfahrtseinrichtung" und ein „Glied sozialer Hilfe" sei. Die soziale Prozessauffassung berücksichtigt, dass die Parteien eines Prozesses unterschiedliche finanzielle Leistungskraft, kulturelle Herkunft und Bildungsgrade haben können. Darum haben

---

154 Siehe unten Erster Teil § 2 II.1.
155 Hök, MDR 1995, S. 773 (777); Cohn, EG-Grünhut, 1965, S. 31 (31).
156 Baur, FS-Tübingen, 1977, S. 159 (166).
157 Ausführlich zur liberalen Auffassung: Wassermann, Der soziale Zivilprozeß, 1978, S. 27 ff.
158 Menger, Das Bürgerliche Recht und die besitzlosen Volksklassen, 1908, S. 19.
159 Klein, Zeit- und Geistesströmungen im Prozess, 1958, S. 25.

sie nicht die gleichen Chancen bei der Durchsetzung ihrer Rechte. Es sei die Aufgabe des Richters, solche Unterschiede zwischen den Parteien auszugleichen und die sozial Schwächeren zu unterstützen. Daher solle die Aktivität des Richters erhöht und die Herrschaft der Parteien über den Prozess abgeschwächt werden.[160]

Die soziale Prozessauffassung hat eine grundlegende Bedeutung für die Diskussion des Prozesszwecks, denn sie rückt die Wahrheit wieder in das Zentrum des Verfahrens.[161] Die den Prozesszweck mitbestimmende Gerechtigkeitsidee, die im Sozialstaatsprinzip anerkannt ist, erfordert eine an der materiellen Wahrheit orientierte Ausgestaltung.[162] *Klein* führt diesbezüglich aus: „Der Prozess ist ein Mittel zur Feststellung der materiellen Wahrheit und muß es bleiben, sonst fehlt dem Prozesse die soziale Berechtigung."[163]

1. Der Einfluss der sozialen Prozessauffassung auf das deutsche Prozessrecht

Die Lehre vom sozialen Zivilprozess hat auch Auswirkungen auf das deutsche Recht. Sie wurde insbesondere von *Wilhelm Kisch*[164] vertreten. Seiner Ansicht nach sollte der Richter seine Machtbefugnisse so ausüben, dass er durch angemessene Belehrung, Unterstützung und Anleitung der sozial schwachen Partei ein Gegengewicht zu einer etwaigen soziale Übermacht des Gegners schaffen kann. *Wassermann*[165] geht davon aus, dass der Prozess nicht bloß für die Parteien, die ihn führen, sondern für die Gesellschaft insgesamt von Bedeutung ist. Die Ungleichheit der Menschen müsse berücksichtigt werden, damit keine Partei wegen ihrer sozialen Stellung im Prozess Nachteile erleidet.[166] Dennoch befürwortet er weder eine Richter- noch eine Parteiherrschaft im Prozess, sondern eine prozessuale Arbeitsgemeinschaft.[167]

Auch *Bender*[168] sieht eine neue zentrale Aufgabe der Gerichte im Schutz des im konkreten Konflikt jeweils Schwächeren. Der Richter sei verpflichtet, im Sinne einer ausgleichenden Gerechtigkeit sein Augenmerk von der formalen Gleichheit weg, hin zu einer materiellen Gleichheit zu wenden. Im Gegensatz zur liberalen Prozessauffassung sieht *Bender* nicht die Parteien, sondern die Richter als aktivste Kämpfer im „Kampf ums Recht".

---

160 Menger, Das Bürgerliche Recht und die besitzlosen Volksklassen, 1908, S. 34 f.

161 Wassermann, Der soziale Zivilprozeß, 1978, S. 56.

162 Benedicter, Die Sachverhaltsermittlung im Zivilprozess, 2005, S. 152.

163 Klein, Österreichisches Zentralblatt 1899, S. 438, zit. nach Wassermann, Der soziale Zivilprozeß, 1978, S. 56.

164 Kisch, Judicium I, S. 1 (22), zit. nach Meyer, JR 2004, S. 1 (2).

165 Wassermann, Der soziale Zivilprozeß, 1978, S. 85.

166 Ähnlich *Olzen* berichtet, dass das zivilgerichtliche Verfahren nicht ausschließlich eine private Angelegenheit, sondern ebenso eine solche der Allgemeinheit sei, Olzen, ZZP 98 (1985), S. 403 (419).

167 Ausführlich: Wassermann, Der soziale Zivilprozeß, 1978, S. 86 ff.

168 Bender, ZRP 1974, S. 235 (236 f.).

Genauso weist *Schmidt*[169] auf die soziale Gestaltungsaufgabe des Richters hin und fordert, dass neben der Rechtsstaatskomponente auch die Sozialstaatsklausel des Grundgesetzes verwirklicht werden solle. Die materielle Wahrheit sei unerlässlich für ein vollständiges Verfahren. Er widersetzt sich jedoch nicht der Verhandlungsmaxime und bewertet die im Zivilprozess verankerte eingeschränkte Verhandlungsmaxime als eine Garantie für materielle Wahrheit.[170]

Die veränderte Grundanschauung im Hinblick auf den Prozess macht sich auch auf der gesetzlichen Ebene bemerkbar. Sie ist im Entwurf der ZPO von 1931 klar ersichtlich: „...so hat man doch andererseits weit mehr als früher den Gedanken in den Vordergrund gestellt, dass der Zivilprozess als staatliche Rechtsschutzeinrichtung dem öffentlichen Recht angehört. Mit dieser Erkenntnis ist es unvereinbar, das Tempo des Rechtsganges ganz der Willkür der Parteien zu überlassen, ihnen die freie Möglichkeit zu gewähren, Termine, auf die sich das Gericht in mühevoller Arbeit vorbereitet, ohne zureichenden Grund durch Ausbleiben oder durch saumselige Vorbereitung der Verhandlung zu vereiteln und so eine unwirtschaftliche Kräftevergeudung für alle im Prozess beteiligten Personen herbeizuführen. Der Staat, der die Verantwortung für den Erfolg seiner Rechtsschutzeinrichtungen trägt, muss vielmehr auf den Prozessverlauf so weit einwirken können, als dies zur Sicherung eines prompten Rechtsganges unerläßlich ist."[171]

Ein Gesamtblick auf die Gesetzesreformen des letzten Jahrhunderts macht den Wandel des Zivilprozesses zugunsten der Richtermacht deutlich.[172] Die Zivilprozessreform von 2001 stellt einen weiteren Schritt dieser Wandlung dar. Danach soll den Richtern ein „noch wirksameres Verfahrensrecht" an die Hand gegeben werden, damit sie „den Prozess noch präziser auf seine gesellschaftliche Funktion, der zügigen Herstellung von Rechtsfrieden und Rechtssicherheit zuschneiden" können.[173]

2. Der Einfluss der sozialen Prozessauffassung auf das türkische Prozessrecht

Die soziale Bedeutung des Prozesses hat – parallel zur europäischen Entwicklung – auch in der Türkei an Bedeutung gewonnen. Die Auffassung, dass der Zivilprozess auch Bezüge zu gesellschaftlich-ethischen Prämissen habe, die nicht von den Parteien ausgenutzt werden dürften, prägte auch die im Jahre 1927 vorbereitete türkische ZPO. Diesbezüglich wurde die richterliche Erörterungspflicht durch § 75 in die tZPO (a. F.) aufgenommen. In den 40er Jahren wurde häufig betont, dass die bereits geregelten richterlichen Kompetenzen für eine gerechte und schnelle Entscheidung ungenügend seien. Aus diesem Grund wurde von manchen Juristen verlangt, der

169 Schmidt, Der Zweck des Zivilprozesses und seine Ökonomie, 1973, S. 31.
170 Schmidt, Der Zweck des Zivilprozesses und seine Ökonomie, 1973, S. 34 ff.
171 Entwurf einer Zivilprozessordnung, veröffentlicht durch das Reichsjustizministerium, Berlin 1931, zit. nach Wassermann, Der soziale Zivilprozeß, 1978, S. 61.
172 Siehe oben Erster Teil § 1 I.2.a).
173 BT-Dr. 14/4722, S. 58.

Aktivität des Richters bei der Sachaufklärung einen noch größeren Stellenwert einzuräumen.[174] *Önen*[175] weist in seiner Arbeit im Jahre 1948 auf ein öffentliches Interesse an der richtigen Entscheidung im Zivilprozess hin. Um diesem Interesse gerecht zu werden fordert er einen aktiven Richter. Es sei die Aufgabe des Richters, neben den privaten Interessen der Parteien auch die Interessen der Gesellschaft zu berücksichtigen. Im Jahre 1948 wurde in einem Gesetzesentwurf des Zivilprozesses die Entschärfung der Verhandlungsmaxime zugunsten der richterlichen Aktivität vorgesehen. Jedoch konnte dieser Entwurf nicht in Kraft treten.

Der Gedanke der sozialen Gerechtigkeit zeigt sich auch in höchstrichterlichen Entscheidungen. Der türkische Gerichtshof hat in einigen Fällen entschieden, dass der Richter widersprüchliche Interessen der Parteien unter Berücksichtigung ihrer unterschiedlichen finanziellen Leistungsfähigkeit und soziokulturellen Herkunft ausgleichen soll.[176]

Die sozialen Vorstellungen wurden ebenfalls in der Zeit vor Erlass der neuen tZPO 2011 zum Ausdruck gebracht. So betonte *Alangoya*[177] die Bedeutung der Richterrolle bei der Unterstützung der sozial schwächeren Partei und kritisierte, dass der Gesetzesentwurf weit von einer sozialen Prozessauffassung entfernt sei. *Yıldırım*[178] wies ebenfalls auf die Rückständigkeit der neuen tZPO hinsichtlich der Richteraktivitäten – im Vergleich zu modernen Prozesssystemen – hin. Anders als diese Kritik vermuten lässt, ist in einigen Paragraphen der neuen tZPO eine überindividuelle, sozialethisch bindende Prozessanschauung sofort erkennbar. In der Begründung des § 17 tZPO, der die Vereinbarung über die Zuständigkeit der Gerichte regelt, wird ausgeführt, dass „einfache" Bürger gegenüber Kaufleuten und juristische Personen des öffentlichen Rechts schutzwürdig seien. Infolgedessen wird der Personenkreis der Vertragspartner, die derartige Vereinbarungen abschließen können, auf Kaufleute und juristische Personen des öffentlichen Rechts begrenzt.[179] Ein weiterer wichtiger Schritt in Richtung der sozialen Prozessauffassung wurde getan, indem die Wahrheitspflicht der Parteien erstmals in § 29 tZPO ausdrücklich normiert wurde. Obwohl diese Pflicht aufgrund des Gebots von Treu und Glauben (analog § 2 tZGB) durch die Rechtsprechung und Literatur bereits anerkannt war,[180] gab es bedauerlicherweise keine unmittelbare Regelung bis zur Reform von 2011. Mit der Neuerung hat der Reformgesetzgeber somit eine wichtige Lücke gefüllt.

---

174 Çağa, İBD 1949, S. 13 (15 ff.).

175 Önen, İBD 1948, S. 614 (622 f.).

176 Yargitay 11. HD. v. 20.12.1977 E. 1977/5598, K. 1977/5732 (Kazancı Bilgi Bankası); Yargitay 9. HD. v. 25.6.2012 E. 2010/18166, 2012/24338 (Kazancı Bilgi Bankası).

177 Alangoya, Medeni Usul Hukukçuları Toplantısı V, 2006, S. 33 (36 ff, 54).

178 Yıldırım, FS-Schilken, 2015, S. 573 (585 f.).

179 Eine parallele Regelung befindet sich in § 38 Abs. 1 dZPO.

180 Tanrıver, TBBD 2006/65, S. 368 (375); Arslan, Medeni Usul Hukukunda Dürüstlük Kuralı, 1989, S. 116; Tercan, Şakir Berki' ye Armağan, 1996, S. 181 (186); Alangoya, Medeni Usul Hukukunda Vakıaların ve Delilllerin Toplanmasına İlişkin İlkeler, 1979, S. 119 ff.

Auch in der türkischen Literatur wird die Lehre vom sozialen Zivilprozess überwiegend abgelehnt. *Taspinar*[181] äußert, dass Gerichte kein Ort für soziale Politik und Richter keine sozialen Ingenieure seien, die ihre eigenen Ansichten unabhängig von Gesetzen in Prozessen Geltung verleihen sollten. Ähnlich wendet sich *Meriç*[182] gegen die soziale Prozessauffassung und bezweifelt, dass die richterliche Suche auf dem Wege der Wahrheitsfindung ein besserer Weg sei als die Verhandlungsmaxime. *Deren Yıldırım*[183] weist darauf hin, dass der Zivilprozess sich aus ideologischen Debatten heraushalten sollte.

3. Kritik

Gewiss hat die „soziale Prozessauffassung" zu wesentlichen Veränderungen im Verfahrensablauf geführt. Aber es wäre begrifflich irreführend, von einem rein „sozialen Zivilprozess" zu sprechen. Trotz erheblicher Abweichungen von einer stark liberalen Prozessanschauung gibt es im deutschen und türkischen Recht keinen rein sozialen Zivilprozess. Die subjektive Rechtsdurchsetzung und die Parteien als Herren des Verfahrens stehen immer noch im Vordergrund.

Sowohl Deutschland als auch die Türkei werden in ihren Verfassungen als soziale Rechtsstaaten definiert (Art. 20 GG, Art. 2 tVG). Diese sozialen Rechtsstaaten sind jedoch keine absoluten Versorgungsstaaten, in dem der einzelne bloßes Objekt staatlichen Verteilungshandelns ist. Im Mittelpunkt des Wertesystems beider Verfassungen steht nicht die Gesellschaft, sondern das Individuum.[184] Selbstverständlich hat ein sozialer Rechtsstaat für einen sozialen Ausgleich zu sorgen. Dafür ist aber grundsätzlich der Gesetzgeber und nicht der Richterspruch zuständig. Die Gestaltung des Verfahrens wird gesetzlich abstrakt-generell für alle Verfahren normiert, daher bleibt sie nicht dem Belieben des einzelnen Richters überlassen. Würde man das Verfahren dem richterlichen Gutdünken überlassen, so könnte dies zur einen ungleichmäßigen Verwirklichung des materiellen Rechts durch verschiedene Richter führen. Jeder Richter könnte verschiedene Entscheidungen in gleich gelagerten Sachverhalten treffen, wodurch Rechtssicherheit nicht mehr garantiert wäre.[185]

Schließlich ist jeder Richter durch die Verfassung an das Gesetz gebunden und zur Neutralität verpflichtet. Das heißt, dass er in seinem Urteil vom materiellen Recht ausgehen muss. Gelegenheit zum sozialen Ausgleich hat er nur durch die der Interpretation zugänglichen Generalklauseln sowie durch Gesetzeslücken.[186] In diesem Zusammenhang wäre es abwegig, vom Richter als „Sozialingenieur" oder „Verteidiger der Schwachen und Armen" o.Ä. zu sprechen, der von der starren

181 Taşpınar, Faruk Erem Armağanı, 1999, S. 759 (775, 778).
182 Meriç, Medeni Yargılama Hukukunda Tasarruf İlkesi, 2011, S. 42.
183 Deren-Yıldırım, Baki Kuru Armağanı, 2004, S. 817 (830).
184 Wassermann, Der soziale Zivilprozeß, 1978, S. 85; Vgl. Brehm, Bindung des Richters an den Parteivortrag und Grenzen freier Verhandlungswürdigung, 1982, S. 31.
185 Baur, FS-Tübingen, 1977, S. 159 (168 f.).
186 Dütz, ZZP 87 (1974), S. 361 (367); Meyer, JR 2004, S. 1 (4).

Bindung an das Gesetz befreit sein soll, um gesellschaftliche Konflikte nach eigenem Gutdünken zu lösen.[187] Dies bedeutet aber nicht, dass der Richter eine völlig passive Rolle im Prozess einnimmt. Im Gegenteil, er kann beraten und unterstützen, aber nur in den gesetzlichen Grenzen und ohne seine Neutralität aufzugeben. Daher kann ein Richter nicht zugleich Richter und Anwalt der Schwachen sein.[188]

II. Materielle Wahrheitsfindung als Prozesszweck

Ein anderes viel diskutiertes Thema betrifft die Frage, ob die materielle Wahrheitsfindung als zentraler Zweck des Zivilprozesses angesehen werden kann. Die Beantwortung dieser Frage spielt auch für den Umfang parteilicher Aufklärungspflichten eine wichtige Rolle. Die Befürworter einer materiellen Wahrheitsfindung fordern meist eine Erweiterung der parteilichen Aufklärungspflichten, um eine bessere Erforschung der materiellen Wahrheit zu gewährleisten. Die Gegner hingegen halten prinzipiell an dem Grundsatz fest, dass niemand seinem Gegner Prozessstoff verschaffen muss und legen die Aufklärungspflichten dementsprechend enger aus.

1. Argumente für die materielle Wahrheitsfindung als Prozesszweck

Der bekannteste Befürworter der materiellen Wahrheitsfindung als Prozesszweck ist *Stürner*, der in seiner Habilitationsschrift 1976 das Thema ausführlich behandelt.[189] Er stellt die Wahrheitsfindung in das Zentrum des Prozesses und geht davon aus, dass sowohl der verfassungsrechtliche Justizgewährungsanspruch (Art. 2 I i. V. m. Art. 20 III GG) als auch das Rechtsstaatsprinzip ein auf Wahrheitsfindung angelegtes Rechtsschutzverfahren erfordere. Außerdem setzten eine gerechte Entscheidung und eine effektive Rechtsdurchsetzung denknotwendig eine Erforschung der materiellen Wahrheit voraus. Dies sei nur gewährleistet, wenn im Wesentlichen alle Aufklärungsmittel im Verfahren herangezogen werden können.[190] In diesem Sinne sollen die Parteien verpflichtet werden, an der Sachverhaltsermittlung aktiv mitzuwirken. *Stürner* legt damit den Grundstein für seine Theorie von der „allgemeinen Aufklärungspflicht der Parteien des Zivilprozesses“. Sein Vorgänger *Peters*[191] erklärte ebenso, dass das Prozessziel unverrückbar Wahrheitsfindung sei, welches zur Ausschöpfung sämtlicher Beweisquellen zwinge.

---

187 Baur, FS-Tübingen, 1977, S. 159 (174); Dütz, ZZP 87 (1974), S. 361 (362). Zum Verhältnis zwischen Prozeß und Verwaltung und Gefahr des politischen Richters siehe: Cohn, EG-Grünhut, 1965, S. 31 (32 f.).

188 Baur, FS-Tübingen, 1977, S. 159 (171).

189 Stürner, Die Aufklärungspflicht der Parteien des Zivilprozesses, 1976.

190 Für ausführliche Informationen: Stürner, Die Aufklärungspflicht der Parteien des Zivilprozesses, 1976, S. 43, 45.

191 Peters, Ausforschungsbeweis im Zivilprozess, 1966, S. 101 f.

Ansätze im Sinne der Wahrheitsfindung als Prozesszweck finden sich bereits innerhalb der sozialen Prozessauffassung. *Klein*[192] betonte im Jahr 1899, dass ohne Feststellung der materiellen Wahrheit dem Prozess die soziale Berechtigung fehle. Die von den Anhängern des sozialen Zivilprozesses an die Wahrheitsfindung gestellten Anforderungen sind jedoch sehr hoch, so dass sie in der Verhandlungs- und Dispositionsmaxime eine Gefahr für die Wahrheitsermittlung sehen und stattdessen eine von Amts wegen ermittelnde Wahrheit verlangen.[193] Eine derartige Wahrheitserforschung wird jedoch in der Lehre als utopisch[194] angesehen und häufig abgelehnt.[195]

Hinsichtlich der materiellen Wahrheitsfindung bestehen erhebliche Unterschiede zwischen *Stürners* Lehre und der sozialen Prozesslehre, obwohl beide Auffassungen die materielle Wahrheit ins Zentrum des Verfahrens stellen. Insbesondere ist der Grundgedanke beider Lehren sehr verschieden. Die von *Stürner*[196] verlangte Wahrheitsfindung soll zum einen besseren Individualrechtsschutz sichern, d. h. der subjektiven Rechtsdurchsetzung, während die sozialen Zivilprozessualisten in der Wahrheitsfindung ein Mittel zur Erreichung eines überindividuellen Zwecks sehen.[197] Ein anderer Unterschied besteht darin, dass *Stürner* – im Gegensatz zur sozialen Prozessauffassung – die Verhandlungs- und Dispositionsmaxime als geeignetes Mittel für die Wahrheitsfindung ansieht. Seiner Meinung nach mobilisiere der Beibringungsgrundsatz das Eigeninteresse der Parteien an der Sachaufklärung und führe praktisch regelmäßig zu einer besseren Aufklärung. Die Parteien könnten durch ihre Dispositionsfreiheit ihre Rechtsbeziehungen neu ordnen und damit eine neue Wahrheit begründen.[198]

Es gibt in der Lehre auch Stimmen, welche die Wahrheitsfindung zwar nicht als zentrale Aufgabe des Zivilprozesses akzeptieren, die jedoch ihre Notwendigkeit für die Rechtsverwirklichung betonen. *Gaul*[199] sieht den Prozesszweck in diesem Sinne in der Verwirklichung des sachlichen Rechts auf der Grundlage der Wahrheit. *Beckhaus*[200] akzeptiert zwar die materielle Wahrheitsfindung als Prozesszweck, leugnet jedoch ihren selbstständigen Charakter als zentrale Aufgabe des Zivilprozesses und behandelt sie im Zusammenhang mit dem Individualrechtsschutz.

---

192 Klein, Österreichisches Zentralblatt 1899, S. 438, zit. nach Wassermann, Der soziale Zivilprozeß, 1978, S. 57.

193 Menger, Das Bürgerliche Recht und die besitzlosen Volksklassen, 1908, S. 34 f.; vgl. Bernhardt, FG-Rosenberg, 1949, S. 9 (14); Weyers, FS-Esser, 1975, S. 193 (193 ff.).

194 Gaul, Zivilprozessrecht im Lichte der Maximen, 2001, S. 68 (73 ff.).

195 *Wassermann* vertritt die Meinung, dass auch im sozialstaatlichen Prozessmodell die Dispositionsfreiheit der Parteien vollständig erhalten bleiben soll. Wassermann, Der soziale Zivilprozeß, 1978, S. 87.

196 Stürner, Die Aufklärungspflicht der Parteien des Zivilprozesses, 1976, S. 49.

197 Siehe oben Erster Teil § 2 I.

198 Stürner, Die Aufklärungspflicht der Parteien des Zivilprozesses, 1976, S. 51.

199 Gaul, Zivilprozessrecht im Lichte der Maximen, 2001, S. 68 (84).

200 Beckhaus, Die Bewältigung von Informationsdefiziten bei der Sachverhaltsaufklärung, 2010, S. 287 f., 293 f.

2. Argumente gegen die materielle Wahrheitsfindung als Prozesszweck

Die materielle Wahrheit als Prozesszweck wird im deutschen Zivilprozess weitgehend kritisch betrachtet. Gegner gründen ihre Ansicht hauptsächlich auf den sogenannten „immanenten und formellen Schranken" der Wahrheitsfindung im Zivilprozess. Als immanente Schranken werden die subjektiven Wertungen der Prozessbeteiligten genannt. Es könne im Zivilprozess auf die objektive Wahrheit nicht ankommen, weil alle Geschehnisse von den Beteiligten subjektiv wahrgenommen werden und die Beweiserhebung durch die Subjektivität des richterlichen Denkens geprägt sei.[201] Als formelle Schranken werden die Dispositions- und Verhandlungsmaxime angesehen. Die Dispositionsrechte der Parteien – Rücknahme der Klage, Anerkenntnis, Geständnis, Verzicht, Vergleich usw. – würden ihnen die Möglichkeit geben, Tatsachen so zu verändern, dass sie mit der Wirklichkeit nicht vereinbar seien. All diese prozessualen Mittel – auch ein Versäumnisurteil – würden die umfassende Ermittlung der materiellen Wahrheit im Verfahren verhindern. Deswegen könne die Wahrheitsfindung nicht den zentralen Zweck des Zivilprozesses ausmachen.[202] Weiter wird auch die Verhandlungsmaxime als mit der materiellen Wahrheitsfindung unvereinbar angesehen. Die Beschränkung der Richter auf das von den Parteien vorgebrachte Tatsachenmaterial verhindere eine uneingeschränkte Suche nach der materiellen Wahrheit, weshalb sie kein selbstständiges Ziel im Prozess sein könne.[203] *Leipold*[204] erklärt, dass es im Prozess nicht um die Wahrheit in einem absoluten Sinn gehe, sondern um eine Erkenntnis über die Wahrheit im Rahmen des vorhandenen Prozessstoffes, also um eine relative Wahrheit. Er sieht im Zivilprozess keine gleichgerichtete Bemühung um materielle Gerechtigkeit, sondern kühle Wahrnehmung von gegensätzlichen Parteiinteressen.[205]

---

201 Siehe dazu: Leipold, FS-Nakamura, 1996, S. 300 (304 ff.); S. Lang, Die Urkundenvorlagepflichten der Gegenpartei gemäß § 142 Abs. 1 Satz 1 ZPO, 2007, S. 58 f.; Gaul, Zivilprozessrecht im Lichte der Maximen, 2001, S. 68 (85).

202 Winkler v. Mohrenfels, Abgeleitete Informationsleistungspflichten im deutschen Zivilrecht, 1986, S. 213; S. Lang, Die Urkundenvorlagepflichten der Gegenpartei gemäß § 142 Abs. 1 Satz 1 ZPO, 2007, S. 61; Chudoba, Der ausforschende Beweisantrag, 1993, S. 163. Vgl. auch Grunsky, Grundlagen des Verfahrensrechts, 1974, § 1 S. 4; Heß, Wahrheits- und Aufklärungspflicht im Zivil- und Arbeitsgerichtsprozeß, 2006, S. 150 ff.; Nach Meinung von *Brehm* komme es im Prozess nicht darauf an, ob dem Urteil tatsächlich der wahre Sachverhalt zugrunde gelegt wird. Vielmehr sei es wichtig, ob die Wahrheit verfahrensgemäß ermittelt wurde, Brehm, Bindung des Richters an den Parteivortrag und Grenzen freier Verhandlungswürdigung, 1982, S. 27.

203 Stein/Jonas-Brehm, 23. Aufl. 2014, vor § 1 Rn. 25; S. Lang, Die Urkundenvorlagepflichten der Gegenpartei gemäß § 142 Abs. 1 Satz 1 ZPO, 2007, S. 66; Chudoba, Der ausforschende Beweisantrag, 1993, S. 163.

204 Leipold, FS-Nakamura, 1996, S. 300 (305).

205 Leipold, ZZP 93 (1980), S. 237 (264).

Aus diesen Gründen meinen die meisten Zivilprozessualisten, im Zivilprozess gehe es nicht um eine materielle, sondern nur um eine formelle Wahrheit.[206] Der Begriff der formellen Wahrheit geht zurück auf *Adolf Wach*. Er behauptet, dass materielle Wahrheit nur im Offizialverfahren in Frage komme, wohingegen sie im Zivilprozess lediglich ein „zufälliges Resultat" sei.[207] Die zivilprozessualen Beschränkungen erlaubten es nicht, stets die materielle Wahrheit zu finden. Dies sei nur im Strafprozess denkbar, da dort der Sachverhalt von Amts wegen erforscht werden könne.[208] Der Zivilprozess hingegen beschränke sich auf die formelle Wahrheit, die im Einklang mit der Verhandlungs- und Dispositionsmaxime ermittelt werde.

3. Die Haltung der türkischen Lehre

Genau wie im deutschen besteht auch im türkischen Recht die Tendenz, den Individualrechtsschutz als obersten Prozesszweck einzuordnen. *Deren Yıldırım*[209], eine starke Vertreterin der liberalen Prozessauffassung in der Türkei, widersetzt sich vehement der Lehre von der „materiellen Wahrheit als Prozesszweck" und sieht stattdessen die subjektive Rechtsdurchsetzung als vorrangigen Prozesszweck. Besonders *Taspinar*[210] betont den Einfluss subjektiver Wertungen der Prozessbeteiligten, welcher der materiellen Wahrheitsfindung im Weg stünden. Ihrer Meinung nach sei die Wahrheit im Prozess nicht immer feststellbar, weil alle Geschehnisse von den Prozessbeteiligten in einer subjektiven Sichtweise wahrgenommen würden. Die Verhandlungs- und Dispositionsmaxime würden auch die Suche nach der materiellen Wahrheit verhindern. Aus diesem Grund könne die materielle Wahrheit keinen selbstständigen Prozesszweck bilden. Das primäre Ziel des Zivilprozesses sei vielmehr die subjektive Rechtsdurchsetzung. Auch für *Tercan*[211] und *Meriç*[212] steht die individuelle Rechtsdurchsetzung als Prozesszweck im Vordergrund. Gleichwohl weisen sie jedoch auf die Wichtigkeit der Wahrheitsfindung bei der subjektiven Rechtsdurchsetzung hin.

Alangoya[213], ein wichtiger türkischer Anhänger der materiellen Wahrheit als Prozesszweck, betont die Unerlässlichkeit der materiellen Wahrheitsfindung für ein

---

206 Brehm, Bindung des Richters an den Parteivortrag und Grenzen freier Verhandlungswürdigung, 1982, S. 46; S. Lang, Die Urkundenvorlagepflichten der Gegenpartei gemäß § 142 Abs. 1 Satz 1 ZPO, 2007, S. 66.

207 Wach, Vorträge über die Reichs-Civilprozessordnung, 1879, S. 149.

208 Beckhaus, Die Bewältigung von Informationsdefiziten bei der Sachverhaltsaufklärung, 2010, S. 287.

209 Deren-Yıldırım, FS-Rechberger, 2005, S. 103 (112); ders., Baki Kuru Armağanı, 2004, S. 817 (830).

210 Taşpınar, Faruk Erem Armağanı, 1999, S. 759 (770 f, 782 ff.).

211 Tercan, MİHDER 2011/18, S. 1 (4).

212 Meriç, Medeni Yargılama Hukukunda Tasarruf İlkesi, 2011, S. 38.

213 Alangoya, Medeni Usul Hukukunda Vakıaların ve Delilllerin Toplanmasına İlişkin İlkeler, 1979, S. 87; ähnlich Tercan, MİHDER 2011/18, S. 1 (5).

vollständiges Verfahren. Hinsichtlich des Prozesszwecks sieht er keinen Unterschied zwischen Zivil- und Strafprozess. Aus seiner Sicht sind beide Verfahren auf die Suche nach der materiellen Wahrheit ausgerichtet. Im Gegensatz zur herrschenden Meinung bewertet er die subjektive Rechtsdurchsetzung nicht als eigenständigen Prozesszweck, sondern als eine Folgeerscheinung der materiellen Wahrheitsfindung.[214] Auch *Yıldırım*[215] betont die Bedeutung der materiellen Wahrheit für das gerichtliche Urteil. Er geht jedoch davon aus, dass mit dem Zivilprozess ein Bündel von Zwecken verbunden sei. Daher sei es unbefriedigend, mittels eines einzelnen Kriteriums jedes prozessuale Einzelproblem zu lösen.

4. Stellungnahme

Mit dem Verbot der Selbsthilfe haben die Gerichte die Aufgabe übernommen, die privaten Ansprüche der Bürger durch staatliche Machtmittel zu realisieren. Diese Aufgabe kann der Staat nur sachgerecht erfüllen, wenn er einen gerechten Prozessverlauf gewährleistet. Für die Verwirklichung der Gerechtigkeit ist die materielle Wahrheit ein unerlässliches Mittel. Ein Urteil, das dem wahren Sachverhalt nicht entspricht, kann Gerechtigkeit nicht in vollem Maße gewährleisten. Dies bedeutet jedoch nicht zwangsläufig, dass ein solches Urteil gleichzeitig rechtswidrig wäre. Manchmal kann auch ein rechtmäßig gesprochenes Urteil die materielle Gerechtigkeit nicht gewährleisten. Wird beispielsweise ein Schuldner verurteilt, obwohl er seine Schuld bereits beglichen hat, deren Erfüllung aber nicht nachweisen kann, ergeht ein Urteil, das nicht der Wahrheit entspricht. Trotz der Vereinbarkeit eines solchen Urteils mit den Verfahrens- und Beweisregeln wird es häufig – zumindest vom Schuldner – als ungerecht bewertet, da es wahrheitswidrig ist.

Die Gegner der materiellen Wahrheit als Prozesszweck gehen davon aus, dass die Wahrheit im Prozess nicht immer feststellbar sei, weshalb sie kein selbstständiger Prozesszweck sein könne.[216] Dabei übersehen sie jedoch, dass ein Fehlurteil, das auf falscher Tatsachenbasis ergeht, keinesfalls der Ausgangspunkt zur Bestimmung des Prozesszwecks sein darf.[217] Die grundsätzliche Möglichkeit einer Fehlentscheidung steht der materiellen Wahrheit als Prozesszweck nicht entgegen. Sie schließt eine der materiellen Wahrheit entsprechende Entscheidung nicht aus. Im Falle eines aufgrund inkorrekter Sachverhaltsermittlung ergangenen Urteils hat der Prozess sein Ziel in diesem Einzelfall schlicht nicht erreicht. Es ist jedoch nicht zu recht-

214 Alangoya, Medeni Usul Hukukunda Vakıaların ve Delillerin Toplanmasına İlişkin İlkeler, S. 90 f. Fn. 286.

215 Yıldırım, Medeni Usul Hukukunda Delillerin Degerlendirilmesi, 1990, S. 34.

216 Siehe dazu: Brehm, Bindung des Richters an den Parteivortrag und Grenzen freier Verhandlungswürdigung, 1982, S. 25 f.; S. Lang, Die Urkundenvorlagepflichten der Gegenpartei gemäß § 142 Abs. 1 Satz 1 ZPO, 2007, S. 59.

217 Vgl. Gaul, AcP 168 (1968), S. 27 (58 f.).

fertigen, allein deswegen die Forderung nach materieller Wahrheit aufzugeben.[218] In diesem Sinne äußert *Schmidt*[219]: „Daß in einer Produktion auch einmal Ausreißer vorkommen, setzt nicht den Produktionszweck, ordentliche Waren herzustellen, außer Kraft, sondern konfrontiert den Produzenten mit der Frage, wie derlei Fehlleistungen abgestellt werden können." Der Zivilprozess sollte sich ebenso darum bemühen, Hindernisse auf dem Weg zur materiellen Wahrheitsfindung abzubauen, anstatt sie als Prozesszweck abzulehnen.

a) Die Verfahrensgrundsätze und materielle Wahrheitsfindung

Es lässt sich nicht leugnen, dass die Suche nach einer materiellen Wahrheit im Zivilprozess nur im Rahmen der Verfahrensregelungen möglich ist. Der Richter muss grundsätzlich die Präklusionsvorschriften, Beweislastregeln sowie Verhandlungs- und Dispositionsgrundsatz beachten. Ihre Existenz bedeutet jedoch nicht, dass der Gesetzgeber im Zivilprozess auf die Suche nach materieller Wahrheit verzichten könnte und sich mit der formellen Wahrheit begnügen sollte. Vielmehr helfen diese Rechtsinstitutionen eine auf der Grundlage der materiellen Wahrheit hergestellte Gerechtigkeit zu gewährleisten. So verhält es sich etwa mit den Präklusionsvorschriften: Für einen effektiven Rechtsschutz soll das Verfahren innerhalb eines begrenzten Zeitraums abgeschlossen werden. Ohne Präklusion würde die Gefahr einer endlosen Verfahrensdauer und böswilligen Prozessverschleppung bestehen[220], was auch die Ermittlung der Wahrheit unmöglich machen würde. Ebenso ermöglichen Beweislastregeln dem Richter, im Falle der Unaufklärbarkeit des Sachverhalts durch Risikozuweisung eine Entscheidung treffen zu können. In einem Verfahren ist es immer möglich, dass trotz aller Bemühungen die Wahrheit nicht ans Licht kommt. Dann entscheidet der Richter nach Beweislastregeln. Dies stellt jedoch den Zweck der materiellen Wahrheitsfindung selbst nicht in die Frage.

Die Erforschung der materiellen Wahrheit durch das Gericht muss logischerweise im Rahmen der Verfahrensregelungen erfolgen, da es in einem Verfahren nicht um die historische oder naturwissenschaftliche „Wahrheit an sich", sondern nur um die Wahrheitsfindung zur Rechtsverwirklichung geht.[221] Philosophische Wahrheitsdiskussionen sollen an dieser Stelle daher ausgeklammert werden. Die in einem

---

218 Schmidt, Der Zweck des Zivilprozesses und seine Ökonomie, 1973, S. 37; Gaul, Zivilprozessrecht im Lichte der Maximen, 2001, S. 68 (94 f.).

219 Schmidt, Der Zweck des Zivilprozesses und seine Ökonomie, 1973, S. 37. Ähnlich berichtet *Gaul*: „Der Arzt verliert doch gewiß nicht deshalb seine Berufung zum Heilen, weil er nicht alle Krankheiten zu heilen vermag", Gaul, AcP 168 (1968), S. 27 (59).

220 Gaul, Zivilprozessrecht im Lichte der Maximen, 2001, S. 68 (92); Beckhaus, Die Bewältigung von Informationsdefiziten bei der Sachverhaltsaufklärung, 2010, S. 290.

221 Gaul, Zivilprozessrecht im Lichte der Maximen, 2001, S. 68 (87); Für die rechtsphilosophischen und historischen Wahrheitsbegriffe: Olzen, ZZP 98 (1985), S. 403

Verfahren angestrebte Wahrheit ist nicht im erkenntnistheoretischen Sinne zu verstehen. Das Ziel ist vielmehr, festzustellen, ob eine Parteibehauptung der materiellen Rechtslage entspricht und ob der verlangte Anspruch wirklich besteht oder nicht. Mit den Worten von *Gaul*: „Ein Richterspruch kann nur bindend feststellen, was Rechtens ist! Er kann immer nur das Sollen, nicht aber das Sein rechtskräftig feststellen, nicht ob das Schwarz wirklich schwarz und das Weiß wirklich weiß ist."[222] Das heißt jedoch nicht, dass der Zivilprozess im Gegensatz zum Strafprozess auf einer bloß formellen Wahrheit beruht. Im Strafprozess ist der Richter auch an bestimmte Verfahrensregeln gebunden, wie z. B. den Grundsatz „in dubio pro reo", der dem Richter sagt, wie er im Zweifelsfall zu entscheiden hat. Sowohl im Strafprozess als auch im Zivilprozess bezweckt das Gesetz eine gerechte Entscheidung auf der Grundlage der materiellen Wahrheitsfindung. Der Unterschied zwischen beiden Verfahrensarten liegt nicht in der Zielsetzung, sondern allenfalls in der Methode der Wahrheitsfindung.[223] Im Strafprozess wird die Wahrheit grundsätzlich durch Sachverhaltsermittlung des Richters von Amts wegen erreicht, während sie im Zivilprozess aufgrund der Parteiinitiative, d. h. durch die Verhandlungsmaxime erforscht wird. Die Gegenansicht, die die Verhandlungsmaxime als ein Hindernis für die Wahrheitsfindung ansieht, unterschätzt die Produktivität der Parteiinitiative.[224] Die Parteien stehen dem Streitgeschehen am nächsten und verfügen über Informationen aus erster Hand. Ihre gegensätzlichen Interessen sind ausreichender Anreiz, von sich aus Faktenmaterial vorzulegen.[225] Auch der Gesetzgeber hat die Verhandlungsmaxime mit der Überlegung gewählt, dass die aktive Mitwirkung der Parteien der Wahrheitsfindung besser dienen könne als eine Untersuchung durch den sachfernen Richter.[226] Daher ist die Ansicht, dass die materielle Wahrheitsfindung nur in einem Offizialverfahren denkbar sei, nicht haltbar.

Auch die Dispositionsrechte der Parteien stehen nicht im Widerspruch zur materiellen Wahrheitsfindung als Prozesszweck. Infolge einer Spiegelung der materiell-

---

(407 ff.); S. Lang, Die Urkundenvorlagepflichten der Gegenpartei gemäß § 142 Abs. 1 Satz 1 ZPO, 2007, S. 57 ff.

222 Gaul, Zivilprozessrecht im Lichte der Maximen, 2001, S. 68 (87).

223 Gaul, Zivilprozessrecht im Lichte der Maximen, 2001, S. 68 (90); *Schmidt* vertritt, dass die Verhandlungsmaxime eine bessere Garantie für die materielle Wahrheit als ein reines Inqusitionsverfahren sei, Schmidt, Der Zweck des Zivilprozesses und seine Ökonomie, 1973, S. 7; Alangoya, Medeni Usul Hukukunda Vakıaların ve Delilllerin Toplanmasına İlişkin İlkeler, 1979, S. 87.

224 Schmidt, Der Zweck des Zivilprozesses und seine Ökonomie, 1973, S. 35 f.

225 Peters, Ausforschungsbeweis im Zivilprozess, 1966, S. 101.

226 Gaul, AcP 168 (1968), S. 27 (49 f.); Stürner, Die Aufklärungspflicht der Parteien des Zivilprozesses, 1976, S. 51; vgl. S. Lang, Die Urkundenvorlagepflichten der Gegenpartei gemäß § 142 Abs. 1 Satz 1 ZPO, 2007, S. 62; Beckhaus, Die Bewältigung von Informationsdefiziten bei der Sachverhaltsaufklärung, 2010, S. 289; Alangoya, Medeni Usul Hukukunda Vakıaların ve Delillerin Toplanmasına İlişkin İlkeler, 1979, S. 87 f.; Tercan, Şakir Berki' ye Armağan, 1996, S. 181 (182, 196).

rechtlichen Privatautonomie im Zivilprozessrecht ist es Sache der Parteien, ihren Rechtsstreit durch ihre Dispositionsrechte – Anerkenntnis, Verzicht, Vergleich, Geständnis usw. – voranzutreiben und Streitpunkte auszuklammern.[227] Das ändert jedoch nichts an der Einordnung der Wahrheitsfindung als Prozesszweck. Keiner Partei kann die Verfolgung ihrer Rechte aufgezwungen werden. Gibt es ein einverständliches Parteihandeln, endet die richterliche Einwirkungsmöglichkeit auf den Sachverhalt.[228] Aufklärungsbedürftig bleibt dann nur das zwischen den Parteien Strittige und dieses setzt allenfalls die Suche nach der materiellen Wahrheit voraus. *Gaul* weist zu Recht darauf hin, dass der Wegfall des Bedürfnisses an der Weiterverfolgung eines Zwecks den Zweck selbst nicht in Frage stellt.[229] Die Dispositionsmaxime lässt also die Zweckbestimmung des Zivilprozesses als materielle Wahrheitsfindung unberührt, ebenso wie die Verhandlungsmaxime. Die oben vertretene Ansicht,[230] dass der Richter an unwahren, aber übereinstimmenden Parteivortrag gebunden sein soll, kollidiert m. E. nicht mit dem Zweck materieller Wahrheitsfindung. Die Ermittlung der materiellen Wahrheit dient vor allem der Gewährleistung von Gerechtigkeit. In den Fällen, in denen die Parteien eine Tatsache unstreitig stellen, fehlt es jedoch an einem Streit um die Gerechtigkeit, der Rechtsfrieden ist also überhaupt nicht gestört. Hier dem Gericht Befugnisse zu geben, eine von den Parteien gewollte Beilegung des Streits zu unterbinden, würde lediglich das Gerechtigkeitsgefühl der Parteien sowie das öffentliche Interesse am Rechtsfrieden verletzen.[231] Besteht der Verdacht einer Gesetzesumgehung oder sind unredliche Zwecke im Spiel, gilt dies freilich nicht.

Von der Gegenmeinung wird statt der materiellen Wahrheit die subjektive Rechtsdurchsetzung als oberster Zweck des Zivilprozesses festgelegt.[232] Unzweifelhaft ist der Schutz subjektiver Rechte eine wichtige Aufgabe des Zivilprozesses,

---

227 Brehm, Bindung des Richters an den Parteivortrag und Grenzen freier Verhandlungswürdigung, 1982, S. 34, 46; Schmidt, Der Zweck des Zivilprozesses und seine Ökonomie, 1973, S. 35; Gaul, AcP 168 (1968), S. 27 (51); Vgl. Beckhaus, Die Bewältigung von Informationsdefiziten bei der Sachverhaltsaufklärung, 2010, S. 291; *Stürner* ist der Auffassung, dass Akte einverständlichen Parteihandelns die Rechtsbeziehungen zwischen den Parteien neu ordnen und damit eine „neue" Wahrheit begründen, Stürner, Die Aufklärungspflicht der Parteien des Zivilprozesses, 1976, S. 51.

228 Vgl. Brehm, Bindung des Richters an den Parteivortrag und Grenzen freier Verhandlungswürdigung, 1982, S. 27, 46.

229 Gaul, AcP 168 (1968), S. 27 (51); ähnlich Alangoya, Medeni Usul Hukukunda Vakıaların ve Delilllerin Toplanmasına İlişkin İlkeler, 1979, S. 89.

230 Siehe oben Erster Teil § 1 II.3.

231 Vgl. Thieme, Verhandlungsmaxime richterliche Aufklärungspflicht und Wahrheitspflicht der Parteien im deutschen Zivilprozeß, 1936, S. 45; vgl. Kress, Die Wahrheitspflicht im Zivilprozeß und ihre Sanktionen, 1939, S. 51; vgl. Hug, Die Wahrheitspflicht der Parteien im Zivilprozess, 1943, S. 36 ff.

232 S. Lang, Die Urkundenvorlagepflichten der Gegenpartei gemäß § 142 Abs. 1 Satz 1 ZPO, 2007, S. 67.

jedoch steht dies nicht im Widerspruch zum Gedanken der materiellen Wahrheitsfindung. Auch die subjektive Rechtsdurchsetzung verlangt die Wahrheitsprüfung. *Stürner* stellt hier berechtigterweise die Frage: „Wie auch sollte anders zwei Parteien Rechtsschutz gewährt werden können, wenn nicht durch Wahrheitserforschung?“[233]

Abschließend ist noch darauf hinzuweisen, dass sowohl der deutsche als auch der türkische Gesetzgeber eine Wahrheitspflicht der Parteien ausdrücklich anerkennt (§§ 138 dZPO, 29 tZPO). Diese Regelungen sind ein deutliches Indiz dafür, dass Ziel der Gesetze die materielle Wahrheitsfindung ist. Auch die Normierung der Restitutionsklage (§§ 580 dZPO, 375 tZPO), die bei falscher Sachverhaltsermittlung die erneute Prüfung eines rechtskräftig abgeschlossenen Verfahrens ermöglicht, zeigt, dass der Zivilprozess sich nicht auf die formelle Wahrheit beschränkt, sondern die Erforschung der materiellen Wahrheit bezweckt.

b) Das legale Beweissystem des türkischen Zivilprozesses und die materielle Wahrheitsfindung

Nachdem festgestellt wurde, dass der Zweck des Zivilprozesses in erster Linie darin besteht, eine der materiellen Wahrheit entsprechende Entscheidung herbeizuführen, stellt sich die Frage, wie sich das legale Beweissystem und insbesondere das Prinzip des Urkundenbeweises in der türkischen Rechtsordnung mit diesem Zweck vereinbaren lassen. Wie bereits oben dargestellt, ist der Richter im legalen Beweissystem bei seiner Beweiswürdigung nicht völlig unabhängig, sondern an bestimmten Beweisregeln gebunden.[234] Greift namentlich ein Strengbeweis ein, ist dem Richter die Wahrheitsprüfung grundsätzlich verschlossen. Dies verhindert eine Entscheidung nach persönlichem Gerechtigkeitsempfinden, da das Gericht sich an die Strengbeweise auch bei entgegenstehender persönlicher Überzeugung zu halten hat. Aus diesem Grund ist das legale Beweissystem mit dem Zweck der materiellen Wahrheitsfindung nur schwer vereinbar.[235] Das System der freien Beweiswürdigung hingegen ermöglicht dem Richter den gesamten Sachverhalt aus verschiedenen Blickwinkeln zu betrachten und ohne jeden Zwang nach seiner freien Überzeugung zu entscheiden. Eine solche Vorgehensweise lässt sich besser mit dem Zweck der materiellen Wahrheit vereinbaren.[236]

Ein anderes Hindernis für die materielle Wahrheitsfindung ist das Prinzip des Urkundenbeweises im türkischen Recht. Dieses Prinzip beschränkt die Parteien bei der Beweisführung. Im Kern beinhaltet es das Erfordernis, bestimmte Behauptungen durch bestimmte Beweismittel zu beweisen. Erfolgt eine Behauptung, die kraft Ge-

---

233 Stürner, Die Aufklärungspflicht der Parteien des Zivilprozesses, 1976, S. 50.

234 Siehe oben Erster Teil § 1 V.2.

235 Yavaş, Senetle İspat ve Senede Karşı Senetle İspat Kuralları ile Bu Kuralların İstisnaları, 2009, S. 62 f.; Nart, DEÜHFD 2007/1, S. 207 (232).

236 Vgl. Yıldırım, ZZPInt 3 (1998), S. 379 (396); Yavaş, Senetle İspat ve Senede Karşı Senetle İspat Kuralları ile Bu Kuralların İstisnaları, 2009, S. 61.

setzes durch Urkundenbeweis nachzuweisen ist, sind die übrigen Beweismittel im Verfahren automatisch ausgeschlossen.[237] Dies verhindert eine detaillierte Ermittlung des Sachverhalts und erschwert die Wahrheitsfindung.[238]

Als Ergebnis kann festgehalten werden, dass das legale Beweissystem mit seinem Urkundenprinzip für die Erreichung der materiellen Wahrheit eine erhebliche Hürde darstellt.

237 Siehe oben Erster Teil § 1 VI.1.

238 Yıldırım, ZZPInt 3 (1998), S. 379 (383, 395 f.); ders., FS-Rechberger, 2005, S. 749 (751); Yılmaz, AÜHFD 2008/1, S. 243 (249 f.).

Zweiter Teil

Die Mitwirkungspflichten der Parteien bei der Sachverhaltsaufklärung

§ 3 Gesetzlich geregelte Mitwirkungspflichten

Sowohl im deutschen als auch im türkischen Zivilrecht findet sich eine Vielfalt von Regelungen, die eine Partei gegenüber der anderen Partei zur Aufklärung verpflichten. Normiert sind sie als Auskunfts-, Rechnungslegungs- oder Einsichtspflichten sowie Vorlage- oder Herausgabepflichten. Sie werden in der Lehre häufig als „vorbereitende Informationsansprüche" bezeichnet, weil sie sich meist auf die Vorbereitung und Verfolgung des Hauptanspruchs richten.[239] Sie greifen dort, wo der Anspruchsteller über defizitäre Informationen im Hinblick auf die genaue Bezeichnung seines Anspruchsinhalts und Anspruchsumfangs verfügt.

Die Informationsansprüche des materiellen Rechts sind über unterschiedliche Bereiche des Zivilrechts verteilt. Angesichts ihrer Vielzahl und des uneinheitlichen Ordnungskonzepts fällt eine Systematisierung schwer. In der Literatur werden unterschiedliche Klassifikationen – ausgehend vom Inhalt und Zweck dieser Ansprüche – entwickelt,[240] um eine systematische Untersuchung zu ermöglichen. Um einen schnellen Überblick über die gesetzliche Lage in Deutschland und der Türkei zu liefern, werden sie im Folgenden in vier Gruppen durch einige Beispiele aus beiden Ländern dargestellt.[241]

I. Materiellrechtliche Mitwirkungspflichten

1. Überblick über die Gesetzeslage in Deutschland

In der ersten Gruppe befinden sich Auskunftsansprüche aus Rechtsverhältnissen, die der Wahrnehmung fremder Interessen dienen. Exemplarisch ist hier § 666 BGB zu nennen, der den Auftragnehmer zur Auskunft über den Stand des Geschäfts und zur Ablegung der Rechenschaft nach der Ausführung des Auftrags verpflichtet. Regelungen anderer Rechtsverhältnisse mit Auftragscharakter verweisen gemeinhin

---

239 Lorenz, JuS 1995, S. 569 (569); Beckhaus, Die Bewältigung von Informationsdefiziten bei der Sachverhaltsaufklärung, 2010, S. 7; S. Lang, Die Urkundenvorlagepflichten der Gegenpartei gemäß § 142 Abs. 1 Satz 1 ZPO, 2007, S. 27.

240 *Stürner* und *Beckhaus* untersuchen materiell-rechtliche Auskunftsansprüche in fünf Gruppen. Stürner, Die Aufklärungspflicht der Parteien des Zivilprozesses, S. 287 ff.; Beckhaus, Die Bewältigung von Informationsdefiziten bei der Sachverhaltsaufklärung, 2010, S. 7 ff; *Lorenz* teilt sie in vier Gruppen ein, Lorenz, JuS 1995, S. 569 (569 ff.). *Lüke* befasst sie in drei Gruppen, Lüke, JuS 1986, S. 1 (4).

241 Für zahlreiche Beispiele: Stürner, Die Aufklärungspflicht der Parteien des Zivilprozesses, 1976, S. 287 ff.; Lorenz, JuS 1995, S. 569 (570 ff.); *Lüke*, JuS 1986, S. 1 (4); Beckhaus, Die Bewältigung von Informationsdefiziten bei der Sachverhaltsaufklärung, 2010, S. 8 ff.

auf diese Norm,[242] so in Bezug auf die Auskunftspflicht der geschäftsführenden Gesellschafter einer Gesellschaft gegenüber den übrigen Gesellschaftern (§ 713 BGB i.V. m. § 666 BGB) und der Auskunftspflicht des Vorstandes eines Vereins (§ 27 Abs. 3 BGB i. V. m § 666 BGB). Weitere Beispiele für diese Kategorie der Aufklärungspflicht sind der Auskunftsanspruch des Unternehmers gegen den Handelsvertreter gem. § 86 Abs. 2 HGB, die Auskunftsrechte des Erben gegen den Testamentsvollstrecker gem. § 2218 Abs. 1 BGB sowie der Auskunftsanspruch der Wohnungseigentümer auf Rechnungslegung gegen den Verwalter gem. § 28 Abs. 4 WEG.

Zur zweiten Gruppe gehören Informationsansprüche aufgrund unberechtigten Eingriffs in den Rechtskreis einer Person. Als zentral zu nennen ist hier § 687 Abs. 2 BGB i. V. m. §§ 681 S. 2, 666 BGB, der dem Geschäftsherrn einen Auskunftsanspruch gegen den unberechtigten Geschäftsführer gewährt. Weitere Auskunftsansprüche finden sich vor allem im Erbrecht und Immaterialgüterrecht, bspw. der Anspruch des Erben gegen den Erbschaftsbesitzer zur Auskunft über Bestand der Erbschaft und Verbleib der Erbschaftsgegenstände gem. 2027 Abs. 1 BGB oder der Informationsanspruch gegen den Scheinerben gem. 2362 Abs. 2 BGB sowie der Anspruch des Patentinhabers gegen den Verletzer auf Auskunft über Herkunft und Vertriebsweg der benutzten Erzeugnisse nach § 140b PatG. In ähnlicher Weise hat der Verletzte Anspruch auf Vorlage einer Urkunde oder Besichtigung einer Sache als Folge der Verletzung seines Urheberrechts gem. § 101a UrhG.

Die dritte Gruppe bilden Auskunftsansprüche, die zur Klärung des Anspruchsinhalts oder etwaiger Einwendungen dienen. So verpflichtet § 260 Abs. 1 BGB den Herausgabeschuldner eines Inbegriffs von Sachen zur Vorlage eines Bestandsverzeichnisses. § 87c HGB gewährt dem Handelsvertreter zur Abrechnung seiner Provision Ansprüche auf Auskunft und Bucheinsicht. Nach § 809 Alt. 1 BGB hat der Informationsbedürftige einen Anspruch auf Besichtigung einer Sache, wenn ihm ein Anspruch in Ansehung der Sache dem Grunde nach zusteht. Weitere Beispiele finden sich vor allem im Rahmen der Ausgleichsansprüche unter Ehegatten und im Unterhaltsrecht, wie in den §§ 1379, 1580, 1605 BGB.

Schließlich kann eine Gruppe von Informationsansprüchen gebildet werden, die der Sicherung des nach Grund und Höhe feststehenden Leistungsinteresses dienen. Es geht hier um gesetzlich typisierte Nebenpflichten aus dem jeweiligen Kausalgeschäft.[243] So muss bspw. gem. § 469 Abs. 1 S. 1 BGB der Vorkaufsverpflichtete dem Vorkaufsberechtigten den Inhalt des mit dem Dritten geschlossenen Vertrags unverzüglich mitteilen. § 402 BGB verpflichtet den Zedenten dazu, dem Zessionar die zur Geltendmachung der Forderung nötige Auskunft zu erteilen und ihm die zum Beweis der Forderung dienenden Urkunden auszuliefern. Ähnlich ist der Vollstreckungsschuldner gem. § 836 Abs. 3 S. 1 ZPO verpflichtet, dem Gläubiger die zur

---

242 Stürner, Die Aufklärungspflicht der Parteien des Zivilprozesses, 1976, S. 287; Lüke, JuS 1986, S. 1 (4).

243 Lorenz, JuS 1995, S. 569 (571).

Geltendmachung der Forderung nötige Auskunft zu erteilen und ihm die über die Forderung vorhandenen Urkunden herauszugeben.

Obschon der größte Teil der materiellrechtlichen Informationsansprüche unter eine der genannten Fallgruppen gefasst werden kann, gibt es noch eine Reihe weiterer Informationsansprüche, die sich keiner der zuvor dargestellten Klassifizierung zuordnen lassen. Von besonderer Bedeutung sind die §§ 809 2. Alt, 810 BGB, die einen Anspruch auf Besichtigung einer Sache oder auf Einsicht in Urkunden ohne Voraussetzung der rechtlichen Sonderverbindung ermöglichen.[244] Anders als die bisher genannten Informationsansprüche setzen diese Vorschriften keinen dem Grunde nach bestehenden Hauptanspruch voraus. Es genügt vielmehr die *Wahrscheinlichkeit* eines Hauptanspruchs. So ermöglicht § 809 Alt. 2 BGB den Informationsberechtigten die Besichtigung einer Sache, um sich Gewissheit zu verschaffen, ob ihm ein Anspruch in Ansehung dieser Sache zusteht. Ebenso bietet § 810 BGB den Informationsberechtigten die Einsicht in Urkunden ohne Nachweis eines Hauptanspruchs, wenn er ein rechtliches Interesse an der Einsichtnahme hat. Die Wahrscheinlichkeit des Hauptanspruchs ist bei der Prüfung des rechtlichen Interesses zu berücksichtigen.[245]

2. Überblick über die Gesetzeslage in der Türkei

Parallel zum deutschen Recht bestehen auch im türkischen Zivilrecht eine Reihe von Informationsansprüchen, die die Verfolgung eines Hauptanspruchs erleichtern oder überhaupt erst ermöglichen. Eine systematische Klassifikation dieser Ansprüche erfolgte in der türkischen Lehre leider bisher nicht. Stattdessen werden sie in dem betreffenden Teil der verschiedenen juristischen Werke einzeln behandelt. Von der vierteiligen Klassifizierung der deutschen Lehre kann jedoch auch hier Gebrauch gemacht werden, um ein Gesamtbild der türkischen materiellrechtlichen Informationsansprüche zu erhalten.

Weitgehende Informationsansprüche sieht das türkische Recht in Fällen vor, in denen sich eine Partei zur Wahrnehmung fremder Interessen verpflichtet hat. Zentrale Vorschrift ist § 508 Abs. 1 tOG, der den Beauftragten verpflichtet, auf Verlangen des Auftraggebers Auskunft über den Stand des Geschäfts zu erteilen und nach Ausführung diesbezügliche Gegenstände herauszugeben. In ähnlicher Form sind die Eltern gegenüber dem Kind verpflichtet, nach der Beendigung der elterlichen Sorge das Vermögen herauszugeben und über die Verwaltung Rechenschaft abzulegen, § 362 tZGB i. V. m. §§ 363 Abs. 1, 508 tOG. Die Auskunftspflicht des Vormunds

---

244 Ausführlich zu den §§ 809, 810 BGB: Beckhaus, Die Bewältigung von Informationsdefiziten bei der Sachverhaltsaufklärung, 2010, S. 12 ff.; Kapoor, Die neuen Vorlagepflichten für Urkunden und Augenscheinsgegenstände in der Zivilprozessordnung, 2009, S. 74 ff.

245 Beckhaus, Die Bewältigung von Informationsdefiziten bei der Sachverhaltsaufklärung, 2010, S. 13; *Stürner* ordnet der § 810 BGB den Informationsansprüchen der dritten Gruppe zu, Stürner, Die Aufklärungspflicht der Parteien des Zivilprozesses, 1976, S. 291.

gem. § 489 tZGB oder des Handelsvertreters gem. § 110 Abs. 1 tHGB sind weitere Beispiele für diese erste Kategorie. Ähnliche Informationspflichten befinden sich weiter in den §§ 450 Abs. 3, 533 Abs. 1 tOG.

Zur zweiten Kategorie gehören die Informationsansprüche, die aus einem rechtswidrigen Eingriff in einen fremden Rechtskreis stammen. Die hier wesentlichen Vorschriften finden sich vor allem im Bereich der Immaterialgüterrechte, die im türkischen Recht häufig durch Rechtsverordnungen geregelt werden. So bietet z. B. § 139 Patent RVO dem Patentinhaber gegen den Verletzer einen Anspruch auf Vorlage der betreffenden Unterlagen. Ein vergleichbarer Anspruch findet sich in § 65 Marke RVO zugunsten des Inhabers einer Marke. Ein anderes Beispiel für diese Kategorie ist die Informationspflicht des Erbschaftsbesitzers gegenüber dem Erben gem. § 646 Abs. 3 tZGB.

Für die dritte Gruppe, welche die Informationsansprüche zur Klärung des Inhalts eines Anspruchs erfasst, kann § 116 Abs. 2 tHGB als Beispiel dienen. Nach dieser Norm kann der Handelsvertreter zur Abrechnung seiner Provision einen Buchauszug über alle Geschäfte verlangen, für die ihm eine Provision gebührt sowie Mitteilung über alle Umstände, die für den Provisionsanspruch wesentlich sind. Ebenso gestattet der § 225 tHGB dem Gesellschafter einer oHG ein Auskunftsrecht über die Angelegenheiten der Gesellschaft sowie ein Einsichtsrecht der Geschäftsbücher und Schriften. Der Anspruch des Arbeitnehmers auf Ausstellung eines Dienstzeugnisses fällt auch unter diese Gruppe, § 426 Abs. 1 tOG. Weitere Beispiele dieser Fallgruppe finden sich u. a. in den §§ 21 Abs. 1, 149 Abs. 1 und 2 tHGB, 497 Abs. 2 tOG, 649 Abs. 2 tZGB.

In der letzten Gruppe stehen die Informationsansprüche, die zur Sicherung des Leistungsinteresses dienen. Die wichtigsten Beispiele aus der Türkei sind die §§ 592 Abs. 3 und 190 tOG. § 592 Abs. 3 tOG verpflichtet den Gläubiger gegenüber dem Bürgen nach der Befriedigung zur Rückgabe des Schuldscheins und zur nötigen Auskunft, damit der Bürge seine Forderungen gegen den Hauptschuldner geltend machen kann. § 190 tOG verpflichtet den Zedenten gegenüber dem Zessionar, die zum Beweis der abgetretenen Forderung dienenden Urkunden auszuhändigen und die zur Geltendmachung der Forderung nötige Auskunft zu erteilen. Vergleichbare Verpflichtungen bestehen auch bei der Übertragung eines Patents gem. § 89 Patent RVO sowie bei der Löschung einer Schiffshypothek gem. § 1037 tHGB.

3. Geltendmachung materiellrechtlicher Informationsansprüche im deutschen und türkischen Recht

Materiellrechtliche Auskunftsansprüche können in Deutschland und in der Türkei selbstständig im Wege der Leistungsklage geltend gemacht werden.[246] Abweichend vom türkischen Recht bietet das deutsche Recht auch die Möglichkeit sie im Wege

246 Eren, Borclar Hukuku Genel Hükümler, 2015, S. 33 ff.; S. Lang, Die Urkundenvorlagepflichten der Gegenpartei gemäß § 142 Abs. 1 Satz 1 ZPO, 2007, S. 28.

einer Stufenklage durchzusetzen, § 254 dZPO. Als ein besonderer Fall der objektiven Klagehäufung ermöglicht die Stufenklage dem Kläger, seinen Auskunftsanspruch und Hauptanspruch in einer Klage geltend zu machen.[247] In der ersten Stufe entscheidet der Richter über den Auskunftsanspruch durch Teilurteil. Die zweite Stufe ist grundsätzlich auf Beurteilung des Hauptanspruchs gerichtet. Zwischen den Stufen kann jedoch zusätzlich die Abgabe einer eidesstattlichen Versicherung verlangt werden, wenn an der erteilten Auskunft begründete Zweifel besteht. Der Vorteil der Stufenklage besteht darin, dass trotz fehlender Bestimmtheit des Klageantrags die Verjährung des Hauptanspruchs gehemmt wird, was nicht durch eine selbstständige Leistungsklage erreicht werden könnte.[248]

Die Informationsansprüche des materiellen Rechts sind in Deutschland nach §§ 887, 888 dZPO und in der Türkei nach §§ 343 i. V. m. 30 tZVG vollstreckbar.

II. Zivilprozessuale Mitwirkungspflichten

1. Die Gesetzeslage in Deutschland

a) Wahrheits- und Vollständigkeitspflicht gem. § 138 Abs. 1 dZPO

aa) Einführung

Die Wahrheitspflicht der Parteien wurde in Deutschland erst durch die Novelle von 1933 in § 138 dZPO explizit geregelt. Bis dahin war umstritten, ob eine solche Pflicht im Zivilprozess überhaupt existieren kann. Diesbezügliche Diskussionen wurden parallel zu den oben erwähnten Diskussionen über den Prozesszweck geführt. Die diesbezüglichen Argumente brauchen an dieser Stelle nicht wiederholt werden. Eingegangen werden soll hier auf die spezifische Diskussion um Bestehen und Sinn einer prozessualen Wahrheitspflicht bzw. als Kehrseite auf ein etwaiges prozessuales „Recht zur Lüge". Dezidiert gegen eine Wahrheitspflicht wandte sich insbesondere *Wach*[249]: „Das moralische versteht sich von selbst. Der moralische Mensch lügt auch als Partei nicht. Uns kann nur die Wahrheitspflicht als Rechtspflicht interessieren. Gibt es sie? Ich sehe sie nirgends: weder als lex perfecta, noch imperfecta, noch minus quam perfecta. Wo ist das Wahrheitsgebot oder das Lügenverbot?" Er bewertet die Lüge im Prozess also nur als Privat- und Gewissenssache der Parteien und erkennt kein öffentliches Interesse an ihrem Verbot. Eine solche Deutung übersieht jedoch, dass die Wahrheitspflicht sich schon aus dem Sinn und Zweck des Prozesses ergibt. Es liegt in der Natur der Sache, dass der Staat den Parteien seine Hilfe nicht zur Verfügung stellt, um damit unredliche Zwecke zu verfolgen.[250] Mit

---

247 Schwab, Zivilprozessrecht, 2016, § 5 I Rn. 184; MüKoZPO-Becker-Eberhard, 5. Aufl. 2016, § 254 Rn. 1 f.

248 Lüke, JuS 1986, S. 1 (6); Lorenz, JuS 1995, S. 569 (575).

249 Wach, Grundfragen und Reform des Zivilprozesses, 1914, S. 31 f.

250 Hug, Die Wahrheitspflicht der Parteien im Zivilprozess, 1943, S. 18.

Recht erklärte *Hellwig*[251]: „Die prozessuale Wahrheitspflicht gehört zu der Klasse der Rechtswahrheiten, die so elementar sind, dass die Rechtsordnungen sie nicht allgemein auszusprechen braucht".

Weiterhin ist die Wahrheitspflicht als nötige Ergänzung zur Verhandlungsmaxime anzusehen. Im Zivilprozess steht die Sachaufklärung in der Verantwortung der Parteien, da der Richter grundsätzlich von Amts wegen keine Ermittlungen durchführen darf. Es ist Sache der Prozessparteien, die Tatsachen und Beweise, welche die Grundlage für die Entscheidung des Gerichts bilden, in den Prozess einzuführen. Wenn man den Parteien eine solche Verantwortung überlässt, muss dies auch mit entsprechend gesteigerten Pflichten einhergehen. Daher ist es berechtigt, den Parteien die Pflicht aufzuerlegen, bei ihren Ausführungen bei der Wahrheit zu bleiben.[252]

Leider führte die Normierung der Wahrheitspflicht nicht zu einer Beendigung der Diskussionen, sondern warf im Gegenteil viele neue Fragen auf. Sie beziehen sich auf den Umfang der Wahrheitspflicht und auf die Rechtsfolgen ihrer Verletzung.

bb) Inhalt der Wahrheitspflicht

§ 138 Abs. 1 dZPO verlangt von den Parteien, dass sie ihre Erklärungen über tatsächliche Umstände der Wahrheit gemäß abgeben. Es besteht Einigkeit darüber, dass mit den Worten „der Wahrheit gemäß" in Wirklichkeit nur eine subjektive, der Überzeugung der Partei entsprechende Wahrheit gemeint ist.[253] Das bedeutet, dass die Parteien nicht wider besseres Wissen Behauptungen aufstellen oder bestreiten dürfen. Sie dürfen dagegen Tatsachen vortragen, die sie für wahrscheinlich halten, ebenso dürfen Behauptungen des Gegners bestritten werden, auch wenn kein konkretes Wissen in Bezug auf die Behauptung besteht und man es für möglich hält, dass die Aussagen richtig sein könnten.[254] Da es eigentlich Aufgabe des Gerichts ist, die objektive Wahrheit zu ermitteln, sind die Parteien immer berechtigt, ihre zweifelhaften Behauptungen durch Beweisaufnahme prozessual aufklären zu lassen. Zweck der Wahrheitspflicht ist es, bewusst unwahre Behauptungen im Prozess auszuschließen, nicht aber den Rechtsschutz der Parteien einzuschränken. Zu bedenken ist allerdings, dass eine Partei an sich auch Zweifel an der Wahrheit ihrer Behauptungen offenlegen müsste, da es bei einer vorbehaltlosen Erklärung an der notwendigen subjektiven Überzeugung von der Richtigkeit fehlt.[255]

---

251 Hellwig, Lehrbuch des deutschen Zivilprozessrechts, 1907, S. 13.

252 Vgl. v. Hippel, Wahrheitspflicht und Aufklärungspflicht der Parteien im Zivilprozess, 1939, S. 192; Hug, Die Wahrheitspflicht der Parteien im Zivilprozess, 1943, S. 35.

253 Baumbach/Lauterbach/Albers/Hartmann, 75. Aufl. 2017, § 138 Rn. 15; Wieczorek/Schütze-Gerken, 4. Aufl., § 138 Rn. 8; Rosenberg/Schwab/Gottwald, Zivilprozessrecht, 2010, § 65 Rn. 63.

254 Prütting/Gehrlein-Prütting, 8. Aufl. 2016, § 138 Rn. 4; Wieczorek/Schütze-Gerken, 4. Aufl., § 138 Rn. 8.

255 Wieczorek/Schütze-Gerken, 4. Aufl., § 138 Rn. 8.

cc) Vollständigkeitspflicht

Im Hinblick auf den Umfang der Wahrheitspflicht ist insbesondere die in Deutschland bestehende Vollständigkeitspflicht nach § 138 Abs. 1 dZPO Gegenstand lebhafter Diskussionen. Eine solche Pflicht besteht im türkischen Recht ausdrücklich nicht (hierzu später mehr). Die Vollständigkeitspflicht verlangt von den Parteien, dass sie nicht bewusst eine zur Klarstellung erforderliche Tatsache verschweigen.[256] Welche zu den „zur Klarstellung erforderliche[n] Tatsache[n]" zählen, wird jedoch unterschiedlich interpretiert. Die Mehrheit der Literatur vertritt die Ansicht, dass die Partei nicht alle Einzelheiten des streitigen Sachverhalts detailliert vorzutragen habe, sondern dass es genüge, die für die gewünschte Rechtsfolge nötigen Voraussetzungen vorzutragen.[257] Als Grundlage für eine solch enge Interpretation wird vor allem die Behauptungs- und Beweislast gesehen. Es wird davon ausgegangen, dass der Umfang der Vollständigkeitspflicht von der Verteilung der Behauptungs- und Beweislast abhängig ist. Eine Partei solle sich nur vollständig erklären, soweit sie die Behauptungs- und Beweislast trägt. Sie sei nicht dazu verpflichtet, zu ihrem Nachteil Tatsachen vorzutragen, aus denen sich ein rechtshindernder oder rechtsvernichtender Einwand ergeben könne. Nach der Mindermeinung hingegen umfasse die Vollständigkeitspflicht den gesamten Sachverhaltskomplex.[258] Sie verbiete es, aus „prozesstaktischen Gründen" nur die günstigen Tatsachen vorzubringen, die ungünstigen aber zu verschweigen. Die Vollständigkeitspflicht zwinge den Anspruchsteller, gegebenenfalls auch rechtshindernde oder rechtsvernichtende Tatsachen mitzuteilen, obwohl hierfür der Gegner grundsätzlich die Behauptungslast trägt.[259]

Die Vollständigkeitspflicht verbietet es den Parteien, bewusst eine zur Klarstellung des Sachverhalts erkennbar erforderliche Tatsache zu verschweigen (sog. Verbot der Halbwahrheit).[260] Generell besteht diese Pflicht nur innerhalb der Behauptungs- und Beweislast.[261] Daher ist die Erhebung der rechtshindernden oder rechtsvernichtenden Einwände grundsätzlich Sache des Gegners. Anders ist es aber, wenn der Anspruchsteller von der rechtshindernden oder rechtsvernichtenden Wirkung einer Tatsache selbst überzeugt ist. Er darf z. B. die teilweise Tilgung einer

256 Rosenberg/Schwab/Gottwald, Zivilprozessrecht, 2010, § 65 Rn. 58; Prütting/Gehrlein-Prütting, 8. Aufl. 2016, § 138 Rn. 5.

257 Schellhammer, Zivilprozess, 2016, S. 615 Rn. 1278; Wieczorek/Schütze-Gerken, 4. Aufl., § 138 Rn. 14; Prütting/Gehrlein-Prütting, 8. Aufl. 2016, § 138 Rn. 5; vgl. Thomas/Putzo-Reichold, 37. Aufl. 2016, § 138 Rn. 4. *Lent* sieht weite Auslegung der Vollständigkeitspflicht mit der Verhandlungsmaxime als unvereinbar, Lent, JW 1933, S. 2674 (2675).

258 Peters, FS-Schwab, 1990, S. 399 (400); Bernhardt, FG-Rosenberg, 1949, S. 9 (27 f.); Schmidt, DRiZ 1988, S. 59 (60).

259 Bernhardt, FG-Rosenberg, 1949, S. 9 (28).

260 Prütting/Gehrlein-Prütting, 8. Aufl. 2016, § 138 Rn. 5.

261 Rosenberg/Schwab/Gottwald, Zivilprozessrecht, 2010, § 65 Rn. 61; Prütting/Gehrlein-Prütting, 8. Aufl. 2016, § 138 Rn. 5.

Forderung nicht verschweigen.[262] Dasselbe gilt auch für eine vorprozessual erklärte Aufrechnung, die ganz oder teilweise zum Erlöschen der Forderung geführt hat.[263] Es sollte einer Partei nämlich nicht gestattet sein, das Gericht durch Unwahrheiten irrezuführen und seine Arbeitskraft böswillig zu missbrauchen.[264] *Peters*[265] betrachtet das Problem aus einem anderen Blickwinkel und erklärt zutreffend, dass es widersprüchlich wäre, den Kläger hier nicht der Wahrheitspflicht zu unterwerfen, dem Beklagten später jedoch gegen das rechtskräftige Urteil mit einem Schadensersatzanspruch nach § 826 BGB zu helfen. Denn mit diesem Anspruch wird dem Kläger nichts weniger als vorsätzlich sittenwidriges Handeln vorgeworfen. Im Zivilprozess tragen grundsätzlich die Parteien die Verantwortung, dem Richter ein richtiges Bild vom Sachverhalt vorzulegen, weil der Richter von Amts wegen keine Ermittlungen anstellen darf. Die Parteien erfüllen diese Aufgabe nur dann richtig, wenn sie ihr Wissen dem Gericht vollständig unterbreiten. In diesem Zusammenhang sind die Wahrheits- und Vollständigkeitspflicht als notwendige Ergänzung zur Verhandlungsmaxime anzusehen.[266]

dd) Rechtsfolgen bei Verletzung der Wahrheitspflicht

Der deutsche Gesetzgeber knüpft an die Wahrheitspflichtverletzung keine speziellen Sanktionen. Der § 138 dZPO enthält ebenso keine ausdrückliche Bestimmung über die Folgen eines Verstoßes gegen die Wahrheitspflicht. Gerade deswegen wird die Wahrheitspflicht von manchen Autoren als bloße „Seifenblase" oder „Dekorationsnorm" angesehen.[267] Ähnlich bezeichnet *Goldschmidt*[268] diese Norm als eine „lex imperfecta", ein Messer ohne Heft und Klinge, bei der eine konkrete Rechtsfolge fehlt.

Anders als diese Aussagen suggerieren ist eine Verletzung der Wahrheitspflicht keinesfalls als folgenlos zu bewerten, auch wenn ausdrückliche Regelungen fehlen. Namentlich dürfen bewusst unwahre Behauptungen vom Gericht nicht beachtet werden.[269] Die willkürlichen Behauptungen „aufs Geratewohl" oder „ins Blaue hinein" sind wegen eines Verstoßes gegen § 138 Abs. 1 dZPO unbeachtlich[270] und können daher von vornherein im Tatbestand weggelassen werden. Die Tatsachen, die bei dem Gericht offenkundig unwahr sind, sind ebenfalls nicht beachtlich und

262 Prütting/Gehrlein-Prütting, 8. Aufl. 2016, § 138 Rn. 5.
263 Wieczorek/Schütze-Gerken, 4. Aufl., § 138 Rn. 14.
264 Siehe: Rosenberg, ZZP 58 (1934), S. 283 (284).
265 Peters, FS-Schwab, 1990, S. 399 (400).
266 Baumbach/Lauterbach/Albers/Hartmann, 75. Aufl. 2017, § 138 Rn. 2; Wieczorek/Schütze-Gerken, 4. Aufl., § 138 Rn. 7.
267 Schmidt, DJZ 1909, S. 39 (42); Schoofs, Entwicklung und aktuelle Bedeutung der Regeln über Geständnis und Nichtbestreiten im Zivilprozess, 1980, S. 157 ff.
268 Goldschmidt, JW 1931, S. 2444 (2447).
269 Rosenberg, ZZP 58 (1934), S. 283 (291).
270 Zeiss/Schreiber, Zivilprozessrecht, 2014, § 33 Rn. 202; vgl. Lüke/Arens, Zivilprozessrecht, 2011, 10. Aufl., § 2 Rn. 23.

beweisbedürftig.[271] Die subjektive Unwahrheit eines Vorbringens wird jedoch vor dem Gericht meistens nach einer Beweiserhebung festgestellt. Dann hat das Gericht seine Überzeugung in den Urteilsgründen darzustellen und das unwahre Vorbringen als unbeachtlich zu verwerfen.[272] Es dürfte auch nicht außer Acht gelassen werden, dass die Lüge im Prozess bei der Würdigung des Gesamtverhaltens der Partei bedeutsam ist.[273]

Weiter sind mittelbare Folgen mit der Wahrheitspflicht verknüpft. Diese Folgen können das Verfahrens-, Zivil- und Strafrecht betreffen. In zivilrechtlicher Hinsicht können bei der Verletzung der Wahrheitspflicht vor allem die Schadensersatzansprüche nach den §§ 823 Abs. 2, 826 BGB in Frage kommen.[274] Wenn der Verstoß zugleich ein Strafgesetz verletzt, hat er auch strafrechtliche Folgen. Die wichtigste strafrechtliche Folge einer Lüge im Prozess ist die Möglichkeit der Strafbarkeit wegen Prozessbetrug nach § 263 dStGB.[275] Die Prozesslüge kann darüber hinaus nach allen Strafvorschriften, zu deren Tatbestand das Vorbringen von Unwahrheiten gehört – wie z. B. Urkundenfälschung – bestraft werden.[276]

Auf der prozessualen Ebene werden mittelbare Folgen aus den Vorschriften über die Kostenverteilung abgeleitet. Im deutschen Recht wird häufig betont, dass der § 96 dZPO dem Richter die Möglichkeit gibt, der lügenden Partei Kostennachteile

---

271 Vgl. Schwab, Zivilprozessrecht, 2016, § 5 IV Rn. 249.

272 Vgl. Grunsky, Grundlagen des Verfahrensrechts, 1974, § 19 S. 183; vgl. Zeiss/Schreiber, Zivilprozessrecht, 2014, § 68 Rn. 532. Kern berichtet, dass dieses Ergebnis im Allgemeinen keine praktische Bedeutung habe und der § 286 Abs. 1 keine echte Sanktion für die Verletzung der Wahrheitspflicht darstelle, Stein/Jonas-Kern, 23. Aufl. 2016, § 138 Rn. 14.

273 Grunsky, Grundlagen des Verfahrensrechts, 1974, § 19 S. 183; Hug, Die Wahrheitspflicht der Parteien im Zivilprozess, 1943, S. 116.

274 Ob § 138 I selbst ein Schutzgesetz darstellt, ist umstritten. In einem Teil der Literatur wird die Auffassung vertreten, dass § 138 ein Schutzgesetz zugunsten des Gegners darstelle, so dass sich daraus eine Ersatzpflicht begründen ließe, Rosenberg/Schwab/Gottwald, Zivilprozessrecht, 2010, § 66 Rn. 71; Rosenberg, ZZP 58 (1934), S. 283 (292); Stein/Jonas-Kern, 23. Aufl. 2016, § 138 Rn. 20. Die Gegenmeinung vertritt, dass § 138 kein Schutzgesetz im Sinne von § 813 II BGB sei, denn der Sinn des Paragraphen darin bestehe, zur staatlichen Ordnung des Zivilprozesses beizutragen, Baumbach/Lauterbach/Albers/Hartmann, 75. Aufl. 2017, § 138 Rn. 65. Die h. M. geht davon aus, dass der Prozessbetrug zum Schadensersatz gemäß § 823 II BGB in Verbindung mit § 263 StGB verpflichtet. Wieckzorek/Schütze-Gerken, 4. Aufl. 2013, § 138 Rn. 21; Prütting/Gehrlein-Prütting, 8. Aufl. 2016, § 138 Rn. 7; Heß, Wahrheits- und Aufklärungspflicht im Zivil- und Arbeitsgerichtsprozeß, 2006, S. 24.

275 Prütting/Gehrlein-Prütting, 8. Aufl. 2016, § 138 Rn. 7; Rosenberg/Schwab/Gottwald, Zivilprozessrecht, 2010, § 65 Rn. 70.

276 Ausführlich dazu: Staab, Die Wahrheitspflicht im Zivilprozess, 1973, S. 97 ff.

aufzuerlegen, auch wenn diese im Prozess obsiegt hat.[277] Schließlich ist zu bedenken, dass eine Verletzung der Wahrheitspflicht eine Restitutionsklage nach sich ziehen kann, § 580 Ziff. 4 dZPO.[278]

ee) Kritische Würdigung

Trotz der damit durchaus signifikanten mittelbaren Folgen fragt sich, warum die Gesetzgeber es unterlassen haben, an die Verletzung der Wahrheitspflicht unmittelbare Sanktionen zu knüpfen. *Volkmar*[279] ist der Ansicht, dass durch unmittelbare Sanktionen in Form von Kosten oder Ordnungsgeldern, die ernste sittliche Bedeutung der Wahrheitspflicht eher abgeschwächt als erhöht würde. In gewissem Sinne versteht er solche Sanktionen als festgesetzten Preis für die Lüge, wodurch diese für die Parteien zu einem käuflichen Gut werde. Weiter wird das Fehlen unmittelbarer Rechtsfolgen damit gerechtfertigt, dass die Auferlegung einer Sanktion wegen der schwierigen Feststellung der Unwahrhaftigkeit praktisch undurchführbar sei.[280] Dieses Argument überzeugt jedoch nicht, weil Schwierigkeiten bei der Feststellung der Tatbestandsmerkmale kein hinreichender Grund sind, unerlaubte Handlungen folgenlos zu lassen.

Eng verbunden mit diesem Aspekt ist die Frage, ob die bestehenden mittelbaren Sanktionen tatsächlich als ausreichend zu bewerten sind; oder ob nicht vielmehr doch unmittelbare Sanktionen eingeführt werden sollten. Für die Beantwortung dieser Frage müssen Sinn und Zweck der Wahrheitspflicht berücksichtigt werden. Durch diese Pflicht will der Gesetzgeber die Lüge im Prozess verhindern, damit eine gerechte Entscheidung möglichst schnell getroffen werden kann. Ob die derzeitige Regelung der Wahrheitspflicht ohne besondere Sanktionen in den beiden Ländern geeignet ist, dieses Ziel zu erreichen, ist m. E. sehr zweifelhaft. Es ist leider eine prozessrechtliche Realität, dass die Lüge im Zivilprozess unter dem Namen „Prozesstaktik“ oder unter dem Begriff „Kampf der Parteien“ immer noch anerkannt ist und im Prozess eine große Rolle spielt. Für den Zivilrichter bedeutet es bereits heute einen großen Zeit- und Arbeitsaufwand, Wahrheit und Unwahrheit zu trennen. Von diesem Standpunkt aus sind die bestehenden mittelbaren Sanktionen entgegen anderslautenden Stimmen[281] als nicht ausreichend zu bewerten. Die Anwendbarkeit von zivil- und strafrechtlichen Folgen setzt immer die Einleitung eines neuen Ver-

---

277 Rosenberg, ZZP 58 (1934), S. 283 (291); Staab, Die Wahrheitspflicht im Zivilprozess, 1973, S. 87 ff.; Thieme, Verhandlungsmaxime richterliche Aufklärungspflicht und Wahrheitspflicht der Parteien im deutschen Zivilprozeß, 1936, S. 48; Hug, Die Wahrheitspflicht der Parteien im Zivilprozess, 1943, S. 114 ff.

278 Wieczorek/Schütze-Gerken, 4. Aufl., § 138 Rn. 21; Rosenberg/Schwab/Gottwald, Zivilprozessrecht, 2010, § 65 Rn. 70.

279 Volkmar, JW 1933, 2427 (2429).

280 Thieme, Verhandlungsmaxime richterliche Aufklärungspflicht und Wahrheitspflicht der Parteien im deutschen Zivilprozeß, 1936, S. 48.

281 Vgl. Rosenberg, ZZP 58 (1934), S. 283 (291 f.).

fahrens voraus. Der durch die Lüge des Gegners Beschädigte muss bspw. Schadensersatz nach den betreffenden Paragraphen des BGB neu einklagen. Ebenso ist eine Durchführung des Strafverfahrens erforderlich, damit strafrechtliche Folgen eintreten können. All diese Merkmale stellen die Nützlichkeit der zivil- und strafrechtlichen mittelbaren Folgen in Frage.

Auch bieten die mittelbaren prozessualen Folgen keine hinreichende Sicherheit gegen eventuelle Pflichtverletzungen. Einerseits besteht offensichtlich keine Einigkeit darüber, welche prozessualen Sanktionen sich im Einzelnen an eine Verletzung der Wahrheitspflicht anknüpfen.[282] Andererseits sind die Normen, welche als Grundlage der mittelbaren prozessualen Sanktionen betrachtet werden, – sowohl in der deutschen als auch in der türkischen ZPO – meistens als „Kann"-Vorschriften ausgestaltet. Die Auferlegung dieser Sanktionen steht damit im Ermessen des Richters. Die prozessualen Folgen der Wahrheitspflichtverletzung sind insgesamt als verwirrend und unberechenbar zu bewerten. Die derzeitige Regelung wirkt sich nicht prägend auf den Zivilprozess aus, sondern wird als bloßes sittlich-gesetzliches Gebot wahrgenommen. Um dies zu ändern, müssten in der ZPO direkte nachteilige Folgen an die Verletzung der Wahrheitspflicht geknüpft werden, damit diese Pflicht nicht weiter nur auf dem Papier steht.

b) Die Urkundenvorlagepflicht gemäß § 142 dZPO

In Deutschland wurde die Anordnungskompetenz des Gerichts bei der Urkundenvorlage durch die ZPO-Reform von 2001 erheblich erweitert. Nach altem Recht konnte das Gericht die Vorlage einer Urkunde nur dann anordnen, wenn sich eine Partei auf eine Urkunde bezieht, die sich in ihrem Besitz befindet, § 142 Abs. 1 dZPO a.F. Die bezugnehmende Partei und die durch die Vorlageanordnung verpflichtete Partei mussten daher identisch sein.[283] Nach der neuen Regelung hingegen kann das Gericht die Vorlage einer Urkunde auch dann anordnen, wenn sich eine Partei auf eine Urkunde bezieht, die sich im Besitz des Prozessgegners befindet, § 142 Abs. 1 dZPO n.F. So ist die Bezugnahme irgendeiner Partei auf die Urkunde für eine gerichtliche Vorlageanordnung nunmehr ausreichend.[284]

Die Anordnung gem. § 142 dZPO n.F. steht im Ermessen des Gerichts. Bei Ermessensausübung sind die berechtigten Belange des Geheimnis- und Persönlichkeitsschutzes sowie Zumutbarkeit und Verhältnismäßigkeit einer Anordnung zu berücksichtigen.[285] Den Parteien wird kein Recht verliehen, die Vorlageanordnung gem. § 142 dZPO zu beantragen. Die Vorschrift ergänzt zum einen die richterliche

---

282 Roth, Die Wahrheitspflicht der Parteien im Zivilprozeß, 1991, S. 123.

283 Gruber/Kießling, ZZP 116 (2003), S. 305 (309); Kraayvanger/Hilgard, NJ 2003, S. 572 (572); Prütting/Gehrlein-Prütting, 8. Aufl. 2016, § 142 Rn. 1.

284 Prütting/Gehrlein-Prütting, 8. Aufl. 2016, § 142 Rn. 1; Zöller-Greger, 31. Aufl. 2016, § 142 Rn. 2; Gruber/Kießling, ZZP 116 (2003), S. 305 (310).

285 Zöller-Greger, 31. Aufl. 2016, § 142 Rn. 8.; Prütting/Gehrlein-Prütting, 8. Aufl. 2016, § 142 Rn. 9.

Aufklärungspflicht nach § 139 dZPO, zum anderen dient sie der Bereitstellung von Beweismitteln zur Feststellung von streitigen Tatsachen.[286] Sie ermöglicht dem Richter ein besseres Verständnis des Prozessstoffs und einen schnellen Überblick über den Rechtsstreit. Somit verträgt sie sich auch mit dem Ziel des Reformgesetzgebers, die erste Instanz zu stärken und das Verfahren zu beschleunigen. Die Anordnungsmöglichkeit des Gerichts besteht unabhängig von materiell-rechtlichen Vorlageansprüchen und trifft insbesondere auch die nicht beweisbelastete Partei.[287] Dadurch wird die Möglichkeit eröffnet, die nicht beweispflichtete Partei rein auf prozessualer Ebene in die Sachverhaltsaufklärung miteinzubeziehen.

Nach § 142 Abs. 1 dZPO n. F. kann das Gericht eine solche Anordnung auch gegenüber einem nicht am Prozess beteiligten Dritten erlassen. Darin liegt eine weitere wichtige Änderung gegenüber dem alten Recht, nach welchem Dritte weder von Amts wegen noch auf Antrag einer Partei zur Urkundenvorlegung aufgefordert werden konnten. Die einzige Möglichkeit für die beweisbelastete Partei war die Stellung eines Antrags zur Fristbestimmung für die Herbeischaffung der Urkunde nach § 428 dZPO a. F. Dann musste sie in einem selbstständigen Verfahren auf die Vorlegung der Urkunde klagen, § 429 dZPO a. F. Die Erfolgsaussicht der Klage war und ist auch heute noch davon abhängig, ob dem Beweisführer ein materiellrechtlicher Herausgabeanspruch zusteht oder der Dritte als Streithelfer im Hauptverfahren auf die Urkunde Bezug genommen hat.[288] Neben diesem Verfahren wird dem Beweisführer durch die ZPO-Reform noch eine andere Möglichkeit eingeräumt. Nach § 428 dZPO n. F. kann er nunmehr den Erlass einer gerichtlichen Anordnung gegen Dritte gem. § 142 dZPO beantragen. Da dieser Antrag einen Beweisantritt darstellt, steht die Vorlageanordnung nicht im Ermessen des Gerichts.[289] Allerdings muss das Gericht prüfen, ob die Urkunde sich im Besitz des Dritten befindet, die zu beweisende Tatsache entscheidungserheblich ist und der Inhalt der Urkunde zum Beweis dieser Tatsache geeignet erscheint.[290]

Dritte können gem. § 142 Abs. 2 dZPO die Vorlage unter bestimmten Voraussetzungen verweigern. Dies namentlich, soweit ihnen diese nicht zumutbar ist oder ihnen ein Recht zur Zeugnisverweigerung gemäß den §§ 383 bis 390 dZPO zusteht. Für Parteien wird ein solches Weigerungsrecht nicht vorgesehen. Allerdings sind ihre Interessen durch die Ermessensausübung und die Beweiswürdigung des Richters zu berücksichtigen.[291]

286 Wieczorek/Schütze-Smid, 4. Aufl., § 142 Rn. 1; Musielak-Stadler, 13. Aufl. 2016, § 142 Rn. 1.
287 Musielak-Stadler, 13. Aufl. 2016, § 142 Rn. 1; Kraayvanger/Hilgard, NJ 2003, S. 572 (572).
288 Zekoll/Bolt, NJW 2002, S. 3129 (3131).
289 BT-Dr 14/4722, S. 92; so auch Zekoll/Bolt, NJW 2002, S. 3129 (3132); MüKoZPO-Fritsche, 5. Aufl. 2016, § 144 Rn. 3.
290 Zekoll/Bolt, NJW 2002, S. 3129 (3131).
291 Zöller-Greger, 31. Aufl. 2016, § 142 Rn. 14.

Bei Nichtbefolgung einer Anordnung sind keine direkten Sanktionen gegenüber den Parteien vorgesehen. Jedoch ist die Nichtvorlage gem. § 286 dZPO frei zu würdigen, daher kann sie zu beweisrechtlichen Nachteilen führen.[292] Richtet sich die Vorlageanordnung an den Gegner, der aufgrund eigener Bezugnahme oder nach materiellem Recht zur Vorlage verpflichtet war, kann auch die analoge Anwendung des § 427 dZPO bei Nichtvorlage in Betracht kommen. Gemäß § 427 S. 1 dZPO kann eine vom Beweisführer beigebrachte Abschrift der Urkunde als richtig angesehen werden oder die Behauptungen des Beweisführers über Beschaffenheit und Inhalt der Urkunde können als bewiesen angenommen werden, § 427 S. 2 dZPO. Demgegenüber ist die Vorlagepflicht gegenüber Dritten zwangsweise durchsetzbar. Bei Nichtvorlage ohne Rechtfertigungsgrund kann ein Ordnungsgeld oder eine Ordnungshaft verhängt werden, §§ 142 Abs. 2, 390 Abs. 1 S. 2 dZPO.[293] Auch kann eine Auferlegung der durch die Weigerung verursachten Kosten in Frage kommen, § 390 Abs. 1 S. 1 dZPO.[294]

Schließlich bezweckt § 142 dZPO weder prozessordnungswidrige Ausforschung des Gegners noch Amtsermittlung durch das Gericht. Dementsprechend sind die Parteien von ihrer Darlegungs- und Substantiierungslast nicht befreit. Das Gericht darf die Vorlageanordnung nur bei Vorliegen eines schlüssigen, auf konkrete Tatsachen bezogenen Vortrags der Parteien anordnen.[295]

aa) Der Anwendungsbereich des § 142 dZPO im Verhältnis zu den §§ 422, 423 dZPO

Die Novellierung des § 142 dZPO hat in der Lehre zu einer Diskussion darüber geführt, ob diese Vorschrift inhaltlich über die §§ 422, 423 dZPO hinausgeht. Bei den §§ 420 ff. dZPO handelt es sich um einen echten Beweisantritt der Parteien.[296] Befindet sich die Urkunde nach der Behauptung des Beweisführers in den Händen des Gegners, so erfolgt der Beweisantritt durch Antrag an das Gericht, dem Gegner die Vorlage der Urkunde aufzugeben, § 421 dZPO.

Eine Pflicht der Gegenpartei zur Vorlage besteht nach §§ 422, 423 dZPO nur, wenn sie entweder zur Herausgabe der Urkunde nach materiellem Recht verpflichtet ist oder sich selbst auf die Urkunde bezogen hat. Die Vorlageanordnung gem. § 142 dZPO erfolgt hingegen von Amts wegen, ohne dass eine der Parteien einen Beweisantrag stellen müsste.[297] Das Gericht kann auch die Vorlage

292 MüKoZPO-Fritsche, 5. Aufl. 2016, § 144 Rn. 15; BGH v. 26.6.2007, XI ZR 277/05, abrufbar unter: http://lexetius.com/2007,1945 (Stand 25.12.2016).

293 Siehe dazu: BGH v. 14.12.2012, V ZR 162/11, abrufbar unter: http://lexetius.com/2012,6232 (Stand 25.12.2016).

294 MüKoZPO-Fritsche, 5. Aufl. 2016, § 144 Rn. 16.

295 BGH v. 26.6.2007, XI ZR 277/05, abrufbar unter: http://lexetius.com/2007,1945 (Stand 25.12.2016).

296 Kraayvanger/Hilgard, NJ 2003, S. 572 (572).

297 Zekoll/Bolt, NJW 2002, S. 3129 (3129); Kraayvanger/Hilgard, NJ 2003, S. 572 (572).

solcher Urkunden anordnen, die die Voraussetzungen der §§ 422 und 423 dZPO nicht erfüllen. Dies ist Ausgangspunkt einer intensiven Diskussion im deutschen Rechtswissenschaft.

In der Lehre wird teilweise die Meinung vertreten, dass die Vorlageanordnung nach § 142 dZPO gegenüber der nicht beweisbelasteten Partei nur möglich sei, wenn zusätzlich die Voraussetzungen der §§ 422, 423 dZPO erfüllt sind.[298] Andernfalls ergebe sich ein Wertungswiderspruch zwischen der Beweiserhebung aufgrund Parteiinitiative und derjenigen von Amts wegen. Die Befürworter dieser Auffassung gehen davon aus, dass es systemwidrig sei, die Verhandlungsmaxime zugunsten einer richterlichen Aufklärungsmacht zurückzudrängen.[299] Es wird ferner befürchtet, dass bei einem großzügigen Gebrauchmachen von § 142 die Beweisregeln ausgehöhlt werden könnten.[300] Diese Ansicht hat jedoch ihre Überzeugungskraft durch die jüngsten Entscheidungen des BGH weitgehend verloren. Der BGH interpretiert § 142 dZPO extensiv und äußert: „Nach § 142 Abs. 1 ZPO kann das Gericht die Vorlegung im Besitz einer Partei befindlicher Urkunden anordnen, auf die sich die andere Partei bezogen hat. Anders als im Falle des § 423 ZPO reicht dazu die Bezugnahme der beweispflichtigen Partei auf Urkunden aus, die sich im Besitz der Gegenpartei befinden. In einem solchen Fall liegt in der Anwendung des § 142 Abs. 1 ZPO keine prozessordnungswidrige Ausforschung des Prozessgegners."[301] In ähnlicher Weise stellt der BGH in einem Urteil aus dem Jahre 2007 fest, dass das Berufungsgericht eine Vorlageanordnung nach § 142 dZPO gegenüber der nicht beweisbelasteten Partei prüfen muss, auch wenn die Voraussetzungen einer Vorlagepflicht nach §§ 422, 423 dZPO nicht vorliegen.[302] Ebenso steht die Intention des Gesetzgebers einer beschränkten Auslegung der §§ 142 und 144 dZPO entgegen. Diese geht erkennbar dahin, die Aufklärungs-

298 Baumbach/Lauterbach/Albers/Hartmann, 75. Aufl. 2017, § 142 Rn. 6; Wieczorek/Schütze-Smid, 4. Aufl. 2014, § 142 Rn. 13; S. Lang, Die Urkundenvorlagepflichten der Gegenpartei gemäß § 142 Abs. 1 Satz 1 ZPO, 2007, S. 195; Stein/Jonas-Leipold, 22. Aufl. 2005, § 142 Rn. 20 f. *Leipold* dehnt diese Auslegung auf § 144 ZPO. Er weist auf ein Spannungsverhältnis zwischen der Beweiserhebung auf Parteiantrag nach §§ 422, 423 und Beweiserhebung *von Amts wegen* nach § 144 ZPO hin. Er vertritt die Meinung, dass eine Vorlageanordnung bei Augenscheingegenständen nach § 144 gegenüber der nicht beweispflichtigen Partei – ähnlich wie bei der Urkundenvorlage gem. § 142 ZPO – nur unter den Voraussetzungen der §§ 422, 423 ZPO ergehen könne, Stein/Jonas-Leipold, 22. Aufl. 2005, § 144 Rn. 22. Ebenso Stein/Jonas-Althammer, 23. Aufl. 2016, § 142 Rn. 2 und § 144 Rn. 20.

299 Stein/Jonas-Leipold, 22. Aufl. 2005, § 144 Rn. 22; S. Lang, Die Urkundenvorlagepflichten der Gegenpartei gemäß § 142 Abs. 1 Satz 1 ZPO, 2007, S. 195.

300 Stein/Jonas-Althammer, 23. Aufl. 2016, § 142 Rn. 21.

301 BGH v. 15.06.2010, XI ZR 318/09 Juris; ähnliche Auffassung: Musielak-Stadler, 13. Aufl. 2016, § 142 Rn. 1.

302 BGH v. 26.6.2007, XI ZR 277/05, abrufbar unter: http://lexetius.com/2007,1945 (Stand 25.12.2016).

und Vorlagepflichten im Bereich des Urkunden- und Augenscheinbeweises zu erweitern und auf diese Weise dem Gericht einen möglichst schnellen Überblick über den Prozessstoff zu verschaffen.[303]

Es ist jedoch nicht zu leugnen, dass ein gewisser Widerspruch zwischen der Urkundenvorlage aufgrund des Beweisantritts der Parteien und einer entsprechenden Anordnung von Amts wegen besteht.[304] Die Reichweite der Beweisaufnahme von Amts wegen gem. § 142 dZPO ist deutlich größer als die Reichweite der Beweisaufnahme auf Parteibetreiben gem. §§ 421 ff. dZPO. Das Gericht darf die nichtbeweispflichtige Partei aus prozessualem Grund zur Urkundenvorlage heranziehen, während die beweispflichtige Partei dies nicht darf. Nach der im deutschen Zivilprozess geltenden Verhandlungsmaxime soll jedoch die Stoffsammlung vorrangig Sache der Parteien, nicht des Richters sein.

Die Sachlage wird noch komplizierter, wenn man betrachtet, dass in § 428 dZPO den Parteien ein Antragsrecht zur Urkundenvorlageanordnung gegenüber Dritten gem. § 142 dZPO eingeräumt wird. Nach § 428 dZPO gilt: „Befindet sich die Urkunde nach der Behauptung des Beweisführers im Besitz eines Dritten, so wird der Beweis durch den Antrag angetreten, (...) eine Anordnung nach § 142 zu erlassen“. Hier stellt sich natürlich die Frage, warum das Gesetz dem Beweisführer ein solches Antragsrecht im Rahmen des § 142 dZPO nicht einräumt, falls die Urkunde sich im Besitz des Gegners befindet. Die Anerkennung dieser Problematik macht es allerdings nicht notwendig, eine beschränkte Auslegung des § 142 dZPO im Sinne der §§ 422, 423 dZPO anzuerkennen. Wie bereits gezeigt, sprechen sowohl die Gesetzesbegründung als auch der Wortlaut der Normen gegen eine solche Auslegung. Außerdem stellt der Widerstand keine bedeutende Neuerung gegenüber dem alten Recht dar[305], die Informationsdefizite der Parteien im Zivilprozess zu überwinden.

An dieser Stelle ist es hilfreich, einen Blick auf die türkische Regelung zu werfen. Der türkische Gesetzgeber gewährt den Parteien ein Beweisantragsrecht für die Herbeischaffung von Urkunden auch aus rein prozessualen Gründen nach § 219 Abs. 1 tZPO. Neben dem Gericht können so auch die Parteien ihren Gegner – auf der rein prozessualen Ebene – zur Aufklärung durch die Urkundenvorlage bringen. Dadurch wird im türkischen Zivilprozess der Gleichlauf zwischen parteibetriebener und amtswegiger Beweisaufnahme im Bereich des Urkundenbeweises gewährleistet.[306]

---

303 BT-Drucks. 14/4722, S. 61.
304 Ausführlich: S. Lang, Die Urkundenvorlagepflichten der Gegenpartei gemäß § 142 Abs. 1 Satz 1 ZPO, 2007, S. 199 ff.
305 Stadler, FS-Beys II, 2003, S. 1625 (1640).
306 Siehe unten Zweiter Teil § 3 II.2.b).

c) *Die Mitwirkungspflicht beim Augenscheins- und Sachverständigenbeweis gem. § 144 dZPO*

Mit § 144 dZPO wurde die gerichtliche Anordnungskompetenz im Wege der besseren Sachaufklärung durch das ZPO-RG in Parallele zu § 142 dZPO erweitert. Danach kann das Gericht *von Amts wegen* einer Partei oder einem Dritten die Vorlegung der Augenscheinsobjekte oder Duldung der Maßnahme zur Durchführung des Augenscheins- und Sachverständigenbeweises aufgeben. Im Gegensatz zu § 142 dZPO ist die Bezugnahme der Parteien für die richterliche Anordnung nach § 144 dZPO nicht erforderlich. In der Lehre wird die Neuregelung vielmehr als Durchbrechung des Beibringungsgrundsatzes wahrgenommen.[307] Da der Geltungsbereich der Verhandlungsmaxime im Zivilprozess durch die Untersuchungsmaxime nicht völlig abgeschafft werden soll, hat sich das Gericht bei seiner Ermessensausübung jedenfalls innerhalb des von den Parteien vorgebrachten Prozesstoffes zu bewegen.[308]

§ 144 dZPO dient wie § 142 dZPO sowohl zur Klärung eines unstreitigen, aber lückenhaften Sachverhalts, als auch zur Aufklärung streitiger Tatsachen. Die erstgenannte Funktion ergänzt die Prozessleitungsbefugnis des Gerichts und bei der zweiten Funktion handelt es sich um eine Beweisaufnahme des Gerichts.[309] Die Norm statuiert eine prozessuale Duldungspflicht ganz unabhängig vom materiellen Recht und von der Beweislast. Der deutsche Gesetzgeber zieht es – wie in § 142 dZPO – vor, diese Pflicht grundsätzlich dem richterlichen Ermessen zu unterstellen. In § 371 Abs. 2 dZPO wird jedoch den Parteien ein Antragsrecht zugestanden, eine Anordnung nach § 144 dZPO zu erlassen.[310] Somit wird dem Beweisführer die Möglichkeit eröffnet, seinen Gegner aus rein prozessualen Gründen zur Vorlage des Gegenstandes aufzufordern. Im Bereich der Vorlage des Augenscheinsgegenstands wird dadurch der Gleichlauf zwischen amtswegiger und parteibetriebener Beweisaufnahme gewährleistet.[311] Von einer solchen Gleichstellung ist jedoch im Bereich der Urkundenvorlegung nicht zu sprechen.

Im Hinblick auf Verweigerungsrechte der Parteien und Dritten sowie Sanktionsmöglichkeiten des Gerichts gelten die Ausführungen zu § 142 dZPO entsprechend. Eine Besonderheit besteht jedoch in § 144 Abs. 1 S. 3 dZPO darin, dass die Duldungsordnungen gegenüber einer Partei oder einem Dritten nicht zulässig sind, sofern eine Wohnung betroffen ist.

---

307 Baumbach/Lauterbach/Albers/Hartmann, 75. Aufl. 2017, § 144 Rn. 1; Musielak-Stadler, 13. Aufl. 2016, § 144 Rn. 1.

308 Musielak-Stadler, 13. Aufl. 2016, § 144 Rn. 3.

309 MüKoZPO-Fritsche, 5. Aufl. 2016, § 144 Rn. 1; Prütting/Gehrlein-Prütting, 8. Aufl. 2016, § 144 Rn. 1; Musielak-Stadler, 13. Aufl. 2016, § 144 Rn. 1.

310 Siehe unten Zweiter Teil § 3 II.1.d).

311 S. Lang, Die Urkundenvorlagepflichten der Gegenpartei gemäß § 142 Abs. 1 Satz 1 ZPO, 2007, S. 199 f.

Weiter kann die Anordnung nach §§ 142, 144 dZPO entweder in der mündlichen Verhandlung durch Beschluss des Gerichts oder außerhalb der mündlichen Verhandlung durch terminvorbereitende Maßnahmen erfolgen, § 273 Abs. 2 Nr. 5 dZPO.

d) Aufklärung durch Duldung des Augenscheins gem. § 371 dZPO

Die Zivilprozessrechtsreform aus dem Jahr 2001 hat Änderungen nicht nur bei der amtswegigen Erhebung des Augenscheinsbeweises gem. § 144 dZPO, sondern auch beim parteibetriebenen Antritt des Augenscheinsbeweises gem. § 371 dZPO mit sich gebracht. Bis zum Inkrafttreten des Zivilprozessreformgesetzes war es unklar, inwieweit die nicht beweisbelastete Partei zur Duldung bzw. Mitwirkung beim Augenschein verpflichtet ist. Falls sie dem Gegner zur Vorlage nach materiellem Recht verpflichtet war, konnte der Vorlageanspruch in einem selbstständigen Prozess geltend gemacht werden, was der heutigen Rechtslage entspricht. Hatte der Gegner selbst auf den Augenscheingegenstand Bezug genommen, konnte er schon vor der Reform analog § 423 dZPO zur Vorlage herangezogen werden.[312] Fraglich war allerdings, ob der Gegner auch auf der rein prozessualen Ebene zur Mitwirkung beim Augenschein verpflichtet sein konnte.

Im Hinblick auf die Mitwirkungspflicht der Gegenpartei führt das ZPO-Reformgesetz in § 371 dZPO wesentliche Änderungen ein. In § 371 Abs. 2 dZPO wird erstmals ausdrücklich geregelt, dass auch die nicht beweisbelastete Partei zur Vorlage des Augenscheinsgegenstandes herangezogen werden kann.[313] Befindet sich das Augenscheinsgegenstand nicht im Besitz des Beweisführers, kann er entweder einen Antrag auf Fristsetzung zur Herbeischaffung des Augenscheinsobjektes oder auf Erlass einer Vorlageanordnung nach § 144 dZPO stellen, § 371 Abs. 2 S. 1 dZPO.[314] Die erste Möglichkeit kommt grundsätzlich nur in Betracht, wenn ein materiell-rechtlicher Vorlageanspruch gegen den Prozessgegner besteht, § 371 Abs. 2 S. 2 i. V. m. § 422 dZPO. Der Gegner ist ferner zur Vorlage bzw. Duldung verpflichtet, wenn er sich auf das Augenscheinsobjekt bezogen hat, § 371 Abs. 2 S. 2 i. V. m. § 423 dZPO.[315] Wählt der Beweisführer die zweite Alternative

---

312 Kapoor, Die neuen Vorlagepflichten für Urkunden und Augenscheinsgegenstände in der Zivilprozessordnung, 2009, S. 42.

313 S. Lang, Die Urkundenvorlagepflichten der Gegenpartei gemäß § 142 Abs. 1 Satz 1 ZPO, 2007, S. 25.

314 Der Beweisführer hat die gleichen Möglichkeiten, wenn das Augenscheinsobjekt sich im Besitz eines Dritten befindet. Er kann nämlich entweder Frist zur Herbeischaffung des Gegegenstandes oder Anordnung nach § 144 beantragen. Bei der ersten Alternativen gelten §§ 428–432 dZPO entsprechend. Für die ausführlichen Informationen: Musileak-Huber, 9. Auflage, § 371 Rn. 14; Stein/Jonas-Berger, 23. Aufl. 2015, § 371 Rn. 10 ff.; MüKoZPO-Zimmermann, 5. Aufl. 2016, § 371 Rn. 17 ff.

315 Stein/Jonas-Berger, 23. Aufl. 2015, § 371 Rn. 5; MüKoZPO-Zimmermann, 5. Aufl. 2016, § 371 Rn. 14 f.

(Antrag auf Erlass einer Vorlageanordnung nach § 144 dZPO), so ist die Vorlage oder Duldung unabhängig von §§ 422, 423 dZPO anzuordnen.[316] In diesem Fall handelt es sich um einen Beweisantritt der Partei. Die beweispflichtige Partei muss dem Gericht darlegen, dass auch die übrigen Voraussetzungen für eine Vorlageanordnung vorliegen. Namentlich, dass der Gegenstand sich im Besitz des Dritten befindet; dass die Tatsache, die durch die Einnahme des Augenscheins bewiesen werden soll, erheblich ist; und dass die Einnahme des Augenscheins zum Beweis dieser Tatsache geeignet ist.[317]

Durch den neu geregelten § 371 Abs. 2 dZPO wird dem Beweisführer die Möglichkeit eröffnet, die Vorlage des Augenscheinsgegenstands aus rein prozessrechtlichen Gründen zu verlangen, wodurch die Mitwirkungspflicht des Beweisgegners beim Augenschein gleichzeitig vom materiellen Recht entkoppelt wird. Die Mindermeinung[318] orientiert sich hingegen strikt am Wortlaut des § 371 Abs. 2 S. 2 dZPO, der auf die §§ 422, 423 dZPO verweist. Hieran anknüpfend geht sie davon aus, dass der Beweisgegner – auch wenn der Beweisführer die zweite Alternative wählt – nur noch unter den Voraussetzungen der §§ 422, 423 dZPO zur Mitwirkung angehalten werde. Diese Auffassung ist jedoch weder mit der Intention des Reformgesetzes – Ausweitung der Vorlagepflichten für Urkunden und Augenscheinsgegenstände –, noch mit den obigen Ausführungen zu § 144 dZPO vereinbar.[319]

Dem Gericht stehen keine Zwangsmittel zur Verfügung, um eine Partei zur Vorlage des Gegenstands oder Duldung des Augenscheins zu bewegen.[320] Unterlässt eine Partei es jedoch, die gebotenen Mitwirkungshandlungen vorzunehmen, kann das Gericht die Behauptungen des Gegners als bewiesen ansehen, § 371 Abs. 3 dZPO. Konkret kann das Gericht dies immer dann, wenn die Partei ihrer Pflicht zur Vorlegung des Augenscheinsobjekts oder zur Duldung des Augenscheins widerrechtlich nicht nachkommt.[321] Die Verweigerung der Vorlage ist jedoch berechtigt, wenn der betroffenen Partei die Einnahme des Augenscheins nicht zuzumuten ist. Steht die

---

316 MüKoZPO-Zimmermann, 5. Aufl. 2016, § 371 Rn. 16; Zöller-Greger, 31. Aufl. 2016, § 371 Rn. 4a; Kapoor, Die neuen Vorlagepflichten für Urkunden und Augenscheinsgegenstände in der Zivilprozessordnung, 2009, S. 270 ff.; Beckhaus, Die Bewältigung von Informationsdefiziten bei der Sachverhaltsaufklärung, 2010, S. 124.

317 BT-Dr 14/4722, S. 90, 91; so auch MüKoZPO-Fritsche, 5. Aufl. 2016, § 144 Rn. 3.

318 MüKoZPO-Fritsche, 5. Aufl. 2016, § 144 Rn. 25; Stein/Jonas-Berger, 23. Aufl. 2015, § 371 Rn. 7; Stein/Jonas-Leipold, 22. Aufl. 2005, § 144 Rn. 15 ff.; Stein/Jonas-Althammer, 23. Aufl. 2016, § 144 Rn. 20.

319 Siehe oben Zweiter Teil § 3 II.1.c). Für die weiteren Ausführungen zur Diskussion: Kapoor, Die neuen Vorlagepflichten für Urkunden und Augenscheinsgegenstände in der Zivilprozessordnung, 2009, S. 263 ff.

320 Gegenüber den Dritten kann hingegen Zwangsmittel – Ordnungsgeld oder Ordnungshaft – in Betracht kommen, §§ 371 Abs. 2 S. 1, 144 Abs. 2 S. 2, 390 Abs. 1 S. 2 dZPO, Stein/Jonas-Berger, 23. Aufl. 2015, § 371 Rn. 18.

321 Stein/Jonas-Berger, 23. Aufl. 2015, § 371 Rn. 38.

Schwere des Eingriffs in die Rechte des Beweisgegners außer Verhältnis zur Bedeutung des Streitgegenstandes, besteht ein triftiger Grund für die Verweigerung.[322]

e) Körperliche Untersuchungen gemäß § 372 a dZPO

Im deutschen Zivilprozessrecht ist eine allgemeine Duldungspflicht in Bezug auf körperliche Untersuchungen nicht anerkannt. Eine solche Pflicht kommt nur dann in Frage, wenn es zur Feststellung der Abstammung erforderlich ist, § 372 a Abs. 1 dZPO. Die Untersuchung kann entweder von Amts wegen nach § 144 dZPO oder auf Antrag einer Partei nach §§ 371, 403 dZPO erfolgen, genauso wie beim Augenscheins- bzw. Sachverständigenbeweis.[323]

Bei einer Verweigerung der Untersuchung hat das Gericht im Zwischenverfahren zu entscheiden, ob ein triftiger Grund hierfür besteht, § 372 a Abs. 2 S. 1 i. V. m. § 387 dZPO. Die Zeugnisverweigerungsrechte der §§ 383, 384 dZPO sind nicht anwendbar und liefern somit keine Weigerungsgründe.[324] Erachtet das Gericht die Weigerungsgründe für unzureichend, so wird der Verpflichtete mit den durch die Weigerung entstandenen Kosten belastet. Ferner kann Ordnungsgeld und Ordnungshaft angeordnet werden, § 390 dZPO. Eine Besonderheit besteht darin, dass das Gericht bei wiederholter unberechtigter Verweigerung unmittelbaren Zwang ausüben kann, § 372 a Abs. 2 dZPO.

Da es sich um einen Eingriff in das verfassungsmäßig geschützte Recht auf körperliche Unversehrtheit (Art. 2 Abs. 2 GG) handelt, besteht in der deutschen Literatur Einigkeit darüber, dass alle möglichen Beweismittel vor der Untersuchung ausgeschöpft sein müssen.[325] Sonst fehlt es an der für § 372 a Abs. 1 dZPO notwendigen Erforderlichkeit. Bei der Aufklärung durch die Untersuchung sind auch die übrigen Voraussetzungen des Verhältnismäßigkeitsgrundsatzes zu beachten. Das Gericht muss daher die Interessen der Parteien an der Sachverhaltsaufklärung und das Interesse der Untersuchungsperson gegeneinander abwägen. Die Ergebnisfolgen der Untersuchung müssen für den Untersuchten insgesamt zumutbar sein.[326]

322 Für weitere Informationen: MüKoZPO-Zimmermann, 5. Aufl. 2016, § 371 Rn. 28 f.; Stein/Jonas-Berger, 23. Aufl. 2015, § 371 Rn. 39 ff.

323 Baumbach/Lauterbach/Albers/Hartmann, 75. Aufl. 2017, § 372 a Rn. 18; Stein/Jonas-Berger, 23. Aufl. 2015, § 372a Rn. 4.

324 Prütting/Gehrlein, 8. Aufl. 2016, § 372a Rn. 3; Stein/Jonas-Berger, 23. Aufl. 2015, § 372a Rn. 10.

325 Stein/Jonas-Berger, 23. Aufl. 2015, § 372a Rn. 4; Baumbach/Lauterbach/Albers/Hartmann, 75. Aufl. 2017, § 372a Rn. 1.

326 Für die ausführlichen Informationen und Beispiele siehe: Stein/Jonas-Berger, 23. Aufl. 2015, § 372a Rn. 8 ff.

f) Persönliche Anhörung der Parteien gem. § 141 dZPO

Die Anordnung des persönlichen Erscheinens nach § 141 dZPO dient der Aufklärung unklaren, widersprüchlichen oder ergänzungsbedürftigen Parteivortrags durch Anhörung der Parteien.[327] Sie ist eine Maßnahme der sachlichen Prozessleitung des Richters gem. § 139 dZPO. Anders als die Parteivernehmung dient die Anhörung nach § 141 dZPO nicht dem Beweis, sondern nur der Feststellung des Sach- und Streitstandes.[328] Die Anordnung liegt im pflichtgemäßen Ermessen des Gerichts und erfolgt von Amts wegen.[329] Ein Antragsrecht ist für die Parteien nicht vorgesehen. Das richterliche Ermessen wird in Abs. 1 S. 2 durch den Gesichtspunkt der Zumutbarkeit beschränkt. Jeder wichtige Grund, der die persönliche Wahrnehmung des Termins unzumutbar macht, stellt ein Hindernis der Anordnung dar. Der Gesetzgeber nennt beispielsweise in Abs. 1 S. 2 große Entfernung zwischen Wohn- und Gerichtsort als Hindernis für die Anordnung.

Bei ordnungsgemäßer Ladung ist die Partei zum Erscheinen verpflichtet. Grundsätzlich genügt die Vertretung durch einen Prozessbevollmächtigten nicht. In Abs. 3 S. 2 wird jedoch die Ausnahme vorgesehen, dass die Partei einen voll informierten, zur Abgabe der gebotenen Erklärungen – insbesondere zu einem Vergleichsabschluss – ermächtigten Vertreter entsenden kann. Hat der Vertreter die genannten Ermächtigungen nicht, ist die Partei als nicht erschienen zu behandeln.[330] Gegen die nicht erschienene Partei kann Ordnungsgeld gem. Abs. 3 S. 1 verhängt werden, soweit sie nicht genügend entschuldigt ist.[331] Das Gericht kann die Partei nicht zur Erklärung zwingen.[332] Das Schweigen kann jedoch innerhalb der freien richterlichen Beweiswürdigung negativ berücksichtigt werden.[333]

In der Lehre wird von einer Minderheit angenommen, die Anhörung müsse grundsätzlich unter Berücksichtigung der Behauptungs- und Beweislast durchgeführt werden.[334] Hinter diesem Gedanke stehen die üblichen Einwände gegen

---

327 Baumbach/Lauterbach/Albers/Hartmann, 75. Aufl. 2017, § 141 Rn. 2.

328 Musielak-Stadler, 13. Aufl. 2016, § 141 Rn. 2; *Bernhardt* weist jedoch berechtigterweise darauf hin, dass der Unterschied zwischen der Befragung zur Feststellung des Streitstandes und zum Beweis streitiger Behauptungen nicht immer klar sei, Bernhardt, FG-Rosenberg, 1949, S. 9 (41).

329 Musielak-Stadler, 13. Aufl. 2016, § 141 Rn. 4; Baumbach/Lauterbach/Albers/Hartmann, 75. Aufl. 2017, § 141 Rn. 14.

330 Thomas/Putzo-Reichold, 37. Aufl. 2016, § 141 Rn. 4.

331 Musielak-Stadler, 13. Aufl. 2016, § 141 Rn. 12.

332 Baumbach/Lauterbach/Albers/Hartmann, 75. Aufl. 2017, § 141 Rn. 29; Musielak-Stadler, 13. Aufl. 2016, § 141 Rn. 12.

333 Musielak-Stadler, 13. Aufl. 2016, § 141 Rn. 12; Thomas/Putzo-Reichold, 37. Aufl. 2016, § 141 Rn. 4.

334 Musielak-Stadler, 13. Aufl. 2016, § 141 Rn. 11. Für die Gegenansicht: Stein/Jonas-Berger, 23. Aufl. 2015, vor § 445 Rn. 4; Baumbach/Lauterbach/Albers/Hartmann, 75. Aufl. 2017, § 141 Rn. 6.

ein inquisitorisches Verfahren.[335] Die Einschränkung der Parteianhörung durch Behauptungs- und Beweislast ist jedoch weder mit dem Wortlaut noch mit dem Zweck der Norm vereinbar. § 141 Abs. 1 dZPO stellt schlicht darauf ab, ob das persönliche Erscheinen einer Partei der Aufklärung des Sachverhalts dient. Der Maßstab bei der Anhörung ist demgemäß nicht, wer die Behauptungs- und Beweislast trägt, sondern wessen Vortrag ergänzungsbedürftig ist.[336]

g) *Parteivernehmung gem. § 445 ff. dZPO*

Ein anderes Instrument des Zivilprozesses, welches der nicht beweisbelasteten Partei Unterstützungslasten bei der Wahrheitsfindung auferlegt, ist die Parteivernehmung. Nach § 445 dZPO kann eine Partei beantragen, den Gegner über die zu beweisenden Tatsachen zu vernehmen. Der Richter darf auch von Amts wegen nach § 448 dZPO die Vernehmung einer Partei oder beider Parteien anordnen. Die Parteivernehmung ist ein förmliches Beweismittel und dient der Überzeugungsbildung von der Wahrheit einer Parteibehauptung.[337] Darin liegt der wesentliche Unterschied zur Parteianhörung.

Der Gesetzgeber behandelt die Parteivernehmung nur als subsidiäres Beweismittel. Nach § 445 Abs. 1 dZPO soll die Parteivernehmung erst dann erfolgen, wenn der Beweisführer keine anderen Beweismittel vorgebracht hat oder wenn die vorhandenen Beweise für die Überzeugung des Gerichts von der Wahrheit der Tatsachen nicht ausreichend sind.[338] Der Antrag auf Vernehmung des Gegners ist – abweichend von anderen Beweismitteln – nicht zu berücksichtigen, wenn er Tatsachen betrifft, deren Gegenteil das Gericht für erwiesen hält, § 445 Abs. 2 dZPO. Auch dies zeigt die subsidiäre Stellung der Parteivernehmung.[339]

Bei der auf Antrag einer Partei angeordneten Parteivernehmung nach § 445 dZPO ist die Beweislast grundsätzlich zu berücksichtigen. Nach § 447 dZPO kann jedoch bei Einverständnis beider Parteien auch die beweispflichtige Partei vernommen werden. Außerdem kann der Richter die Vernehmung einer Partei nach § 448 dZPO von Amts wegen ohne Rücksicht auf die Beweislast anordnen.

Die Parteivernehmung ist nicht erzwingbar. Das Gesetz enthält – anders als bei der Parteianhörung – keine Sanktionen bei Ausbleiben. Jedoch kann die Verweigerung der Vernehmung prozessrechtliche Nachteile nach sich ziehen. Das Gericht hat eine Weigerung der Partei frei zu würdigen und nach freier Überzeugung zu entscheiden, ob es die behauptete Tatsache als erwiesen ansehen will, §§ 446, 453 Abs. 2, 454 Abs. 1 dZPO. Hierbei zu berücksichtigen sind Fragen der Zumutbarkeit und der Interessenabwägung, wie sich mittelbar aus § 446 dZPO ergibt.

---

335 Vgl. Stürner, Die Aufklärungspflicht der Parteien des Zivilprozesses, 1976, S. 66.
336 Vgl. Baumbach/Lauterbach/Albers/Hartmann, 75. Aufl. 2017, § 141 Rn. 2.
337 Musielak-Huber, 13. Aufl. 2016, § 445 Rn. 3.
338 Stein/Jonas-Berger, 23. Aufl. 2015, § 445 Rn. 12; Musielak-Huber, 13. Aufl. 2016, § 445 Rn. 8.
339 Stein/Jonas-Berger, 23. Aufl. 2015, § 445 Rn. 19.

2. Gesetzeslage in der Türkei

a) Die Wahrheitspflicht gem. § 29 tZPO

aa) Inhalt

Es mutet verwunderlich an, dass im türkischen Recht die ausdrückliche Anerkennung der Wahrheitspflicht erst mehr als 80 Jahre nach Inkrafttreten der tZPO im Jahre 2011 durch § 29 tZPO n.F. erfolgte. Jedoch war eine solche Pflicht schon vor ihrer ausdrücklichen Normierung in Rechtsprechung und Literatur anerkannt. Man berief sich insoweit auf Treu und Glauben analog § 2 tZGB.[340] Von manchen Autoren wurde auch vertreten, dass die Wahrheitspflicht sich aus dem Prozesszweck ergebe, ohne dass der Gesetzgeber sie ausdrücklich zu regeln brauche.[341] Bereits vor ausdrücklicher Normierung der Wahrheitspflicht war in einigen Normen der tZPO erkennbar, dass das Bestehen einer Wahrheitspflicht implizit vorausgesetzt wurde. Nach §§ 421 und 422 tZPO a. F. kann das Gericht dem böswilligen Kläger, der ohne Rechtfertigungsgrund eine Klage erhebt, Kostennachteile und Ordnungsgeld auferlegen. Diese Regelung befindet sich nach der Reform 2011 in § 329 tZPO n.F.

In § 29 tZPO n.F. werden das Redlichkeitsgebot und die Wahrheitspflicht zusammen normiert. In Abs. 1 wird festgestellt, dass das Verhalten der Parteien dem Grundsatz von Treu und Glauben entsprechen muss. Es erscheint fragwürdig, ob eine solche Regelung überhaupt nötig ist, da die Prozesshandlungen der Parteien selbstverständlich unter dem Redlichkeitsgebot stehen. Darüber waren sich Literatur und Rechtsprechung bereits zuvor einig. Außerdem ist die Wahrheitspflicht allein schon ausreichend, um zu zeigen, dass dieser Grundsatz im Zivilprozess anerkannt sein muss. Der Sinn von § 29 Abs. 1 tZPO beschränkt sich somit darauf, letzte Zweifel an dieser Sichtweise auszuräumen. Nach § 29 Abs. 2 tZPO sind die Parteien verpflichtet, ihre Erklärungen über Tatsachen der Wahrheit gemäß abzugeben. Im Gegensatz zum deutschen hat der türkische Gesetzgeber von der Anwendung des Begriffs „Vollständigkeit“ abgesehen. Ob dies eine bewusste Entscheidung des Gesetzgebers ist, erscheint zunächst offen. Ein Teil der Lehre und die Rechtsprechung verstehen die Wahrheitspflicht in einem sehr engen Sinne. Danach seien die Parteien lediglich verpflichtet, keine wissentlichen Falschaussagen zu tätigen, wohingegen es ihnen nicht zuzumuten sei, die ihnen ungünstigen Tatsachen vorzutragen.[342] Sie dürften mit anderen Worten alle für sie nachteiligen Einzelheiten verschweigen. Auch nach dem türkischen Gerichtshof (im Folgenden: Yargitay) seien die Parteien nicht verpflichtet, für sie nachteilige Tatsachen von sich aus zu offenbaren. Folglich musste

---

340 Siehe: Arslan, Medeni Usul Hukukunda Dürüstlük Kuralı, 1989, S. 116; Yıldırım, Medeni Usul Hukukunda Delillerin Degerlendirilmesi, 1990, S. 144; Tercan, Şakir Berki' ye Armağan, 1996, S. 181 (184, 186); Alangoya, Medeni Usul Hukukunda Vakıaların ve Delilllerin Toplanmasına İlişkin İlkeler, 1979, S. 117; Göksu, MİHDER 2009/2, S. 251 (256).

341 Umar/Yılmaz, Isbat Yükü, 1980, S. 197.

342 Özekes, Medeni Usul Hukukunda Hukuki Dinlenilme Hakki, 2003, S. 80.

der Kläger im vom Yargitay entschiedenen Streitfall nicht darlegen, dass er einen streitigen Unfall teilweise selbst verursacht hat.[343] Dieser Auffassung kann jedoch nicht gefolgt werden, da sie weder mit dem Grundsatz von Treu und Glauben noch mit dem Prozesszweck der materiellen Wahrheit vereinbar ist. Auch in der Lehre wird teilweise zutreffend angenommen, dass die Parteien die der Klage zugrunde liegenden Ereignisse lückenlos vortragen müssen.[344] Anders als die Gegenmeinung meint ist eine sachangemessene Vollständigkeitspflicht im türkischen Recht schon *de lege lata* möglich. Das in § 29 tZPO geregelte Redlichkeitsgebot fordert jedenfalls eine vollständige Erklärung der Parteien. Es ist m. E. selbstverständlich, dass der Vortrag lückenhafter Halbwahrheiten gegen dieses Gebot verstößt. Die Parteien sollten vielmehr bei der Schilderung des streitigen Sachverhalts redlich vorgehen und nicht bloß das ihnen Günstige herauspicken, alles andere aber verschweigen.[345]

bb) Rechtsfolgen bei Verletzung der Wahrheitspflicht

Im Hinblick auf die Rechtsfolgen einer Verletzung der Wahrheitspflicht bestehen viele Gemeinsamkeiten zwischen Deutschland und der Türkei. Das türkische Recht normiert keine allgemeinen Sanktionen für die Verletzung der Wahrheitspflicht, ähnlich wie das deutsche Recht. Auch in § 29 tZPO befindet sich keine ausdrückliche Regelung über die Folgen eines Verstoßes gegen die Wahrheitspflicht. Nach der Begründung der Vorschrift dürfen jedoch die bewusst unwahren Behauptungen vom Gericht nicht beachtet werden.[346] Wie im deutschen ergeben sich im türkischen Recht mittelbare Folgen der Wahrheitsverletzung aus Verfahrens-, Zivil- und Strafrecht.

In zivilrechtlicher Hinsicht kommt ein Schadensersatzanspruch nach § 49 tOG in Betracht. Hier gibt es jedoch heftige Diskussion darüber, ob die Einleitung eines neuen Verfahrens zum Schadensersatz wegen der Wahrheitspflichtverletzung im vorigen Prozess mit dessen Rechtskraft kollidiere. *Arslan*[347] vertritt die Meinung, die die Wahrheitspflichtverletzung betreffenden Tatbestände, die im vorherigen Verfahren schon behandelt wurden, könnten nicht in einem späteren Verfahren noch einmal erörtert werden, weil sie Bestandteil eines rechtskräftigen Urteils seien. Deswegen müsse erst das rechtskräftige Urteil durch Restitutionsklage beseitigt werden,

343 Yargitay HGK vom 24.6.1964, 4–776/487, zit. nach: Arslan, Medeni Usul Hukukunda Dürüstlük Kuralı, 1989, S. 118 Fn. 328.

344 Alangoya, Medeni Usul Hukukunda Vakıaların ve Delilllerin Toplanmasına İlişkin İlkeler, 1979, S. 120; Yıldırım, Medeni Usul Hukukunda Delillerin Degerlendirilmesi, 1990, S. 144; Arslan, Medeni Usul Hukukunda Dürüstlük Kuralı, 1989, S. 117 f.

345 Rosenberg/Schwab/Gottwald, Zivilprozessrecht, 2010, § 65 Rn. 58; Baumbach/Lauterbach/Albers/Hartmann, 75. Aufl. 2017, § 138 Rn. 3.

346 Alangoya, Medeni Usul Hukukunda Vakıaların ve Delilllerin Toplanmasına İlişkin İlkeler, 1979, S. 124. Siehe oben Zweiter Teil § 3 II.1.dd).

347 Arslan, Medeni Usul Hukukunda Dürüstlük Kuralı, 1989, S. 129, 130. Für die ähnliche Meinung im deutschen Recht: Stein/Jonas-Kern, 23. Aufl. 2016, § 138 Rn. 20.

um ein neues Verfahren zum Schadensersatz zu ermöglichen. Diese Auffassung wird in der türkischen Lehre weitgehend abgelehnt, mit der Begründung, dass der Streitgegenstand in beiden Verfahren unterschiedlich sei, weshalb die Bindungswirkung der Rechtskraft nicht entgegenstehe.[348] Dieser Ansicht ist zuzustimmen, weil die Rechtssuche der Parteien unverhältnismäßig begrenzt würde, wenn die Restitutionsklage als Voraussetzung eines Schadensersatzanspruchs gesehen würde.

Auf der prozessualen Ebene ergeben sich mittelbare Folgen einer Pflichtverletzung aus den Vorschriften über die Kostenverteilung. Die §§ 101, 213, 327 tZPO ermöglichen dem Gericht, für die arglistige Partei Kostennachteile vorzusehen. Auffällig ist insoweit die Regelung des § 329 Abs. 2 tZPO. Danach kann der Richter dem böswilligen Kläger, der ohne Rechtfertigungsgrund eine Klage erhebt, und dem böswilligen Beklagten, der unbegründet die Klagegründe bestreitet, neben den Kostennachteilen auch ein Ordnungsgeld auferlegen. Die Verletzung der Wahrheitspflicht kann ferner eine Restitutionsklage nach sich ziehen, § 375 lit. h tZPO.[349] Schließlich ist zu betonen, dass die Lüge im Prozess wegen Prozessbetrugs gem. § 157 tStGB – parallel zum deutschen Recht – strafbar sein kann.[350]

b) Urkundenvorlagepflicht gem. § 219 tZPO

Ähnlich wie in Deutschland gibt es in der Türkei Tendenzen, die Parteipflichten im Zuge der besseren Sachaufklärung zu erweitern. Ein wichtiges Beispiel hierfür ist die durch die neue Fassung der tZPO erweiterte Urkundenvorlagepflicht der Parteien. In der alten Fassung der tZPO wurden die materiellen und prozessualen Vorlagepflichten in § 326 tZPO zusammen behandelt. Die Urkundenvorlagepflicht richtete sich grundsätzlich nach materiellem Recht. Die prozessualen Vorlagepflichten bestanden dagegen nur selten, namentlich ausschließlich in den in § 326 Nr. 1 bis 4 tZPO geregelten Fällen. Außer in diesen Fällen war es nicht möglich, von einer prozessualen Vorlagepflicht zu sprechen. Durch die ZPO-Reform hat sich diese Rechtslage erheblich geändert. Nunmehr besteht eine allgemeine prozessuale Vorlagepflicht unabhängig von einem materiell-rechtlichen Anspruch nach § 219 tZPO.[351] Die Regelung der materiell-rechtlichen Vorlagepflichten wird hingegen dem Privatrecht überlassen.[352]

---

348 Tercan, Şakir Berki'ye Armağan, 1996, S. 181 (207 f.); Umar/Yılmaz, Isbat Yükü, 1980, S. 197; vgl. Tanrıver, TBBD 1993/2, S. 212 (236).

349 Alangoya, Medeni Usul Hukukunda Vakıaların ve Delilllerin Toplanmasına İlişkin İlkeler, 1979, S. 123; Tercan, Şakir Berki' ye Armağan, 1996, S. 181 (206); Arslan, Medeni Usul Hukukunda Dürüstlük Kuralı, 1989, S. 125.

350 Arslan, Medeni Usul Hukukunda Dürüstlük Kuralı, 1989, S. 130 f.; Alangoya, Medeni Usul Hukukunda Vakıaların ve Delilllerin Toplanmasına İlişkin İlkeler, 1979, S. 123; Tercan, Şakir Berki'ye Armağan, 1996, S. 181 (207 ff.).

351 Erdönmez, Medeni Usul Hukukunda Belgelerin İbrazı Mecburiyeti, 2010, S. 51; Alangoya/Yıldırım/Deren-Yıldırım, Medeni Usul Hukuku Esasları, 2011, S. 341.

352 Erdönmez, İBD 2013/5, S. 15 (26).

Nach § 219 Abs. 1 tZPO haben die Parteien die in ihrem Besitz befindlichen Dokumente vorzulegen, soweit eine Partei sie als Beweismittel bezeichnet. Der bloße Beweisantritt genügt somit zunächst, um die Vorlagepflicht auszulösen. Nach dem Wortlaut besteht Vorlagepflicht unabhängig von der Beweislast.[353] Diese Vorlagepflicht wird durch den neu geregelten § 199 tZPO auf alle Materielle ausgedehnt, die für den Beweis geeignet sind. Die Vorschrift erfasst bspw. elektronische Datenträger, Bilder, Zeichnungen, die Tonband- oder Videoaufnahme. Auf Antrag einer Partei kann der Gegner nunmehr mit der Vorlage aller derartigen Sachen in seinem Besitz verpflichtet werden.

Anders als bei § 142 dZPO handelt es sich bei § 219 tZPO um eine parteibetriebene Beweisaufnahme.[354] Beantragt eine Partei nach § 219 tZPO die Vorlegung der Urkunde, die sich im Besitz des Gegners oder eines Dritten befindet, prüft das Gericht, ob die Voraussetzungen für seine Vorlageanordnung erfüllt sind. Dies sind nach § 220 Abs. 1 tZPO deren drei: Erstens muss die betreffende Urkunde für die Aufklärung einer Tatsache geeignet und sogar nötig sein. Zweitens muss sich die Urkunde im Besitz des Gegners oder eines Dritten befinden. Und drittens muss die Anforderung der Vorlage rechtmäßig sein. Es ist zunächst unklar, worauf das Gesetz mit letzterem abzielt. Richtigerweise ist das Wort „rechtmäßig" als Hinweis auf eine Pflicht zur Interessenabwägung, sowie auf Treu und Glauben zu verstehen. Das verantwortungslose Verhalten der beweispflichtigen Partei hinsichtlich der Beweislosigkeit sollte ebenso berücksichtigt werden.

Die Regelung dient dazu, die nicht beweisbelastete Partei in die Sachverhaltsermittlung mit einzubeziehen und eröffnet die Möglichkeit einer besseren Sachaufklärung. Da im türkischen Recht die Vorlageanordnung vor allem dem Beweis streitiger Tatsachen dient, spielen die allgemeinen Voraussetzungen einer Beweiserhebung eine große Rolle. Es wird daher von einer Partei erwartet, die sich auf eine im Besitz des Gegners befindliche Urkunde stützt, dass ihr Tatsachenvortrag hinreichend substantiiert ist und die vorzulegende Urkunde genau bezeichnet wird.[355] Diese Voraussetzungen stehen im engen Zusammenhang mit dem türkischen Ausforschungsverbot, welches wie im deutschen Recht ausforschende Beweisanträge verbietet.

In der Lehre wird richtigerweise darauf hingewiesen, dass der Richter die Vorlage auch von Amts wegen anordnen kann, soweit er das Vorhandensein einer Urkunde durch Akten zur Kenntnis nimmt und er von der Notwendigkeit ihrer

353 Vgl. Göksu, MİHDER 2009/2, S. 251 (253); Erdönmez, Medeni Usul Hukukunda Belgelerin İbrazı Mecburiyeti, 2010, S. 92; ders., İBD 2013/5, S. 15 (25).

354 Nach § 142 dZPO kann die Gegenpartei durch amtswegige Anordnung zur Vorlage verpflichtet werden; auf Beweisantrag hingegen ist der Gegner nur nach §§ 422, 423 verpflichtet, Musileak-Stadler, 10. Aufl., § 142 Rn. 7.

355 Erdönmez, İBD 2013/5, S. 15 (26); vgl. Göksu, MİHDER 2009/2, S. 251 (259); für die ausführlichen Informationen: Erdönmez, Medeni Usul Hukukunda Belgelerin İbrazı Mecburiyeti, 2010, S. 144 ff.

Vorlage zur Sachaufklärung überzeugt ist.[356] Diese Auffassung stützt sich auf die Prozessleitungsbefugnis des Gerichts, welche durch die Novelle von 2011 in § 31 tZPO geregelt wurde.

In § 221 tZPO wird eine prozessuale Vorlagepflicht für Dritte normiert. Die Regelung ähnelt in ihren Grundzügen derjenigen über die Vorlagepflicht der Parteien. Allerdings gibt es auch einige wichtige Unterschiede zwischen beiden Regelungen. So sind Dritte nach § 221 Abs. 3 tZPO nicht zur Vorlage verpflichtet, wenn ihnen ein Recht zur Zeugnisverweigerung gem. den §§ 247 bis 251 zusteht. Dagegen enthält das Gesetz für die Parteien keine ausdrücklichen Weigerungsrechte. Ihre Interessen sind im Rahmen der Ermessensausübung des Richters zu berücksichtigen, § 220 Abs. 3 tZPO. Innerhalb der dabei durchzuführenden Zumutbarkeitsprüfung sind berechtigte Belange des Geheimnis- oder Persönlichkeitsschutzes zu beachten.[357]

Weigert sich der Dritte ohne hinreichenden Grund, die streitigen Urkunden vorzulegen, kann ein Ordnungsgeld verhängt oder Ordnungshaft angeordnet werden, § 221 Abs. 3, 253 tZPO. Auch ist eine Auferlegung der durch die Weigerung verursachten Kosten möglich. Demgegenüber sieht das türkische Recht bei einer Nichtvorlage durch die Parteien – ähnlich wie das deutsche Recht – keine gerichtlichen Zwangsmaßnahmen vor. Kommt der Gegner jedoch der Vorlageanordnung nicht nach und besteht kein Rechtfertigungsgrund, so können die Behauptungen des Beweisführers über den Inhalt der Urkunde als richtig unterstellt werden, § 220 Abs. 3 tZPO.

Eine besondere Regelung enthält § 220 Abs. 2 tZPO: Bringt die vorlagepflichtige Partei vor, dass die Urkunde sich nicht in ihrem Besitz befinde, kann der Richter eine Eidesleistung von ihr verlangen, dass sie nach der betreffenden Urkunde sorgfältig geforscht hat. Leistet sie den Eid, dann verzichtet der Richter auf eine Vorlageanordnung. In der Literatur wird diese Regelung berechtigterweise kritisiert, da sie der böswilligen Partei die Möglichkeit gibt, durch die Eidesleistung die nachteiligen Folgen der Nichtvorlage zu vermeiden.[358] In erster Linie sollte das Gericht seine Möglichkeiten zur Parteivernehmung gem. § 169 tZPO und Parteianhörung gem. 144 tZPO ausschöpfen und versuchen, eine Erklärung über die Gründe der Unauffindbarkeit der Urkunde zu erhalten.[359] Gelingt es der vorlagepflichtigen Partei nicht, einen hinreichenden Grund für die Unauffindbarkeit vorzubringen, sollte das

---

356 Erdönmez, Medeni Usul Hukukunda Belgelerin İbrazı Mecburiyeti, 2010, S. 177 f.; Erdönmez, İBD 2013/5, S. 15 (50); vgl. Alangoya, Medeni Usul Hukukunda Vakıaların ve Delilllerin Toplanmasına İlişkin İlkeler, 1979, S. 162 ff.; Für die Gegenansicht siehe: Karaaslan, Medeni Usul Hukukunda Hakimin Davayi Aydinlatma Ödevi, 2013, S. 150 ff.

357 Erdönmez, İBD 2013/5, S. 15 (27).

358 Erdönmez, İBD 2013/5, S. 15 (30).

359 Der deutsche Gesetzgeber weist auf eine ähnliche Regelung in § 426 dZPO hin. Der lautet: „Bestreitet der Gegner, dass die Urkunde sich in seinem Besitz befinde, so ist er über ihren Verbleib zu vernehmen. In der Ladung zum Vernehmungstermin ist ihm aufzugeben, nach dem Verbleib der Urkunde sorgfältig zu forschen...".

Gericht dies im Rahmen der Beweiswürdigung berücksichtigen. Die Eidesleistung sollte erst als letzte Mittel herangezogen werden, wenn die vorgenannten Maßnahmen scheitern.

c) *Aufklärung durch Duldung des Augenscheins gem. § 291 tZPO*

Einen weiteren Fortschritt hinsichtlich der Mitwirkungspflicht der Parteien stellt es dar, dass mit der ZPO-Reform nunmehr eine allgemeine prozessuale Duldungspflicht auf Inaugenscheinnahme besteht.[360] Nach § 291 Abs. 1 tZPO haben die Parteien und Dritte die Einnahme des Augenscheins zu dulden und dessen Durchführung nicht zu verhindern. Nach § 288 Abs. 2 tZPO kann der Richter den Augenscheinsbeweis sowohl von Amts wegen als auch auf Parteiantrag anordnen. Eintreten kann die Duldungspflicht bspw. durch die Vorlage des Augenscheinsgegenstands oder durch die Besichtigung eines Grundstücks.[361] Das Gericht kann beim Augenschein je nach Bedarf Sachverständige hinzuziehen, § 288 Abs. 1 tZPO.

Bemerkenswert im Rahmen der Duldungspflicht ist insbesondere, dass diese unabhängig vom materiellen Recht besteht. Die nicht beweisbelastete Partei kann somit zur Vorlage des Augenscheinsgegenstands bzw. zur Duldung verpflichtet werden, obwohl sie materiellrechtlich nicht vorlegungs- bzw. duldungspflichtig ist. Der Gesetzgeber weist in der Gesetzesbegründung darauf hin, dass diese Pflicht Ausdruck von Treu und Glauben sei. Im türkischen Recht wird die prozessuale Vorlageanordnung und Duldungspflicht beim Augenschein im Rahmen des Beweisantritts der Parteien behandelt, § 291 tZPO. Im deutschen Recht dagegen wird sie vorrangig als richterliche Maßnahme bzw. richterliche Beweisaufnahme gestaltet, § 144 dZPO.[362] Der deutsche Gesetzgeber gewährleistet jedoch den Gleichlauf zwischen parteibetriebener und amtswegiger Beweisaufnahme des Augenscheins dadurch, dass er für die Parteien einen Beweisantritt gem. § 371 Abs. 2 dZPO vorsieht.[363]

In § 291 Abs. 2 tZPO wird die Vereitelung des Augenscheinsbeweises geregelt. Vereitelt der Beweisführer die von ihm selbst beantragte Einnahme des Augenscheins, so bleibt er beweisbelastet. Vereitelt der Beweisgegner die Einnahme des Augenscheins, so kann die Wahrheit der Behauptungen des Beweisführers als be-

---

360 Schon vor der neuen Regelung gab es in der Literatur Stimmen, die für eine solche Pflicht sprachen und die Ansicht vertraten, dass bei der unbegründeten Verweigerung zur Duldung bzw. Mitwirkung des Augenscheins die nachteiligen beweisrechtlichen Folgen in Betracht kommen könnten. Siehe dazu: Pekcanıtez/Atalay/Özekes, Medeni Usul Hukuku, 2012, S. 487. Mit der neuen Regelung werden diesbezügliche Fragen geklärt und die Mitwirkungspflicht der nicht beweispflichtigen Partei beim Augenschein wird auf der rein prozessualen Ebene gesetzlich bejaht.

361 Siehe dazu: Begründung des § 291 tZPO.

362 Sichc obcn Zweiter Teil § 3 II.1.c). Vgl. auch Zöller-Greger, 31. Aufl. 2016, § 144 Rn. 1.

363 Siehe oben Zweiter Teil § 3 II.1.d).

wiesen unterstellt werden. Maßgeblich ist, aus welchen Gründen die Vereitelung erfolgt. Sofern die Einnahme des Augenscheins der betroffenen Partei unzumutbar ist oder ein triftiger Grund für die Verweigerung vorliegt, treten die nachteiligen Konsequenzen nicht ein. Dies hat das Gericht im Rahmen der freien Beweiswürdigung zu berücksichtigen, § 291 Abs. 2 tZPO.[364]

d) Körperliche Untersuchungen gemäß § 292 tZPO

Auch im türkischen Recht ist eine erzwingbare Duldungspflicht auf körperliche Untersuchung nur dann vorgesehen, wenn es um die Feststellung der Abstammung geht. Die Pflicht erstreckt sich nach § 292 Abs. 1 tZPO sowohl auf die Parteien als auch auf Dritte. Der Richter untersucht die Abstammung von Amts wegen, da hieran nach der Gesetzesbegründung ein öffentliches Interesse besteht. Im Gegensatz zum deutschen hat das türkische Recht die Untersuchung zur Feststellung der Abstammung auf die Entnahme von Blut- und Gewebeprobe begrenzt, § 292 Abs. 1 tZPO. In der deutschen ZPO sind hingegen die genannten Untersuchungsarten nur als nicht abschließende Beispiele aufgeführt. Die Begrenzung des türkischen Rechts ist misslich, da in der Praxis vielfältige Untersuchungsmethoden in Frage kommen, um die Wahrheit zu ermitteln. Einen hohen Beweiswert im Einzelfall hat insbesondere die Abnahme von Fingerabdrücken.[365]

Außerdem stellt der türkische Gesetzgeber in Abs. 1 die Duldungspflicht ausdrücklich unter drei Voraussetzungen: Erstens muss die Untersuchung für die Aufklärung des Sachverhalts notwendig sein. Zweitens muss sie den anerkannten wissenschaftlichen Grundsätzen und Methoden entsprechen. Und drittens darf die Untersuchung nicht mit der Gefahr gesundheitlicher Schäden verbunden sein.[366] Der Wortlaut der türkischen Vorschrift ist im Vergleich zur deutschen Vorschrift restriktiver. Im deutschen Recht sind die vorgenannten Kriterien hingegen nur im Rahmen der umfassenden gerichtlichen Zumutbarkeitsprüfung zu beachten.[367]

---

364 In § 291 Abs. 3 tZPO befinden sich Sanktionen gegenüber einem Dritten, der sich bei der Einnahme des Augenscheins ohne triftigen Grund widersetzt. In diesem Fall werden ihm die durch die Weigerung verursachten Kosten auferlegt und wird ihn ein Ordnungsgeld festgesetzt. Der unmittelbare Zwang kann auch in Frage kommen. Dritte sind zur Duldung nicht verpflichtet, soweit sie zur Zeugnisverweigerung berechtigt sind.

365 Baumbach/Lauterbach/Albers/Hartmann, 75. Aufl., 2017, § 372a Rn. 8.

366 Die ähnlichen Voraussetzungen haben sich teilweise auch in der alten Fassung des § 372a dZPO ausdrücklich befindet: „...hat jede Person Untersuchungen...zu dulden, soweit die Untersuchung nach den anerkannten Grundsätzen der Wissenschaft eine Aufklärung des Sachverhalts verspricht und dem zu Untersuchenden nach der Art der Untersuchung, nach den Folgen ihres Ergebnisses für ihn oder einen der im § 383 Abs. 1 Nr. 1 bis 3 bezeichneten Angehörigen und ohne Nachteil für seine Gesundheit zugemutet werden kann."

367 Für die Vertiefung zur Frage der Zumutbarkeit siehe: Stein/Jonas-Berger, 23. Aufl. 2015, § 372a Rn. 8 ff.

Weigert sich die zu untersuchende Person ohne triftigen Grund, an der Untersuchung mitzuwirken, hat das Gericht die Befugnis, die Anwendung unmittelbaren Zwangs anzuordnen, § 292 Abs. 1 tZPO. Anders als bei nach deutschem Regelung genügt die erstmalige Weigerung. Eine Wiederholung muss nicht abgewartet werden. Wie sich aus § 292 Abs. 2 tZPO ergibt findet das Zeugnisverweigerungsrecht keine Anwendung.

e) Parteianhörung im türkischen Recht gem. § 144 tZPO

In der alten Fassung der tZPO gab es keine separate Regelung zur Parteianhörung, obwohl dieses Rechtsinstitut schon vor der Zivilprozessreform 2011 im türkischen Recht anerkannt war. Einzelregelungen waren vielmehr über die gesamte tZPO verteilt, so in §§ 75 Abs. 2 und 3, 213 Abs. 1 tZPO a. F. Mit der neuen Fassung wird die Parteianhörung erstmals in § 144 tZPO durch einen einzelnen Paragraphen ausdrücklich geregelt. Auch im türkischen Recht dient die Parteianhörung der Aufklärung unklarer und unvollstandiger Parteibehauptungen.[368] Die Anhörung ist durch das Gericht von Amts wegen – unabhängig von der Beweislastverteilung – anzuordnen, § 144 Abs. 1 tZPO. Die Vorschrift wird als Ergänzung der Prozessleitungspflicht des Richters verstanden.[369] Sie darf nicht als Beweismittel verwertet werden.[370]

Im Gegensatz zum deutschen Gesetzgeber setzt der türkische Gesetzgeber das persönliche Erscheinen der Parteien bei der Anhörung nicht voraus. Die Vertretung durch einen Prozessbevollmächtigten ist ausreichend.[371] Zusätzlich unterscheidet sich das türkische vom deutschen Recht bezüglich der Folgen des Ausbleibens einer Partei. Anders als nach § 141 Abs. 3 dZPO ist das Nichterscheinen im türkischen Recht nicht sanktionsbewehrt. Das Ausbleiben der Partei kann jedoch bei der Beweiswürdigung gem. § 198 tZPO durch das Gericht negativ gewürdigt werden. Daher wird in der Lehre betont, dass die Parteianhörung im türkischen Recht – anders als im deutschen Recht – nicht eine wirkliche Pflicht, sondern nur eine Obliegenheit dargestellt.[372] Außerdem findet § 150 Abs. 2 S. 2 tZPO analoge Anwendung, wonach die unentschuldigt ausgebliebene Partei den in ihrer Abwesenheit vor dem Gericht erfolgten Abhandlungen nicht widersprechen darf.[373]

---

368 Tercan, MİHDER 2011/18, S. 1 (11).

369 Alangoya, Medeni Usul Hukukunda Vakıaların ve Delilllerin Toplanmasına İlişkin İlkeler, 1979, S. 135 ff.; Tercan, MİHDER 2011/18, S. 1 (12).

370 Tercan, MİHDER 2011/18, S. 1 (16 ff.); Pekcanıtez/Atalay/Özekes, Medeni Usul Hukuku, 2012, S. 504 f.

371 Tercan, MİHDER 2011/18, S. 1 (35).

372 Tercan, MİHDER 2011/18, S. 1 (35 f.).

373 Pekcanıtez/Atalay/Özekes, Medeni Usul Hukuku, 2012, S. 505; Tercan, MİHDER 2011/18, S. 1 (41).

f) Parteivernehmung gem. § 169 ff.tZPO

Anders als der deutsche Gesetzgeber sieht der türkische Gesetzgeber die Parteivernehmung nicht als ein reines Beweismittel, sondern nur als ein Mittel zur Informationsgewinnung und richterlichen Überzeugungsbildung durch die Parteien.[374] Daher wird die Parteivernehmung in der tZPO nicht unter dem Titel „Beweis" geregelt. Nach der im türkischen Recht herrschenden Ansicht[375] dient die Parteivernehmung lediglich dazu, von einer Partei ein wirksames Geständnis zu erlangen. Deshalb könne eine Partei nur über für sie ungünstige Tatsachenvernommen werden. Weiter könne die Parteivernehmung nur im vom Beibringungsgrundsatz geprägten Verfahren Anwendung finden. In einem Verfahren, in dem der Untersuchungsgrundsatz gilt, könne die Parteivernehmung nicht angewendet werden, weil das Geständnis der Parteien hier für den Richter nicht verbindlich ist.

Sowohl die Haltung des Gesetzgebers als auch die herrschende Ansicht sind jedoch kritisch zu betrachten. Vor allem kann man aus der umfangreichen Beschreibung des Beweises (Mittel dem Gericht die Überzeugung von der Wahrheit oder Unwahrheit einer Tatsache zu verschaffen) ohne weiteres entnehmen, dass die Parteivernehmung und der Beweis dem gleichen Zweck dienen. In der früheren Rechtsprechung findet man auch einige Urteile, die den Vernehmungen der Parteien einen Beweiswert beimessen.[376] Die gegenwärtige Tendenz in der Rechtsprechung ist jedoch, die Parteivernehmung nicht als Beweis, sondern als ein Mittel zur Beschaffung eines Geständnisses anzunehmen.[377] Dieser Gesichtspunkt gefährdet jedoch, wie *Tercan*[378] berechtigterweise annimmt, die Neutralität des Richters. Ordnet der Richter die Vernehmung einer Partei mit einem solchen Zweck an und erlangt er durch eigene Initiative ein Geständnis zugunsten einer Partei, dann kann sich die andere Partei benachteiligt fühlen. Die Bemühung zur Beschaffung eines Geständnisses sollte nicht die Sache des Richters, sondern die Sache der Parteien sein. Der Zweck der Parteivernehmung sollte vielmehr die Gewinnung einer Erklärung von einer Partei sein, die dem Richter bei seiner Überzeugungsbildung hinsichtlich der Wahrheit einer Behauptung hilft, wie dies auch im deutschen Recht der Fall ist. Nach der Vernehmung hat der Richter die gesamte Rechtslage zu berücksichtigen und

---

374 Tercan, Medeni Usul Hukukunda Tarafların İsticvabı, 2011, S. 135.

375 Pekcanıtez/Atalay/Özekes, Medeni Usul Hukuku, 2012, S. 504, 505; Kuru/Arslan/Yılmaz, Medeni Usul Hukuku, 2012, S. 353; Postacioglu/Altay, Medeni Usul Hukuku Dersleri, 2015, S. 531; vgl. Yıldırım, ZZPInt 3 (1998), S. 379 (380).

376 Yargitay 11. HD. v. 31.12.1976, 5041/5783, zit. nach: Tercan, Medeni Usul Hukukunda Taraflain Isticvabi, 2011, S. 130 Fn. 42; Yargitay 1. HD. v. 2.4.1987, E. 1987/1347 K. 1988/2838, YKD 1988, S. 465 (467).

377 HGK v. 18.11.2009, E. 2009/6–477 K. 2009/546, abrufbar unter: http://www.kararara.com/yargitay/hgk/k4529.htm. (Stand 25.12.2016); Yargitay 3. HD. v. 09.04.2013, E. 2013/3884 K. 2013/5994 (Kazancı Bilgi Bankası); Yargitay 6. HD. 21.05.2012, E. 2012/4304 K. 2012/7562 (Kazancı Bilgi Bankası).

378 Tercan, Medeni Usul Hukukunda Tarafların İsticvabı, 2011, S. 131, 132.

gem. § 198 tZPO frei zu würdigen, ob eine Behauptung wahr oder unwahr ist. Dies weist darauf hin, dass auch die durch die Parteivernehmung erfolgten Aussagen der Parteien Beweiswert haben.[379] Demzufolge könnte die Parteivernehmung auch in einem Verfahren, in dem die Untersuchungsmaxime gilt, angewendet werden. Die ertragreichen Ergebnisse der Parteivernehmung sind insbesondere im Familienrecht bekannt.[380]

Nach § 169 tZPO kann der Richter die Vernehmung einer Partei entweder auf Parteiantrag oder von Amts wegen – ohne Rücksicht auf die Beweislast – anordnen. Anders als nach § 447 dZPO kann die beweispflichtige Partei im türkischen Recht auch ohne Einverständnis des Gegners vernommen werden.[381] In § 171 Abs. 2 tZPO wird die Folge der Verweigerung der Vernehmung geregelt. Lehnt es eine Partei ohne Rechtfertigungsgrund ab, sich vernehmen zu lassen, nimmt das Gericht die betreffenden Behauptungen als zugestanden an, § 171 Abs. 2 tZPO. Anders als die deutschen Gerichte haben die türkischen Gerichte somit keinerlei Entscheidungsspielraum bei der Würdigung einer grundlosen Verweigerung. Im deutschen Recht dagegen hat das Gericht unter Berücksichtigung der gesamten Sachlage nach freier Überzeugung zu entscheiden, ob es die behauptete Tatsache als erwiesen ansehen will, § 446 dZPO. Ein solcher Spielraum für das Gericht wäre auch im türkischen Recht zu empfehlen. Das Gericht unter allen Umständen strikt bindende Regelungen sind immer eine Gefahr für die gerichtliche Wahrheitsfindung.

Die Parteivernehmung ist eine sehr gute Möglichkeit zur Aufklärung der Wahrheit, weil die Parteien in Bezug auf das Verfahren unmittelbare Wissensträger sind. Das Gericht kann bei seiner Überzeugungsbildung in jedem Stadium des Verfahrens die Parteien vernehmen. Jedoch, wie *Yıldırım*[382] berechtigterweise einwendet, wird in der Praxis der Parteivernehmung wenig Beachtung geschenkt. Die Gerichte machen von diesem Rechtsinstitut nur selten Gebrauch. Hierfür gibt es m. E. zwei wichtige Ursachen: Erstens ist dies das im türkischen Recht herrschende Prinzip des Urkundenbeweises. Da bestimmte Rechtsgeschäfte nur mit Urkunden zu beweisen sind, hilft die Parteivernehmungen dem Richter wenig. So entschied bspw. der Yargitay, dass ein strittiger Punkt eines schriftlichen Mietvertrags durch Parteivernehmung nicht bewiesen werden könne.[383] Das sei nur mit einem Strengbeweis nachzuweisen. Der zweite Grund für die geringe Popularität der Parteivernehmung ist die Überbelastung der Gerichte. Diese verleitet die Gerichte dazu, Verhandlungen möglichst zügig abzuschließen. Dabei bleibt wenig Zeit zur detaillierten Ausforschung des Sachverhalts.

379 Vgl. Tercan, Medeni Usul Hukukunda Tarafların İsticvabı, 2011, S. 127 ff.
380 Tercan, Medeni Usul Hukukunda Tarafların İsticvabı, 2011, S. 331 f.
381 Tercan, Medeni Usul Hukukunda Tarafların İsticvabı, 2011, S. 340.
382 Yıldırım, ZZPInt 3 (1998), S. 379 (383).
383 HGK v. 18.11.2009, E. 2009/6–477 K. 2009/546, abrufbar unter: http://www.kararara.com/yargitay/hgk/k4529.htm. (Stand 25.12.2016).

III. Ergebnis zu den gesetzlich geregelten Mitwirkungspflichten der Parteien

Der Grundsatz, wonach keine Prozesspartei der anderen Material für ihren Sieg verschaffen muss, befindet sich im Lichte der jüngsten Reformen in Deutschland und der Türkei weiter auf dem Rückzug. Dies zugunsten weitreichender Mitwirkungspflichten, die teilweise unabhängig von der Beweislast und dem materiellen Recht bestehen. Im Zentrum des Prozessverständnisses steht nicht mehr der Gedanke, dass der Prozess eine „Kampf-Arena" der Parteien sei, in der sie durch prozesstaktische Erwägungen ihre Informationen dem Gericht vorenthalten dürfen. Nunmehr sollen sie ihre Informationen als die unmittelbaren Wissensträger im Zuge der besseren Sachaufklärung dem Gericht und der Gegenpartei zugänglich machen. Die bessere Aufklärung des Sachverhalts dient der Urteilsfindung nach dem Maßstab der materiellen Wahrheit und somit der Gerechtigkeit. In diesem Sinne stützen die Reformen die im ersten Teil der Arbeit vertretene Ansicht, dass der Zivilprozess sich mit der formellen Wahrheit nicht begnügen, sondern die Findung der materiellen Wahrheit bezwecken sollte.

Das gemeinsame Merkmal der Neuerungen besteht darin, dass sie eine detaillierte Sachaufklärung im Zivilprozess fördern. Durch zahlreiche Normen wird die Möglichkeit eröffnet, die nicht beweisbelastete Partei in die Sammlung des Prozessstoffs weitgehend einzubeziehen. Die Parteien sind zumeist auf der rein prozessualen Ebene unabhängig von der Beweislast zur Mitwirkung der Sachaufklärung verpflichtet. In beiden Ländern wird die Informationspflicht der Parteien vom materiellen Recht weitgehend entkoppelt und auf der rein prozessualen Ebene ausgestaltet, so in §§ 142, 144, 371 Abs. 2, 141, 448 dZPO und §§ 219, 291, 144, 169 tZPO. Dabei wird neben dem Beweisführer auch das Gericht ermächtigt, die nicht beweisbelastete Partei in die Stoffsammlung einzubeziehen. Signifikante Unterschiede zwischen dem türkischen und deutschen Recht bestehen im Bereich der Urkundenvorlage und Inaugenscheinnahme. Während der türkische Gesetzgeber die allgemeine prozessuale Urkundenvorlagepflicht und Duldungspflicht auf Augenschein im Rahmen des Beweisantritts der Parteien behandelt, §§ 219, 291 tZPO, regelt sie der deutsche Gesetzgeber im Rahmen der richterlichen Anordnungskompetenz §§ 142, 144 dZPO. Bei der prozessualen Informationspflicht steht also im türkischen Recht die Parteiinitiative, im deutschen Recht die Richterinitiative im Vordergrund.

Die Stärkung der richterlichen Anordnungskompetenz führt im deutschen Recht zu der Befürchtung, der Verhandlungsgrundsatz werde zugunsten der Richtermacht einseitig zurückgedrängt. Um dies zu vermeiden, wird in der Lehre teilweise die Meinung vertreten, dass der Anwendungsbereich der §§ 142, 144 dZPO sich auf die §§ 422, 423 dZPO beschränken soll. Diese Auffassung wird jedoch durch die jüngsten Entscheidungen des BGH und die herrschende Lehre weitgehend entkräftet. Man darf zudem nicht übersehen, dass bei der Vorlage des Augenscheinsobjekts der deutsche Gesetzgeber für die Parteien schon ein Antragsrecht in § 371 Abs. 2 dZPO normiert hat. Daher kann im Bereich des Augenscheinsbeweises von einer Ungleichheit zwischen parteibetriebener und amtswegiger Beweisaufnahme keine Rede sein. Eine solche Diskrepanz zwischen Verhandlungsmaxime und Beweiserhebung von Amts wegen besteht im türkischen Recht nicht. Sowohl die Urkundenvorlage als auch die Augenscheinsobjektsvorlage wird grundsätzlich als Beweisantritt der Parteien gestaltet. Daneben kann der Richter diesbezügliche Beweise auch von Amts wegen erheben. Dadurch wird den Gleichlauf zwischen Partei- und Richterherrschaft sichergestellt.

Es bleibt noch die Frage zu klären, inwieweit die nationalen Vorschriften der Situation Rechnung tragen, in der sich eine Partei bei der Durchsetzung ihrer Rechte in einer Informationsnot befindet, weil die nötigen Informationen im Besitz des Gegners sind. Die materiell-rechtliche Auskunftsansprüche helfen hier wenig, weil sie grundsätzlich eine rechtliche Sonderverbindung zwischen den Parteien erfordern. Es ist jedoch nicht immer leicht, das Bestehen einer solchen Verbindung zu belegen. Die fehlenden Informationen werden oft für den Nachweis dieser Verbindung benötigt.[384] Gelingt dies der informationsbedürftigen Partei nicht, wird die Verfolgung ihres Hauptanspruchs von vornherein verhindert. Ferner können diese Ansprüche aufgrund ihrer aufwändigen Durchsetzbarkeit und unübersichtlichen Vielfalt praktische Bedürfnisse der Parteien in beiden Ländern nicht hinreichend erfüllen.

Hinsichtlich der prozessualen Aufklärungsansprüche ist zwischen Deutschland und der Türkei zu unterscheiden. Im deutschen Zivilprozess beschränkt sich der Anspruch auf Vorlegung einer in fremdem Besitz befindlichen Urkunde oder Augenscheinsmaterie grundsätzlich auf das materielle Recht, §§ 422, 371 Abs. 2 dZPO. Die amtswegigen Vorlageanordnungen gem. §§ 142, 144 dZPO gewähren der beweisbelasteten Partei kein Recht auf direkten Zugang zu den gegnerischen Informationen. So sind die Möglichkeiten der beweisbelasteten Partei zur Erlangung prozessrelevanter Informationen in Deutschland sehr begrenzt, falls sie keinen materiellen Anspruch auf diese hat. Aus türkischer Sicht hingegen stellt die Etablierung der neuen allgemeinen prozessualen Vorlage- und Duldungspflichten eine bedeutende Verbesserung gegenüber dem alten Recht dar, siehe §§ 219 Abs. 1, 291 Abs. 1 tZPO. Die beweisbelastete Partei kann nunmehr ihren Gegner rein aus prozessualen Gründen dazu zwingen, in seinem Besitz befindliche Unterlagen zur Verfügung zu stellen. Trotz erweiterter Aufklärungsmöglichkeiten bestehen jedoch auch in der Türkei immer noch Schwierigkeiten bei der Bewältigung von Informationsdefiziten im Zivilprozess. Dies belegen auch eine Fülle von Rechtsinstrumenten, die von der Rechtsprechung zugunsten der darlegungs- und beweisbelasteten Partei entwickelt worden sind.[385]

384 Beckhaus, Die Bewältigung von Informationsdefiziten bei der Sachverhaltsaufklärung, 2010, S. 68 f.; Waterstraat, ZZP 118 (2005), S. 459 (464); J. Lang, Die Aufklärungspflicht der Parteien des Zivilprozesses vor dem Hintergrund der europäischen Rechtsvereinheitlichung, 1999, S. 60.

385 Siehe unten Zweiter Teil § 4 II.

§ 4 Von der Rechtsprechung entwickelte Instrumente zur Mitwirkung der Gegenpartei

Die Rechtsprechung berücksichtigt, dass die gesetzlichen Regelungen den Informationsbedarf der Parteien nicht immer befriedigen können. Dies ist insbesondere der Fall, wenn eine Partei nur über unzureichende Informationen verfügt, weil die zu beweisenden Tatsachen in der Wahrnehmungssphäre ihres Prozessgegners liegen. Um dieses Defizit zu korrigieren, bringt die Rechtspraxis für die darlegungs- bzw. beweispflichtige Partei unterschiedliche prozessuale Hilfsmittel zur Anwendung. Ein Teil dieser Hilfsmittel richtet sich direkt auf eine Informationsgewinnung durch den Gegner, wie die Herleitung des Auskunftsanspruchs aus dem Grundsatz „Treu und Glauben" oder die Erweiterung der materiell-rechtlichen Informationspflichten durch Analogie. Der andere Teil betrifft zwar ebenfalls die Informationsbeschaffung, dies aber ergänzt um Beweisregeln, wie beim Anscheinsbeweis, der tatsächlichen Vermutung, der sekundären Behauptungslast und der richterlichen Beweislastumkehr.

Der erste Teil dieser Hilfsmittel findet in der Türkei kaum Anwendung. Auch wenn der materielle Grundsatz von „Treu und Glauben" bei der Auslegung der Parteipflichten berücksichtigt wird[386], kennt das türkische Recht jedoch keinen aus dieser Generalklausel hergeleiteten Auskunftsanspruch. Ebenso ist die Erweiterung materiellrechtlicher Informationsansprüche durch Analogie in der Türkei nur sehr selten zu beobachten.[387] Demgegenüber sind der Anscheinsbeweis, die tatsächliche Vermutung und die richterliche Beweislastumkehr auch in der türkischen Rechtsprechung sehr beliebt. Hinzu tritt ein weiteres Hilfsmittel, welches von der türkischen Rechtsprechung zur Überwindung der Strenge des Urkundenprinzips entwickelt worden ist, nämlich „die richterrechtliche Durchbrechung des Urkundenprinzips". Die sekundäre Behauptungslast hingegen ist ein von deutschen Gerichten entwickeltes Konstrukt und der türkischen Rechtspraxis völlig fremd.

Mit dem dargestellten Instrumentarium wird bezweckt, einerseits die aus unverschuldetem Informationsdefizit entstehenden Nachteile im Prozess auszugleichen und andererseits die nicht beweispflichtige Partei in die Sachaufklärung einzubeziehen. Der folgende Abschnitt wird diese Hilfsmittel im Einzelnen näher betrachten.

---

386 Vgl. Tandoğan, Borclar Hukuku Özel Borc Iliskileri, 2010, S. 111, 479 ff.

387 Vereinzelte Beispiele finden sich vor allem bei der Auskunftspflicht des Beauftragten über den Stand des Geschäfts, siehe Yargitay 1. HD. v. 10.03.2003, E. 2003/1833 K. 2003/2552 (UYAP Bilgi Bankası).

I. In Deutschland

1. Sekundäre Behauptungslast

Im Zivilprozess hat jede Partei sich zu den Behauptungen der anderen Partei zu äußern, um im Prozess Erfolg zu haben. Die Frage, wie konkret bzw. substantiiert diese Erklärung sein muss, betrifft die Substantiierungslast. Grundsätzlich richtet sich die Substantiierungslast nach dem Umfang des Vortrags der Gegenpartei. Ist das Vorbringen der Gegenpartei pauschal, dann darf die andere Partei ebenfalls pauschal bestreiten. Macht der Gegner hingegen detaillierte Angaben, muss das Bestreiten ebenso detailliert sein.[388] In den letzten Jahren hat die Rechtsprechung hiervon jedoch eine wichtige Ausnahme gemacht: Steht die darlegungspflichtige Partei außerhalb des von ihr darzulegenden Geschehensablaufs und besitzt sie keine nähere Kenntnis der maßgebenden Tatsachen, erlegt die Rechtsprechung dem Prozessgegner eine „sekundäre Behauptungslast" auf, wenn ihm nähere Angaben zuzumuten sind.[389] Sind diese Voraussetzungen erfüllt, so reicht eine pauschale Behauptung der darlegungspflichtigen Partei aus, um die Gegenpartei gem. § 138 Abs. 2 dZPO zum substantiierten Bestreiten aufzufordern. Dadurch wird die Darlegungslast der behauptungsbelasteten Partei erheblich gemindert.[390] Kann sie hinreichend objektive Anhaltspunkte für den anspruchsbegründenden Sachverhalt erbringen, dann ist es Sache des Gegners, die entgegenstehende Tatsachenlage detailliert zu schildern. Mit anderen Worten, obliegt es nach der sekundären Behauptungslast dem Gegner, die Lücke zu schließen, wenn die primär darlegungsbelastete Partei von sich aus zu substantiiertem Vorbringen nicht in der Lage ist.[391] Erfüllt der Gegner seine sekundäre Behauptungslast nicht, wird die Behauptung des primären Darlegungspflichtigen – trotz ihrer mangelnden Substantiierung – nach § 138 Abs. 3 dZPO als zugestanden angenommen.[392]

Eine sekundäre Behauptungslast wird vom BGH auch beim Beweis negativer Tatsachen angenommen. In einer Entschiedung aus dem Jahr 2009 verlangte die Anspruchstellerin (im Folgenden: Bereicherungsgläubiger) von ihrem ehemaligen Lebenspartner (im Folgenden: Bereicherungsschuldner) die Rückzahlung der gezahlten Beträge nach Beendigung einer Lebensgemeinschaft.[393] Der BGH stellte erst fest, dass die Bereicherungsgläubigerin, die einen Anspruch auf Grund § 812 BGB

388 Prütting/Gehrlein-Prütting, 8. Aufl. 2016, § 138 Rn. 10.

389 MüKoZPO-Fritsche, 5. Aufl. 2016, § 138 Rn. 21; Stein/Jonas-Kern, 23. Aufl. 2016, § 138 Rn. 31.

390 MüKoZPO-Fritsche, 5. Aufl. 2016, § 138 Rn. 21 ff.; S. Lang, Die Urkundenvorlagepflichten der Gegenpartei gemäß § 142 Abs. 1 Satz 1 ZPO, 2007, S. 38; vgl. Beckhaus, Die Bewältigung von Informationsdefiziten bei der Sachverhaltsaufklärung, 2010, S. 139.

391 MüKoZPO-Fritsche, 5. Aufl. 2016, § 138 Rn. 22.

392 Katzenmeier, JZ 2002, S. 533 (535).

393 BGH v. 18.2.2009, NJW-RR 2009, S. 1142 (1142 ff.).

geltend machte, grundsätzlich alle anspruchsbegründenden Tatsachen behaupten und nachweisen müsse. Demzufolge hätte sie darlegen und beweisen müssen, dass die Vermögensmehrung ohne Rechtsgrund bestand. Der BGH half der Anspruchsstellerin jedoch durch die Anerkennung einer sekundären Behauptungslast und forderte daher den Gegner zur detaillierten Schilderung des Sachverhalts auf.[394] Der Bereicherungsschuldner musste demgemäß die Umstände darlegen, aus denen sich der Rechtsgrund für das Erlangte ergibt. Als Rechtsgrundlage verweist der BGH auf den Zweck der Prozessförderung[395], welcher eine Mitwirkungspflicht des Gegners nach sich ziehe. Er geht davon aus, dass die Gläubigerin außerhalb des von ihr darzulegenden Geschehensablaufs steht und keine nähere Kenntnis der maßgebenden Tatsachen besitzt, während der Schuldner eine solche Kenntnis besitzt. Ihm sind daher nähere Angaben zuzumuten. Der Schuldner hat i. R. d sekundären Behauptungslast erklärt, dass die Zahlungen der Gläubigerin eine Rückzahlung eines zuvor hinterlegten Betrags nach § 695 BGB darstellen. So hat er substantiiert unter Hinweis auf konkrete Schecknummern sowie auf die Daten von Zahlungen vorgetragen, der Gläubigerin als Verwahrerin Gelder zugewendet zu haben. Demzufolge hat der BGH angenommen, dass der Schuldner seiner sekundären Behauptungslast entsprochen hat. Gleichzeitig weist das Gericht darauf hin, dass sich durch die sog. sekundäre Behauptungslast nichts an der grundsätzlichen Beweislast der Bereicherungsgläubigerin ändert. Sie hätte den vom Schuldner vorgetragenen Zweck der Leistungen widerlegen müssen, um ihren Bereicherungsanspruch zu beweisen.

Schließlich erkennt der BGH auch eine sekundäre Behauptungslast in Fällen gesetzlicher oder vertraglicher Haftungsbegrenzungen. Im konkreten Fall ging es um den Entfall der Haftungsbeschränkungen eines Frachtführers nach § 435 HGB.[396] Nach § 435 HGB entfallen die gesetzlich oder vertraglichen Haftungsbegrenzungen zugunsten des Frachtführers, „wenn der Schaden auf eine Handlung oder Unterlassung zurückzuführen ist, die der Frachtführer oder eine in § 428 [HGB] genannte Person vorsätzlich oder leichtfertig und in dem Bewusstsein, dass ein Schaden mit Wahrscheinlichkeit eintreten werde, begangen hat.“ Es obliegt an sich dem Anspruchsteller, die Voraussetzungen dieser Norm darzulegen und zu beweisen. Der BGH erkennt jedoch die Schwierigkeiten hinsichtlich der Schilderung des Schadensfalls für den Anspruchsteller, da er außerhalb des Geschehensablaufs steht.

---

394 Vgl. auch BGH v. 20.3.2013, NJW 2013, S. 1447 (1447 ff.); BGH v. 27.9.2002, NJW 2003, 1039 (1039 ff.). Auch in einem Urteil des OLG Koblenz stützt der Kläger seines Begehrens um Rückgabe des streitigen Erbanteils auf eine Nichtigkeit der Erbteilsübertragung. Das Gericht erlegt ähnlicherweise dem Beklagten eine sekundäre Behauptungslast auf, dass er die Gründe, die der vom Kläger behaupteten Nichtigkeit entgegenstehen, vortragen soll. Es haltet die Erklärungen des Beklagten jedoch für ungenügend und sieht seine sekundäre Behauptungslast als nicht erfüllt an. Mithin wird das Vorbringen des Klägers als zugestanden angenommen. OLG Koblenz v. 20.8.2009, BeckRS 2011, 23287.

395 Auch BGH v. 27.9.2002, NJW 2003, S. 1039 (1040).

396 BGH v. 18.12.2008, NJW-RR 2009. S. 751 (751 ff.).

Der Frachtführer dagegen ist in der Lage, die näheren Umstände des Schadensfalls eingehend vorzutragen. Aus diesem Grund wird i. R. d sekundären Darlegungslast von ihm erwartet, substantiiert darzulegen, welche Sorgfalt er konkret aufgewendet hat. Der BGH wählt diesmal den Grundsatz Treu und Glauben als Grundlage seiner Entscheidung.

2. Anscheinsbeweis

Beim Anscheinsbeweis handelt es sich um ein weiteres richterrechtliches Instrument zur Beseitigung von Informationsdefiziten, das dem Richter die Möglichkeit eröffnet, mit Hilfe der allgemeinen Lebenserfahrung Schlüsse über das Vorliegen streitiger Tatsachenbehauptungen zu ziehen.[397] Der Beweis des ersten Anscheins greift bei typischen Geschehensabläufen ein, in denen ein bestimmter Tatbestand nach der Lebenserfahrung auf eine bestimmte Ursache für den Eintritt eines bestimmten Erfolgs hinweist.[398] Die beweisbelastete Partei muss dann nur diesen typischen Vorgang dartun und beweisen.[399] Der Anscheinsbeweis stellt damit für sie eine erhebliche Beweiserleichterung dar. Obgleich die Hauptanwendungsfälle des Anscheinsbeweises die Feststellung der Kausalität oder des Verschuldens ist, hat er heute insgesamt einen sehr weiten Anwendungsbereich.[400]

Die nicht beweisbelastete Partei kann die auf dem Anscheinsbeweis beruhende Schlussfolgerung erschüttern, indem sie den Gegenbeweis antritt, dass es im konkreten Fall die ernsthafte Möglichkeit eines anderen (atypischen) Geschehensablaufs gibt.[401] Gelingt ihr dies, greift wieder die ursprüngliche Beweislage, so dass die eigentlich beweisbelastete Partei ihrerseits wieder den vollen Beweis erbringen muss. Der Anscheinsbeweis hat also keine Umkehr der objektiven Beweislast zur Folge.[402]

Die heftigen Diskussionen über den Anscheinsbeweis beziehen sich auf die Frage, ob er Einfluss auf das Beweismaß hat.[403] Ein Teil der Literatur geht davon

---

397 MüKoZPO-Prütting, 5. Aufl. 2016, § 286 Rn. 48; Prütting/Gehrlein-Laumen, 8. Aufl. 2016, § 286 Rn. 28.

398 Schwab, Zivilprozessrecht, 2016, § 9 Rn. 489; BGH v. 14.06.2005, NJW 2005, S. 2614 (2615).

399 Baumbach/Lauterbach/Albers/Hartmann, 75. Aufl. 2017, Anh § 286 Rn. 17.

400 Stein/Jonas-Leipold, 22. Aufl. 2008, § 286 Rn. 142.

401 Prütting/Gehrlein-Laumen, 8. Aufl. 2016, § 286 Rn. 31; Stein/Jonas-Leipold, 22. Aufl. 2008, § 286 Rn. 138; für zahlreiche Beispiele siehe: Schwab, Zivilprozessrecht, 2016, § 9 II Rn. 491a.

402 Schwab, Zivilprozessrecht, 2016, § 9 II Rn. 492; Prütting/Gehrlein-Laumen, 8. Aufl. 2016, § 286 Rn. 31.

403 Der Richter darf und muss sich n. h. M. mit einem für das praktische Leben brauchbaren Grad von Gewissheit begnügen, Schwab, Zivilprozessrecht, 2016, § 9 Rn. 485; Musielak-Foerste, 13. Aufl. 2016, § 286 Rn. 19; Stein/Jonas-Leipold, 22. Aufl. 2008, § 286 Rn. 5.

aus, dass der Anscheinsbeweis zu einer Reduzierung des Beweismaßes führe.[404] Da beim Anscheinsbeweis an die Beweisstärke geringere Anforderungen als beim gewöhnlichen Beweis gestellt würden, habe er ein niedrigeres Beweismaß.[405] Die andere Ansicht vertritt hingegen, dass der Anscheinsbeweis keinen Einfluss auf den Beweismaß habe, weil die beim Anscheinsbeweis anzuwendenden Erfahrungssätze dem Richter den gleichen Grad an Überzeugung der Wahrheit oder Unwahrheit einer Tatsachenbehauptung gewährleiste.[406]

Die Rechtsnatur des Anscheinsbeweises ist ebenfalls umstritten. Ein Teil der Lehre verortet der Anscheinsbeweis im materiellen Recht, weil hinter ihm eine materiell-rechtliche Risikozuordnung stehe.[407] Nach dieser Ansicht gehören seine Regeln daher zur *lex causae*, die sich in Prozessen mit internationalen Bezügen nach dem ausländischen Sachenrecht richten.[408] Die h. M.[409] geht hingegen richtigerweise von der prozessrechtlichen Natur des Anscheinsbeweises aus, da er sich vielmehr als Beweiswürdigungsregel darstellt, die den Richter berechtigt und verpflichtet, den Schluss von dem qualifizierten Erfahrungssatz seiner Überzeugungsbildung zugrundezulegen. Es handelt sich also um die Bewertung des typischen Geschehensablaufs i. R. d. freien Beweiswürdigung. Demgemäß sollte der Anscheinsbeweis zur *lex fori* gehören, wonach seine Anwendbarkeit sich in Verfahren mit internationalem Bezug nach dem am Ort des angerufenen Gerichts geltenden Recht bestimmt.[410]

3. Tatsächliche Vermutung

Ein anderes Rechtsinstitut, welches vom Richterrecht zur Unterstützung der beweisbelasteten Partei in Informationsnot entwickelt worden ist, ist die sog. tatsächliche Vermutung. Sie ähnelt in ihren Grundzügen dem Anscheins- oder Indizienbeweis und ermöglicht dem Richter, Schlussfolgerungen aus Tatsachen aufgrund seiner Lebenserfahrung zu ziehen.[411] In der Rechtspraxis wird sie in den unterschiedlichs-

---

404 Musielak-Foerste, 13. Aufl. 2016, § 286 Rn. 24; Saenger-Saenger, 7. Aufl. 2017, § 286 Rn. 39; Stein/Jonas-Leipold, 22. Aufl. 2008, § 286 Rn. 133; Leipold, Ritsumeikan Law Review 25 (2008), S. 77 (95).

405 Stein/Jonas-Leipold, 22. Aufl. 2008, § 286 Rn. 133.

406 Prütting/Gehrlein-Laumen, 8. Aufl. 2016, § 286 Rn. 29; Wieckzorek/Schütze, 4. Aufl. 2014, § 286 Rn. 60.

407 Zöller-Greger, 31. Aufl. 2016, vor § 284 Rn. 29; Greger, VersR 1980, S. 1091 (1102 ff.); Diederichsen, VersR 1966, S. 211 (217 ff.).

408 Zöller-Greger, 31. Aufl. 2016, vor § 284 Rn. 29.

409 Schwab, Zivilprozessrecht, 2016, § 9 Rn. 490; Prütting/Gehrlein-Laumen, 8. Aufl. 2016, § 286 Rn. 29; MüKoZPO-Prütting, 5. Aufl. 2016, § 286 Rn. 50; Baumbach/Lauterbach/Albers/Hartmann, 75. Aufl. 2017, Anh § 286 Rn. 15; Stein/Jonas-Leipold, 22. Aufl. 2008, § 286 Rn. 140.

410 BGH v. 4.10.1984, NJW 1985, S. 554 (554); LG Saarbrücken v. 11.5.2015, NJW 2015, S. 2823 (2824).

411 Stein/Jonas-Leipold, 22. Aufl. 2008, § 292 Rn. 7; Prütting/Gehrlein-Laumen, 8. Aufl. 2016, § 292 Rn. 8.

ten Fallgruppen und in ganz verschiedenen Funktionen verwandt, so dass die Zuweisung einer festen Rolle im Rechtssystem nicht einfach ist.[412]

Zuerst ist die sog. tatsächliche Vermutung von der widerlegbaren gesetzlichen Vermutung des § 292 dZPO streng zu trennen. Die widerlegbaren gesetzlichen Vermutungen ordnen kraft Gesetzes an, dass bei Vorliegen eines bestimmten Umstands das Vorliegen eines anderen Umstands vermutet wird.[413] Beispielsweise nach § 1006 Abs. 1 S. 1 BGB wird zugunsten des Besitzers einer beweglichen Sache vermutet, dass er Eigentümer der Sache ist. Ähnlich stellt der § 891 Abs. 1 BGB fest: „Ist im Grundbuch für jemand ein Recht eingetragen, so wird vermutet, dass ihm das Recht zustehe." Greift eine gesetzliche Vermutung ein, wird die objektive Beweislast umgekehrt, sodass der Vermutungsgegner die Vermutung durch Beweis des Gegenteils widerlegen muss.[414] Anders als die richterrechtlich entwickelten tatsächlichen Vermutungen reicht hier ein Gegenbeweis – d. h. die bloße Erschütterung der Überzeugung des Richters – nicht aus. Der Vermutungsgegner muss vielmehr einen Beweis erbringen, der den Richter voll vom Vorliegen des Gegenteils der Vermutung überzeugt.[415] Ein weiterer Unterschied zur richterrechtlichen tatsächlichen Vermutung liegt darin, dass diese die Partei auch von ihrer Darlegungslast für die vermutete Tatsache befreit.[416]

Die sog. tatsächlichen Vermutungen sind als bloße Beweiserleichterung ausschließlich dem Bereich der Beweiswürdigung zuzuordnen.[417] Sie beruhen auf der Verwertung von Erfahrungswissen und haben keinen Einfluss auf die Verteilung der objektiven Beweislast.[418] Zur Entkräftung einer tatsächlichen Vermutung ist es daher hinreichend, die richterliche Überzeugung durch einen Gegenbeweis zu erschüttern. Der volle Beweis des Gegenteils ist nicht nötig.

Der BGH knüpft an die tatsächliche Vermutung völlig uneinheitliche Rechtsfolgen, sodass die richterliche Handhabe für die Parteien oftmals nicht voraussehbar ist. In einigen Entscheidungen wird sie als Beweislastregel angesehen und führt

---

412 Für unterschiedliche Eingruppierungen hinsichtlich ihrer Rechtsnatur in der obergerichtlichen Judikatur: Prütting, Gegenwartsprobleme der Beweislast, 1983, S. 53 ff.

413 Prütting/Gehrlein-Laumen, 8. Aufl. 2016, § 292 Rn. 3.

414 Musielak-Huber, 13. Aufl. 2016, § 292 Rn. 5; Stein/Jonas-Leipold, 22. Aufl. 2008, § 292 Rn. 4; Prütting/Gehrlein-Laumen, 8. Aufl. 2016, § 292 Rn. 5; Prütting, Gegenwartsprobleme der Beweislast, 1983, S. 48.

415 Prütting/Gehrlein-Laumen, 8. Aufl. 2016, § 292 Rn. 5.

416 Musielak-Huber, 13. Aufl. 2016, § 292 Rn. 4; Stein/Jonas-Leipold, 22. Aufl. 2008, § 292 Rn. 8; Prütting/Gehrlein-Laumen, 8. Aufl. 2016, § 292 Rn. 4.

417 Prütting/Gehrlein-Laumen, 8. Aufl. 2016, § 292 Rn. 8; Stein/Jonas-Leipold, 22. Aufl. 2008, § 292 Rn. 7; Musielak-Huber, 13. Aufl. 2016, § 292 Rn. 1; Musielak, JA 2010, S. 561 (561 ff.); Allner, Die tatsächliche Vermutung mit besonderer Berücksichtigung der GEMA-Vermutung, 1993, S. 56.

418 Prütting/Gehrlein-Laumen, 8. Aufl. 2016, § 292 Rn. 8.

zu einer Umkehr der objektiven Beweislast.[419] Dann müsse der Vermutungsgegner den Richter von der Unrichtigkeit der Vermutung durch einen vollen Beweis des Gegenteiles überzeugen. Diese Ansicht ist jedoch abzulehnen, weil es nicht überzeugen kann, einer bloßen Lebenserfahrung über die materiell-rechtliche Risikoverteilung normative Bedeutung beizumessen.[420] Es geht bei der den tatsächlichen Vermutungen zugrunde liegenden Lebenserfahrung weniger um eine abstrakte Risikoverteilung, sondern eher um ein Kriterium tatsächlicher Einordnung eines Lebenssachverhalts.[421] Eine tatsächliche Vermutung gibt dem Richter lediglich Hinweise auf die Richtigkeit oder Unrichtigkeit einer Behauptung und hilft ihm bei der Überzeugungsbildung. Der Vermutungsgegner sollte daher die Möglichkeit haben, sich gegen die Vermutung zu wehren, indem er den Gegenbeweis führt, dass es die Möglichkeit eines konkreten anderweitigen Geschehensablaufs gibt. Er müsste daher nicht unbedingt zur Entkräftung der Vermutung den vollen Beweis des Gegenteils erbringen. So wirkt die tatsächliche Vermutung zwar auf die subjektive Beweisführungslast ein, lässt jedoch die objektive Beweislast unberührt.

In der überwiegenden Anzahl der Entscheidungen wird eine Wirkung auf die objektive Beweislast verneint und die tatsächliche Vermutung richtigerweise der Beweiswürdigung zugeordnet.[422] In diesen Fällen verwendet die Rechtsprechung sie häufig als Synonym für einen Anscheinsbeweis.[423] In einem Urteil aus dem Jahre 2010 weist der BGH ausdrücklich darauf hin, dass den „tatsächlichen Vermutungen" eine Bedeutung bei der Beweiswürdigung zugemessen wird, die einen Anscheinsbeweis für die behauptete Tatsachen begründen können.[424] Wenn die konkrete Vermutung nicht so stark ist, um einen Anscheinsbeweis zu begründen, dann können sie bloß als Indizien eingeordnet werden.[425] Aus diesem Grund wird in der Lehre oftmals vertreten, dass auf die Verwendung des entbehrlichen Begriffs der „tatsächlichen Vermutung" insgesamt verzichtet werden soll.[426] Die tatsächliche Vermutung

---

419 BGH v. 5.7.2002, NJW 2002, S. 3164 (3165); BGH v. 26.10.2000, GRUR 2001, S. 453 (455).

420 Prütting, Gegenwartsprobleme der Beweislast, 1983, S. 55.

421 Prütting, Gegenwartsprobleme der Beweislast, 1983, S. 55.

422 BGH v. 19.1.2001, NJW 2001, S. 1127 (1129); BGH v. 2.7.2004, NJW 2004, S. 2671 (2673); BGH v. 9.10. 2009, NJW 2010, S. 363 (364), BGH v. 5.10.2001, NJW 2002, S. 429 (432).

423 BGH v. 23.5.1952, NJW 1952, S. 1137 (1137); BGH v. 30.9.1993, NJW 1993, S. 3259 (3259). Für zahlreiche Beispiele aus der Rechtsprechung siehe: Prütting, Gegenwartsprobleme der Beweislast, 1983, S. 56 Fn. 28; Anzinger, Anscheinsbeweis und tatsächliche Vermutung im Ertragsteuerrecht, 2006, S. 135 Fn. 622.

424 BGH v. 9.10.2009, NJW 2010, S. 363 (364).

425 Prütting, Gegenwartsprobleme der Beweislast, 1983, S. 57 f.; Baumgärtel, FS-Schwab, 1990, S. 43 (45 ff.).

426 Prütting, Gegenwartsprobleme der Beweislast, 1983, S. 58; Musielak, JA 2010, S. 561 (566); Beckhaus, Die Bewältigung von Informationsdefiziten bei der Sachverhaltsaufklärung, 2010, S. 155; Anzinger, Anscheinsbeweis und tatsächliche Vermutung im Ertragsteuerrecht, 2006, S. 135 f.

als eine eigene dogmatische Kategorie stiftet m. E. lediglich Verwirrung. Im Hinblick auf ihre rechtliche Begründung und die Rechtsfolgen als Beweiswürdigungsregel ist sie dem Anscheinsbeweis im Wesentlichen gleichwertig. Die Gegenansicht, dass der Anscheinsbeweis nur beim Nachweis von Kausalität und Verschulden anwendbar sei, verliert an ihre Überzeugungskraft, weil die Rechtsprechung dem Anscheinsbeweis einen immer größeren Anwendungsbereich gibt.[427]

4. Richterrechtliche Beweislastumkehr

Um die Möglichkeit einer gerichtlichen Beweislastumkehr einordnen zu können, muss zunächst der Unterschied zwischen objektiver und subjektiver Beweislast (Beweisführungslast) nachvollzogen werden. Die objektive Beweislast legt fest, welche Partei die nachteiligen Folgen der Beweislosigkeit tragen muss, während die subjektive Beweislast die Frage betrifft, wer Beweis anbieten muss, um einen Prozessverlust zu vermeiden.[428]

Die Frage, wie die Beweislast in einem Prozess verteilt ist, wird in der Lehre unterschiedlich beantwortet. Das deutsche Recht folgt grundsätzlich der Normentheorie *Rosenbergs*[429], wonach jede Partei die Beweislast für die Voraussetzungen der ihr günstigen Normen trägt.[430]

Die Konkretisierung der Günstigkeitsvoraussetzung erfolgt vor allem durch die Normenstruktur. Welcher Partei eine Voraussetzung günstig oder ungünstig ist, lässt sich aus den anzuwendenden Normen ableiten. Z. B. ist gem. § 280 Abs. 1 S. 1 BGB die Pflichtverletzung des Schuldners als positive Anspruchsvoraussetzung vom Gläubiger zu beweisen. Aber behauptet der Schuldner, dass er die Pflichtverletzung nicht zu vertreten hat, dann ist es seine Sache, das Nichtvertreten als negatives Tatbestandsmerkmal nachzuweisen, § 280 Abs. 1 S. 2 BGB.[431]

Das Gesetz kennt in Ausnahmefällen jedoch aus verschiedenen Gründen (wie etwa Beweisnähe oder sozialer Schutz) Abweichungen von der Grundregel der Normentheorie. Als Beispiel gesetzlicher Beweislastumkehr kann § 476 BGB (Beweislastumkehr in Bezug den Verbrauchsgüterkauf) genannt werden.[432]

---

427 Stein/Jonas-Leipold, 22. Aufl. 2008, § 286 Rn. 136.

428 Stein/Jonas-Leipold, 22. Aufl. 2008, § 286 Rn. 48 ff.; Musielak-Foerste, 13. Aufl. 2016, § 286 Rn. 32 f.

429 Rosenberg, Die Beweislast auf der Grundlage des Bürgerlichen Gesetzbuchs und der Zivilprozessordnung, 1965, S. 98 f. Andere bekannte Theorien sind die Wahrscheinlichkeitstheorie und die Gefahrenbereichslehre, zur Vertiefung: Prütting, Gegenwartsprobleme der Beweislast, 1983, S. 179 ff.

430 Musielak-Foerste, 13. Aufl. 2016, § 286 Rn. 34; Prütting, Gegenwartsprobleme der Beweislast, 1983, S. 180.

431 Schwab, Zivilprozessrecht, 2016, § 9 Rn. 494.

432 Für weitere Beispiele: Beckhaus, Die Bewältigung von Informationsdefiziten bei der Sachverhaltsaufklärung., S. 147; Musielak-Foerste, 13. Aufl. 2016, § 286 Rn. 36.

Darüber hinaus hat die Rechtsprechung selbst einige weitere Fallgruppen der Beweislastumkehr entwickelt, in denen sich die beweisbelastete Partei in einer typischen Informationsnot befindet, weil die zu beweisende Tatsache außerhalb ihrer eigenen Wahrnehmungssphäre liegt. In solchen Fällen unterstützt die Rechtsprechung die beweispflichtige Partei durch eine Abänderung der normativen Beweislastverteilung. Dabei wird die Nähe des Gegners zu Beweismitteln berücksichtigt und ihm die Beweislast hinsichtlich der sich in seiner Sphäre abspielenden Tatsachen auferlegt. Da gerichtlichen Beweislastmodifizierungen nicht im Gesetz selbst angelegt sind, müssen die allgemeinen Voraussetzungen für eine Rechtsfortbildung vorliegen.[433] Dazu ist neben einer Gesetzeslücke die dringende Notwendigkeit einer Abweichung von der Grundregel der Normtheorie erforderlich.[434] Die Voraussetzungen und Rechtsfolgen der neuen Beweislastregel müssen aus Gründen der Rechtssicherheit vor Prozessbeginn absehbar sein. Deswegen ist eine Beweislastumkehr im Einzelfall aus Gerechtigkeits- oder Billigkeitsgründen abzulehnen.[435]

Fälle richterrechtlich entwickelter Umkehr der objektiven Beweislast wurden bislang nur in engen Grenzen anerkannt. Die relevantesten Fallgruppen finden sich im Bereich der Arzt- und Produkthaftung.[436] Nach ständiger Rechtsprechung des BGH führt ein grober ärztlicher Behandlungsfehler zu einer Umkehr der Beweislast in Bezug auf Kausalität des Fehlers für die haftungsbegründende Gesundheitsschädigung.[437] Der BGH hat die Grundsätze dieser Rechtsprechung mittlerweile auch auf andere Berufsgruppen ausgedehnt.[438] Bei der fehlerhaften Herstellung eines Produkts wird die Beweislast ebenfalls regelmäßig umgekehrt, sodass der Nachweis für das Fehlen der Kausalität sowie das mangelnde Ver-

---

433 Prütting/Gehrlein-Laumen, 8. Aufl. 2016, § 286 Rn. 71; MüKoZPO-Prütting, 5. Aufl. 2016, § 286 Rn. 119; Saenger-Saenger, 7. Aufl. 2017, § 286 Rn. 66; vgl. Prütting, Gegenwartsprobleme der Beweislast, 1983, S. 22 f.; Stein/Jonas-Leipold, 22. Aufl. 2008, § 286 Rn. 73.

434 Prütting/Gehrlein-Laumen, 8. Aufl. 2016, § 286 Rn. 71; Laumen, NJW 2002, S. 3739 (3741).

435 MüKoZPO-Prütting, 5. Aufl. 2016, § 286 Rn. 123; Prütting/Gehrlein-Laumen, 8. Aufl. 2016, § 286 Rn. 71; Laumen, NJW 2002, S. 3739 (3741).

436 Für weitere Fallgruppen: Musielak-Foerste, 13. Aufl. 2016, § 286 Rn. 38 ff.

437 Vgl. BGH v. 24.6.1986, VersR 1986, S. 1121 (1121 ff.); BGH v. 01.10.1996, NJW 1997, S. 796 (796 f.); BGH v. 16.11.2004, NJW 2005, S. 427 (428); BGH v. 27.4.2004, NJW 2004, S. 2011 (2013).

438 Beispiele für betreffende Berufsgruppen: Schwimmmeister, BGH v. 13.3.1962, NJW 1962, S. 959 (959 f.); Gasinstallateur, BGH v. 19.02.1986, VersR 1987, S. 993 (993); Pflegepersonal, BGH v. 10.11. 1970, NJW 1971, S. 241 (242 f.). *Laumen* lehnt eine derartige Ausdehnung der generellen Beweislastumkehr ab, da die Beweisschwierigkeiten bei anderen groben Berufspflichtverletzungen – anders als Arzthaftungsprozess – nicht typisch sein, Prütting/Gehrlein-Laumen, 8. Aufl. 2016, § 286 Rn. 77.

schulden dem Hersteller obliegt.[439] Eine Beweislastumkehr findet sich ferner bei vertraglichen oder vorvertraglichen Aufklärungspflichten.[440]

Die richterrechtlich entwickelte Beweislastumkehr ist gewiss ein wirksames Mittel, um bestehende Defizite des geschriebenen Rechts zu korrigieren. Sie greift dort ein, wo die Anwendung der allgemeinen Beweislastregeln zu ungerechten Ergebnissen führen kann. Sie bringt jedoch einige Ungewissheiten mit sich. Trotz der Bemühungen, die Umkehr der Beweislast im Vorhinein auf bestimmte Fallgruppen zu beschränken, wird sie in der Praxis leider kaum einheitlich angewandt. Insbesondere i. R. d. Verletzung von Aufklärungs- und Hinweispflichten fällt eine äußerst uneinheitliche Handhabe ins Auge.[441] Der BGH schwankt zuweilen zwischen einer Beweislastumkehr und einer Lösung im Rahmen der Beweiswürdigung.[442]

Ähnliche Probleme stellen sich auch i. R. d. Beweisvereitelung. Die Rechtsprechung unterstützt die beweispflichtige Partei, der ihr Prozessgegner die Beweisführung schuldhaft erschwert oder unmöglich macht, durch Beweiserleichterungen, die bis zur Beweislastumkehr reichen können. Dies geschieht in Anlehnung an die Grundgedanken der §§ 427, 444, 371 Abs. 3 dZPO.[443] Inwieweit und mit welcher Hilfestellung der Beweisführer entlastet wird, ist jedoch kaum voraussehbar. Die Formel „Beweiserleichterungen bis zur Beweislastumkehr“ ermöglicht dem Gericht einerseits große Flexibilität, nach der Schwere der Vorwerfbarkeit der Vereitelungshandlung im konkreten Fall zu beurteilen. Andererseits widerspricht sie jedoch dem Prinzip, wonach die objektive Beweislastverteilung nicht nach den Gerechtigkeitserwägungen im Einzelfall, sondern als abstrakt-generelle Regelung bereits vor Verfahrensbeginn bestimmt werden muss.[444]

5. Erweiterung der materiellrechtlichen Informationspflichten durch die Rechtsprechung

Es ist in der Rechtsprechung schon lange anerkannt, dass eine wortgetreue Handhabung der gesetzlichen Vorschriften die Informationsbedürfnisse der Parteien nicht immer voll befriedigen kann. Um daraus folgenden Ungerechtigkeiten zu

---

439 BGH, v. 26.11.1968, NJW 1969, S. 269 (275 f.); BGH v. 3.6.1975, NJW 1975, S. 1827 (1828 f.); OLG Nürnberg v. 4.11.1987, NJW-RR 1988, S. 378 (379).

440 BGH 8.5.2012, BKR 2012, S. 368 (371); BGH v. 24.6.1986, NJW 2001, S. 2163 (2165).

441 Siehe dazu: Prütting/Gehrlein-Laumen, 8. Aufl. 2016, § 286 Rn. 79.

442 BGH v. 4.4.2001, NJW 2001, S. 2163 (2165). In dieser Entscheidung wurde eine Beweislastumkehr in Folge der verträglichen Aufklärungspflichtverletzung beim Verkauf von GmbH-Geschäftsanteilen vorgesehen. In einer Entscheidung vom Jahr 2006 hingegen nahm der BGH keine Beweislastumkehr bei pflichtwidrigen Prospektangaben des Kapitalanlagevermittlers an, sondern brachte er lediglich eine „tatsächliche Vermutung“ in Anwendung, BGH v. 9.2.2006, NJW-RR 2006, S. 685 (688).

443 Siehe unten Zweiter Teil § 4 III.1.b).

444 Siehe unten Zweiter Teil § 4 III.1.b).

vermeiden, hat die Rechtsprechung zwei verschiedene Methoden auf materiellrechtlicher Ebene entwickelt: Die Erweiterung gesetzlicher Vorschriften durch Analogie und die Herleitung einer generalklauselartigen Informationspflicht aus § 242 BGB.

a) Weite Auslegung und analoge Anwendung gesetzlicher Vorschriften

Es ist nicht selten der Fall, dass eine Person sich in unverschuldeten Unkenntnis über Umfang und Inhalt ihrer Rechte befindet, ohne dass das materielle Recht hierfür eine direkte Lösung bereithält. In derartigen Fällen hilft die Rechtsprechung durch weite Auslegung der geschriebenen Regeln. Einige Beispiele sollen einen Überblick geben.[445]

Das RG entwickelte schon früh über die einzelnen gesetzlichen Vorschriften hinaus den Grundsatz: „Wer fremde Angelegenheiten oder solche besorgt, die zugleich eigene und fremde sind, sei rechenschaftspflichtig".[446] In diesem Sinne hat der BGH den Anspruch auf Rechenschaftslegung des Erben gegen den Testamentsvollstrecker gem. § 2218 Abs. 1 BGB i. V. m. § 666 BGB auch auf das Rechtsverhältnis zwischen Testamentsvollstrecker und seinen Nachfolger ausgedehnt[447]. Zu nennen ist weiter § 687 Abs. 2 BGB i. V. m. §§ 681, 666 BGB, wonach bei *wissentlich* unberechtigter Geschäftsführung ein Auskunftsanspruch des Geschäftsherrn gegen den Geschäftsführer besteht. Die Rechtsprechung wendet diese Vorschrift analog auch bei *fahrlässigen* Eingriffen an.[448]

Eine informationsfreundliche Haltung zeigt sich auch in der großzügigen Auslegung einzelner Rechtsbegriffe – etwa der „Angelegenheiten der Gesellschaft"[449] oder der „Inbegriff von Gegenständen"[450] –, die in bestimmten Fällen den Umfang der Informationspflicht definieren. Von besonderer Bedeutung ist weiter die sehr großzügige Auslegung des § 810 2. Alt. BGB. Diese Norm setzt für den Anspruch auf Einsicht in die Urkunde voraus, dass in der Urkunde ein zwischen dem Anspruchsteller und einem anderen bestehenden Rechtsverhältnis beurkundet sein muss. Die Rechtsprechung legt die Voraussetzung des Rechtsverhältnisses weit aus, so dass das Rechtsverhältnis selbst unmittelbar in der Urkunde nicht festgehalten sein muss.

---

445 Für zahlreiche weitere Beispielsfälle: Stürner, Die Aufklärungspflicht der Parteien des Zivilprozesses, 1976, S. 293 ff.; Beckhaus, Die Bewältigung von Informationsdefiziten bei der Sachverhaltsaufklärung, 2010, S. 36 ff.

446 RGZ 164, S. 348 (350); vgl. BGH, NJW 1959, S. 1963 (1963 f.).

447 BGH v. 28.06.1972, NJW 1972, S. 1660 (1660).

448 RGZ 70, S. 249 ff.; vgl. BGH 23.02.1962, GRUR 1962, S. 354 (357).

449 OLG Hamm v. 06.02.1986, NJW 1986, S. 1693 (1694); OLG Koblenz v. 22.11.2007–6 U 1170/07, BeckRS 2008, 00370.

450 BGH v. 30.4.1964, NJW 1964, S. 1469 (1469) (Die Ausschreibungen, die Vergabe und die Schlußabrechnung als Inbegriff von Vermögensgegenständen i.S.d § 260 Abs. 1 BGB)

Vielmehr wird es als ausreichend angesehen, wenn in der Urkunde zumindest eine für das Rechtsverhältnis erhebliche Tatsache angelegt ist.[451]

b) Auskunftsanspruch nach § 242 BGB

Einen entscheidenden Schritt auf dem Weg zur Fortentwicklung der Auskunftsrechte liegt in der Entwicklung eines materiell-rechtlichen Auskunftsanspruchs aus § 242 BGB. In der Rechtsprechung war schon lange anerkannt, dass auch außerhalb der gesetzlich normierten Fälle die Informationsbedürfnisse der Parteien berücksichtigt werden müssen. Infolgedessen hat sie aus § 242 BGB folgende Generalklausel entwickelt: „In Fällen, in denen ein Recht auf Auskunft gegenüber dem Verpflichteten die Rechtsverfolgung in hohem Maße erleichtert, oft überhaupt erst möglich macht, ist [...] nach den Grundsätzen von Treu und Glauben dem Berechtigten ein Anspruch auf Auskunft bei Rechtsverhältnissen zu gewähren, deren Wesen es mit sich bringt, dass der Berechtigte entschuldbarerweise über Bestehen und Umfang seines Rechts im ungewissen, der Verpflichtete aber in der Lage ist, unschwer solche Auskunft zu erteilen."[452] Diese Formel wird rechtsgebietsübergreifend angewandt und hat sich auch in der Lehre durchgesetzt.[453]

Die Voraussetzungen für einen Auskunftsanspruch aus § 242 BGB sind: (1) eine Sonderverbindung zwischen den Parteien, (2) entschuldbare Unkenntnis des Auskunftsberechtigten, (3) unschwere Aufklärungsmöglichkeit des Auskunftsverpflichteten.

Zunächst bedarf es einer rechtlichen Sonderverbindung zwischen Auskunftsberechtigtem und –verpflichtetem, deren Beziehung sich von dem zwischen allen Bürgern bestehenden „rechtlichen Grundverhältnis" unterscheidet.[454] Eine Sonderverbindung ist regelmäßig zu bejahen, wenn ein vertragliches oder gesetzliches Schuldverhältnis in Rede steht.[455] Ebenfalls umfasst sind familien- und erbrechtliche Beziehungen, sowie sonstige Sonderverbindungen.[456]

---

451 RGZ 56, S. 109 (112); RGZ 117, S. 332 (333); BGH v. 16.4.1962, WM 1962, S. 706 (707); BGH v. 20.1. 1971, NJW 1971, S. 656 (656); vgl. OLG Schleswig v. 17.06.1991, NJW-RR 1991, S. 1338 (1338); siehe auch Stürner, Die Aufklärungspflicht der Parteien des Zivilprozesses, 1976, S. 295 f.

452 RGZ 108, S. 1 (7).

453 Lorenz, JuS 1995, S. 569 (573); Stürner, Die Aufklärungspflicht der Parteien des Zivilprozesses, 1976, S. 296 f.; Lüke, JuS 1986, S. 1 (5); Beckhaus, Die Bewältigung von Informationsdefiziten bei der Sachverhaltsaufklärung, 2010, S. 40.

454 Stürner, JZ 1976, S. 320 (320).

455 BGH v. 17.5.2001, GRUR 2001, S. 841 (843); BGH v. 13.12.2001, GRUR 2002, S. 602 (603); BGH v. 26.01.1983, NJW 1983, S. 2318 (2320).

456 BGH v. 02.07.2014, NJW 2014, S. 2571 (2571); BGH v. 27.6.1973, NJW 1973, S. 1876 (1876 ff.) Ein Beispiel für Eigentümer-Besitzer Verhältnis, OLG Hamm v. 14.12.1992, NJW 1993, S. 2623 (2623 ff.).

Im Bereich der vertraglichen Sonderverbindung muss zwar das Bestehen einer Vertragsbeziehung feststehen, nicht in jedem Fall erforderlich ist aber, dass auch der Anspruch dem Grunde nach erwiesen ist. Bereits bei einem begründeten Verdacht eines vertraglichen Anspruchs bejaht die Rechtsprechung einen Auskunftsanspruch, um die tatsächlichen Anspruchsvoraussetzungen zu ermitteln. So hat der BGH bspw. anerkannt, dass der Urheber, der sich darüber im Unklaren ist, ob ihm nach § 36 UrhG ein Anspruch auf Anpassung der vertraglich vereinbarten Vergütung zusteht, vom Nutzungsberechtigten Auskunft über den Umfang der Verwertung und die erzielten Verkaufspreise verlangen kann.[457] Er verlangt jedoch vom Urheber konkrete Anhaltspunkte für einen solchen Anspruch, um eine unzulässige Ausforschung des Gegners zu vermeiden. Im Übrigen weist der BGH im gleichen Urteil allgemein darauf hin, dass eine Vertragspartei grundsätzlich immer Auskunft und gegebenenfalls Rechnungslegung verlangen kann, wenn auf Grund nachprüfbarer Tatsachen klare Anhaltpunkte für seinen Anspruch bestehen. Hiernach scheint es, als ob in der Rechtspraxis ein allgemeiner Auskunftsanspruch in Vertragsbeziehungen bereits anerkannt ist.[458]

Bei gesetzlichen Sonderverbindungen wird die Sachlage jedoch anders beurteilt. Eine gesetzliche Sonderverbindung entsteht immer erst durch die Begründung eines Anspruchs dem Grunde nach,[459] so bei unerlaubter Handlung oder ungerechtfertigter Bereicherung. Daher muss die risikobelastete Partei erst die anspruchsbegründenden Merkmale nachzuweisen, bevor ein Auskunftsanspruch anerkannt werden kann. Anders als bei der vertraglichen Sonderverbindung erachtet der BGH den bloß begründeten Verdacht eines Anspruchs nicht für ausreichend, um eine Auskunftspflicht aus Treu und Glauben zu bejahen. In einem Urteil verneinte der BGH den Auskunftsanspruch des Antragsstellers, der zur Vorbereitung einer auf unerlaubte Handlung gestützten Schadensersatzforderung Auskunft begehrte.[460] Das Gericht verlangte von ihm, dass er das Vorliegen der Voraussetzungen des Schadensersatzanspruches nachweist. Das Vorbringen des Antragsstellers, dass eine Auskunftspflicht bereits dann bestehe, wenn es ein begründeter Verdacht für eine zum Schadensersatz verpflichtete Handlung gebe, wies der BGH zurück. Er führte aus: „Würde in diesen Fällen ein Auskunftsanspruch bereits auf einen Verdacht hin gewährt oder gar zu dem Zweck, eine unerlaubte Handlung erst zu ermitteln, liefe das auf eine allgemeine Auskunftspflicht hinaus, die dem deutschen Recht fremd ist."

Zusammenfassend ergibt sich somit folgendes Bild: Während der Auskunftsanspruch im Rahmen einer vertraglichen Beziehung auch beim begründeten Verdacht eines Anspruchs eingesetzt wird, gilt das im Rahmen einer gesetzlichen Sonderbeziehung nicht. Ob diese ungleiche Behandlung zwischen der vertraglichen und gesetzlichen Sonderverbindung zutreffend ist, ist jedoch m. E. sehr fragwürdig.

---

457 BGH v. 13.12.2001, GRUR 2002, S. 602 (603).
458 Auch Stürner, Die Aufklärungspflicht der Parteien des Zivilprozesses, 1976, S. 298.
459 Lorenz, JuS 1995, S. 569 (573).
460 BGH v. 26.01.1983, NJW 1983, S. 2318 (2319 ff.).

Es ist nicht selten der Fall, dass die risikobelastete Partei auch bei gesetzlichen Schuldverhältnissen von vornherein die Auskunft ihres Gegners benötigt, um das Vorliegen eines dem Grunde nach bestehenden Anspruchs nachzuweisen. Die Ablehnung ihrer Auskunftsforderung bei einem begründeten Verdacht ihres Anspruchs wäre ein erhebliches Hindernis für ihre Rechtsdurchsetzung. Wenn eine Partei das zu Grunde liegende gesetzliche Schuldverhältnis nicht beweisen kann, bleiben die Auskunftsansprüche aus § 242 BGB für sie reine Theorie. Um dieses Defizit zu korrigieren, hat der BGH früher korrigierend eingegriffen und bestehende Barrieren aus dem Weg geräumt. In seiner „GEMA-Entscheidung“[461] hat der BGH aus hiesiger Sicht einen bedeutenden Schritt in die richtige Richtung getan, indem er die Wahrscheinlichkeit einer Rechtsverletzung für die Begründung einer Auskunftspflicht aus § 242 BGB für ausreichend erachtet hat. Die Beklagte betrieb ein Kopierwerk und stellte unter anderem im Auftrag Dritter Videokassetten von Spielfilmen her. Im Urteil stand fest, dass durch die Kopiertätigkeit der Beklagte für den H-Filmverleih früher einmal Rechte der GEMA verletzt wurden. Der BGH verpflichtete die Beklagte, nicht nur über ihre rechtsverletzende Tätigkeit, sondern über alle von ihr hergestellte Videokopien Auskunft zu erteilen. Damit die Klägerin überprüfen kann, ob und in welchem Umfang in die von ihr wahrgenommenen Rechte eingegriffen worden ist, setzte der BGH eine rechtsverletzende Nutzung hierfür nicht unbedingt voraus. Hinsichtlich der zu erteilenden Auskünfte hat er also auf eine konkrete Sonderbeziehung verzichtet. Denn die Auskunftspflicht der Beklagte ging weit über den Bereich des feststehenden Schuldverhältnisses hinaus.

In den jüngsten Entscheidungen des BGH ist jedoch bedauerlicherweise eine Abkehr von dieser informationsfreundlichen Auslegung zu beobachten. In einem Urteil von 2001 lag die Verletzungshandlung der Beklagten darin, dass sie am 11. 3. 1996 an eine Parfümerie in G. Duftwässer der zur Produktpalette der Klägerin gehörenden Marken verkauft hat, bei denen die Herstellungsnummer entfernt worden war.[462] Die Beklagte wurde verpflichtet mitzuteilen, wer ihr die mit Rechnung und Lieferschein vom 11. 3. 1996 an die Parfümerie in G. verkauften Parfums geliefert hatte. Anders als in der GEMA-Entscheidung ist die Auskunftspflicht allerdings ihrem Inhalt nach auf den konkreten Verletzungsfall beschränkt. Das Begehren der Klägerin, die Beklagte möge Auskunft über etwaige andere an sie erfolgte Lieferungen von Parfums ohne Herstellungsnummer aus deren Produktpalette erteilen, wurde dementsprechend abgelehnt. Der BGH erachtet es für einen Auskunftsanspruch nicht für ausreichend, dass der Verdacht weiterer Verletzungshandlungen besteht. Als Begründung dafür werden angeführt: die Befürchtungen, einen allgemeinen Auskunftsanspruch anzuerkennen, die Gefahr der Ausforschung, sowie die Vernachlässigung allgemein gültiger Beweislastregeln. In 2009 hat der BGH seine Auffassung bekräftigt.[463]

---

461 BGH v. 21.04.1988, NJW 1989, S. 389 (390 f.); ähnlicherweise BGH v. 05.06.1985, NJW 1986, S. 1244 (1245).

462 BGH v. 17.5.2001, GRUR 2001, S. 841 (843 ff.).

463 BGH v. 13.8.2009, NZI 2009, S. 722 (722).

II. In der Türkei

1. Anscheinsbeweis

Zunächst ist zu betonen, dass im türkischen Recht der sog. Anscheinsbeweis in Theorie und Praxis im Vergleich zum deutschen Recht nur schwach verwurzelt ist.[464] Dies zeigt schon daran, dass es bislang nur eine einzige Dissertation zu diesem Thema existiert, die zudem erst 2010 erschienen ist.[465] Im türkischen Recht wird überwiegend das geschriebene Beweissystem angewandt, welches die Gerichte bei der Beweiswürdigung tendenziell eher einschränkt und die so die Entwicklung der flexibler Rechtsinstitute hindert. Es ist daher schwierig, das Institut des Anscheinsbeweises in der Türkei zu etablieren. Auffallend ist jedoch, dass das Interesse an dem Anscheinsbeweis in der Türkei sowohl in der Literatur als auch in der Rechtsprechung ansteigt. Insbesondere das deutsche Recht wird als Vorbild gesehen.[466] Häufigste angewendet wird es beim Nachweis der Kausalität und des Verschuldens.

In der türkischen Lehre wird der Anscheinsbeweis oft als eine besondere Art des Indizienbeweises gesehen.[467] In der Literatur und Rechtsprechungwird er zuweilen als sog. „bestärkter Indizienbeweis“ (kuvvetli emare ispati) bezeichnet.[468] Die Gemeinsamkeit liegt darin, dass sowohl der Anscheinsbeweis als auch der Indizienbeweis dem Richter die Möglichkeit gibt, mit Hilfe von Erfahrungssätzen eine Überzeugung in Bezug auf das Vorliegen tatbestandsrelevanter Tatsachen zu bilden. Es wird jedoch teilweise auf einen strukturellen Unterschied hingewiesen: So soll beim Indizienbeweis ein Indiz allein nicht den Schluss auf die festzustellende Tatsache erlauben. Es bedürfen des Zusammenwirkens mehrerer Indizien. Beim Anscheinsbeweis hingegen ermöglichten bereits Einzelumstände – statt einer Gesamtwürdigung aller Umstände – den Schluss auf die Haupttatsache.[469] Im Vergleich zum Anscheinsbeweis fordert der Indizienbeweis somit höheren Aufklärungsaufwand und eine detaillierte Sachverhaltsanalyse, da die Umstände des konkreten Falles im Einzelnen untersucht und gewürdigt werden müssen. Demgegenüber erübrigt sich beim Anscheinsbeweis eine Auseinandersetzung mit den Einzelheiten des kon-

464 Vgl. Yıldırım, Ilkeler Isıgı Altında Medeni Yargılama Hukuku, 2011, S. 107 (112).

465 Başözen, Medeni Usul Hukukunda İlk Görünüş İspatı, 2010.

466 Yargitay 9. HD. v. 07/05/2009, E. 2009/30916, K. 2012/6093 (UYAP Bilgi Bankası); Yargitay 22. HD. v. 17.07.2012, E. 2012/24019 K. 2013/17421 (UYAP Bilgi Bankası).

467 Atalay, MBD 1999/70, S. 7 (13); Başözen, Medeni Usul Hukukunda İlk Görünüş İspatı, 2010, S. 62; Keser, M. Tevfik Birsel Armagani, 2001, S. 231 (238).

468 Vgl. Yargitay 9. HD. v. 07.05.2009, E. 2009/30916, K. 2012/6093 (UYAP Bilgi Bankası); Yargitay 22. HD. v. 17.07.2012, E. 2012/24019 K. 2013/17421(UYAP Bilgi Bankası); Yargitay 9. HD. v. 20.07.2010, E. 2010/38293 K. 2013/5390 (UYAP Bilgi Bankası).

469 Für ein Beispiel siehe: Albayrak, Medeni Usul ve İcra İflas Hukukunda Yaklaşık İspat, 2013, S. 44. Vgl. Atalay, MBD 1999/70, S. 7 (13); Başözen, Medeni Usul Hukukunda İlk Görünüş İspatı, 2010, S. 60, 64.

kreten Geschehens, weil die einzelnen Erfahrungssätze, auf denen der Anscheinsbeweis basiert, schon für eine richterliche Überzeugungsbildung genügen.[470]

Parallel zum deutschen Recht wird die Diskussion, ob im Rahmen des Anscheinsbeweises das Beweismaß gesenkt wird, auch im türkischen Recht geführt. Argumente und Gegenargumente gestalten sich hier ähnlich wie im deutschen Recht.[471] Erwähnenswert bleibt, dass trotz der Gegenstimmen[472] in der türkischen Lehre die Meinung vorherrscht, dass der Anscheinsbeweis eine Reduzierung des Beweismaßes verursache.[473]

Es besteht heute im türkischen Recht Einigkeit darüber, dass der Anscheinsbeweis keinen Einfluss auf die Verteilung der objektiven Beweislast hat.[474] Er führt lediglich zu einer Umkehr der konkreten Beweisführungslast. Der Beweisgegner kann die durch den Anscheinsbeweis begründete Überzeugung des Gerichts durch die Führung des Gegenbeweises erschüttern. Der volle Beweis des Gegenteils ist nicht erforderlich.

2. Richterrechtliche Durchbrechung des Urkundenprinzips

In der Türkei ist es in der höchstrichterlichen Praxis anerkannt, dass eine strikte Handhabung des Urkundenprinzips in der Praxis zu unbilligen Ergebnissen führen kann. Um dies auszugleichen, kreiert der türkische Gerichtshof entweder selbst Ausnahmen oder legt die bestehenden gesetzlichen Ausnahmevorschriften nach Möglichkeit weit aus. Bspw. erstreckt sich das Prinzip des Urkundenbeweises grundsätzlich nur auf die Rechtsgeschäfte, nicht jedoch auf Rechtshandlungen, § 200 Abs. 1 tZPO. Bestehen Zweifel, ob ein Rechtsverhältnis zwischen den Parteien ein Rechtsgeschäft oder eine Rechtshandlung darstellt, legt die Rechtsprechung den Begriff der Rechtshandlung weit aus und befreit die beweispflichtige Partei so vom Zwang des Urkundenbeweises.[475] In einer Entscheidung aus dem Jahre 2005 betrachtete der türkische Gerichtshof die Übertragung des Eigentums an einem Grundstück, das ins Grundbuch nicht eingetragen ist, als Rechtshandlung und erlaubte daher den Zeugenbeweis.[476] In einem anderen Urteil wurde die gegenseitige Abrechnung nach Beendigung der

---

470 Vgl. Anzinger, Anscheinsbeweis und tatsächliche Vermutung im Ertragsteuerrecht, 2006, S. 72 ff.

471 Siehe oben Zweiter Teil § 4 I.2.

472 Atalay, MBD 1999/70, S. 7 (16); Başözen, Medeni Usul Hukukunda İlk Görünüş İspatı, 2010, S. 351.

473 Albayrak, Medeni Usul ve İcra İflas Hukukunda Yaklaşık İspat, 2013, S. 39, 42; Demir, AÜHFD 2008/3, S. 226 (244); Keser, M. Tevfik Birsel Armagani, 2001, S. 231 (240).

474 Atalay, MBD 1999/70, S. 7 (17); Başözen, Medeni Usul Hukukunda İlk Görünüş İspatı, 2010, S. 102; Keser, M. Tevfik Birsel Armagani, 2001, S. 231 (242).

475 Kuru, Hukuk Muhakemeleri Usulü, 2001, S. 2231 ff.; Yıldırım, ZZPInt 3 (1998), S. 379 (387 f.).

476 Yargitay 8. HD. v. 29.11.2005, E. 2005/5942 K. 2005/8020 (Kazancı Bilgi Bankası).

Arbeit ebenfalls als Rechtshandlung behandelt und der beweispflichtigen Partei damit ermöglicht, ihre Behauptung ohne Beweismittelbeschränkung nachzuweisen.[477] Die beiden Entscheidungen sind jedoch in der Lehre auf massive Kritik gestoßen.[478]

Zahlreiche Anwendungsfälle für die Abweichung vom Urkundenprinzip finden sich im Arbeitsrecht. Da Arbeitnehmer in der Türkei wie in Deutschland als besonders schutzwürdig betrachtet werden, wird die Regel des Urkundenbeweises hierzulande durch die Rechtsprechung zugunsten der Arbeitnehmer erheblich abgeschwächt.[479]

Besonders bemerkenswert ist ferner die Durchbrechung des Prinzips aufgrund der allgemeinen Lebenserfahrung. Spricht ein typischer Geschehensablauf gegen den Inhalt einer Urkunde, ermöglicht der türkische Gerichtshof diesen Inhalt durch einen Freibeweis zu entkräften.[480] In einem Verfahren stritten die Parteien über das Erlöschen eines Schuldverhältnisses.[481] Der Gläubiger war in Besitz von einer Reihe von Urkunden, die vom Schuldner zu zwei verschiedenen Zeitpunkten ausgestellt wurden und jenen zur Zahlung verpflichteten. Nach der Behauptung des Schuldners waren alle Urkunden für das gleiche Schuldverhältnis ausgestellt worden. Mit der Bezahlung der Forderung, die sich aus später ausgestellten Urkunden ergab, hätte sich daher auch das Erlöschen der Forderung, die sich in früher ausgestellten Urkunde befindet, nachweisen lassen. Nach der Behauptung des Gläubigers hingegen betrafen die Urkunden zwei verschiedene Schuldverhältnisse; die erste Forderung sei daher nicht bezahlt worden. Wenn man sich hier strikt an das Prinzip des Urkundenbeweises halten würde, müsste der Schuldner seine Behauptung hinsichtlich des Erlöschens des gesamten Schuldverhältnisses nur durch eine Urkunde bzw. durch einen Strengbeweis untermauern. Der türkische Gerichtshof wich jedoch von diesen Grundregeln ab. Er stellte sich auf den Standpunkt, dass es in Anbetracht der wirtschaftlichen Lage des Schuldners ausgeschlossen sei, dass dieser in so kurzer Zeit so viele Schulden begründet habe. Ferner bestehe zwischen den beiden Gruppen von Urkunden inhaltliche Ähnlichkeiten. Aufgrund allgemeiner Lebenserfahrung sollte es dem Schuldner daher möglich sein, einen Zeugenbeweis für die Richtigkeit seiner Behauptung zu erbringen.

---

477 Yargitay 11. HD. v. 16.03.1971, für weitere Informationen zur Entscheidung siehe: Postacioglu/Altay, Medeni Usul Hukuku Dersleri, 2015, S. 637; Yıldırım, ZZPInt 3 (1998), S. 379 (388).

478 Zur Kritik des ersten Urteils siehe: Kuru/Arslan/Yılmaz, Medeni Usul Hukuku, 2012, S. 405; zur Kritik des zweiten Urteils siehe: Postacioglu/Altay, Medeni Usul Hukuku Dersleri, 2015, S. 637. Die Gemeinsamkeit beider Kritiken besteht darin, dass es hier nicht um eine Rechtshandlung, sondern um ein Rechtsgeschäft gehe.

479 Yargitay 9. HD. v. 25.6.2012, E. 2010/18166 K. 2012/24338 (Kazancı Bilgi Bankası); Yargitay 9. HD v. 25.7.2008, E. 2008/26781 K. 2008/22092 (Kazancı Bilgi Bankası); Yargitay 9. HD. v. 1.5.2008, E. 2008/13255 K. 2008/10991 (Kazancı Bilgi Bankası).

480 Für die Einwände gegen die richterrechtliche Durchbrechung des gesetzlichen Urkundenprinzips: Göksu, HHFD 2011/1, S. 53 (64).

481 Yargitay 11. HD. v. 20/12/1977, E. 1977/5598 K. 1977/5732 (Kazancı Bilgi Bankası).

Ein anderer Fall betraf eine schriftliche Schulderklärung.[482] Die Erben des Ausstellers machten die Unwirksamkeit des schriftlich versprochenen Geldbetrags wegen Sittenwidrigkeit geltend. Nach ihrer Behauptung stand die Schulderklärung des Erblassers im Zusammenhang mit einer außerehelichen Beziehung, die er mit der Gläubigerin führte. Gem. § 27 Abs. 1 tOG ist ein solches Rechtsgeschäft, das gegen die guten Sitten verstößt, nichtig. Nach § 201 tZPO ist die Nichtigkeit eines in einer Urkunde festgestellten Rechtsgeschäfts nur mit einem Strengbeweis nachzuweisen. Der türkische Gerichtshof wich an dieser Stelle jedoch von der Grundregel ab. Er meint, dass die finanzielle Kraft der Gläubigerin die Vergabe eines Darlehens in Höhe von 10 Milliarden TL. nicht erlaube. Der Aussteller (der Erblasser) sei hingegen finanziell deutlich besser situiert. Es bestehe daher überhaupt kein Anlass für ein solches Darlehen. Da die laut Urkunde versprochene Geldschuld somit der allgemeinen Lebenserfahrung widerspreche, könne die Nichtigkeitsbehauptung der Erben durch Zeugenbeweis bewiesen werden.

3. Tatsächliche Vermutung

Ähnlich wie in Deutschland unterscheiden sich auch in der Türkei die gesetzlichen und tatsächlichen Vermutungen stark. Eine gesetzliche Vermutung ordnet kraft Gesetzes an, dass bei Vorliegen bestimmter Tatsachen (Vermutungsbasis) vom Vorliegen weiterer Tatsachen auszugehen ist,[483] wie z. B. § 31 tZGB. Die sog. tatsächlichen Vermutungen hingegen ermöglichen dem Richter Schlussfolgerungen aus der allgemeinen Lebenserfahrung. Sie sind ein in der Rechtsprechung häufig verwendetes Hilfsmittel. Es besteht jedoch Uneinigkeit über ihre Rechtsnatur und Folgen, genauso wie in Deutschland. Die überwiegende Auffassung in der Lehre behandelt sie als eine Regelung der richterlichen Beweiswürdigung und lehnt ihren Beweislastcharakter ab.[484] In der hiesigen Arbeit wurde bereits dargelegt, wieso diese Ansicht zutreffend ist.[485] Die Mindermeinung hingegen meint, durch die tatsächliche Vermutung werde die objektive Beweislast umgekehrt.[486] Es wird daher der volle Beweis des Gegenteils verlangt, um die aus der Vermutung abzuleitende Folgerung zu entkräften. Diese Ansicht misst der tatsächlichen Vermutung somit eher eine materiell-rechtliche Bedeutung bei.

Die Rechtspraxis ist es bislang nicht gelungen, diese Unsicherheiten zu entschärfen. Es gibt zwar eine ganze Reihe von Entscheidungen, in denen die Gerichte davon ausgehen, dass die tatsächliche Vermutung eine volle Beweislastumkehr ver-

---

482 HGK v. 20.3.2002, E. 2002/13–177 K. 2002/206 (Kazancı Bilgi Bankası). Siehe auch: Alangoya, Necip Kocayusufpaşaoğlu için Armağan, 2004, S. 521 (524).
483 Umar/Yılmaz, Isbat Yükü, 1980, S. 165; Topuz, Medeni Usul Hukukunda Karinelerle İspat, 2012, S. 59.
484 Topuz, Medeni Usul Hukukunda Karinelerle İspat, 2012, S. 131 f.; Pekcanıtez/Atalay/Özekes, Medeni Usul Hukuku, 2012, S. 554.
485 Siehe oben Zweiter Teil § 4 I.3.
486 Başözen, Medeni Usul Hukukunda İlk Görünüş İspatı, 2010, S. 83 f.

ursacht.[487] In anderen Entscheidungen spielt die tatsächliche Vermutung jedoch nur für die richterliche Überzeugungsbildung eine Rolle. So bezeichnet der türkische Gerichtshof die tatsächliche Vermutung in einem Urteil aus dem Jahre 2009 ausdrücklich als ein Werturteil, welches für die richterliche Überzeugungsbildung eine Rolle spiele.[488] In einer anderen Entscheidung wird ebenfalls die tatsächliche Vermutung ausdrücklich der Beweiswürdigung zugeordnet und betont, dass im Rahmen einer tatsächlichen Vermutung lediglich die Beweisführungslast umgekehrt werde.[489] In einem Urteil von 2015 hingegen widerspricht sich der Gerichthof offenbar selbst, indem er anhand einer tatsächlichen Vermutung die objektive Beweislast umkehrt, obwohl er sie ausdrücklich der Beweiswürdigung zuordnet.[490]

Ein anderer Fall betraf die unbefugte Abhebung von Altersruhegeld vom Konto des Versicherten nach seinem Tod.[491] Nach der ständigen Rechtsprechung des Gerichtshofs spricht in solchen Fällen eine tatsächliche Vermutung dafür, dass die Bankkarte des Versicherten nach seinem Tod die Person erhalte, mit der er bis zum Tod zusammenwohnte, deswegen sei diese für die missbräuchliche Verwendung der Karte verantwortlich.[492] Nach den bisherigen Entscheidungen war die Beweislast dabei umgekehrt d. h. der Mitbewohner muss seine Unverantwortlichkeit beweisen. Im konkreten Fall hingegen wich der Gerichtshof von diesem Standpunkt ab. Der Versicherte lebte vor seinem Tod mit seinem Sohn zusammen und starb an den Folgen eines schweren Erdbebens. Der Sohn wurde bei dem Erdbeben ebenfalls verletzt und deswegen lange Zeit im Krankenhaus behandelt. Unter diesen Umständen sei es unbillig, dem Sohn den Beweis für fehlendes Verschulden aufzuerlegen. Auch wenn in der Urteilsbegründung der Beweislastcharakter der tatsächlichen Vermutung allgemein betont wurde, wurde sie im konkreten Fall richtigerweise im Rahmen der richterlichen Beweiswürdigung eingeordnet. Es ging nicht um die Beweislastumkehr, sondern um die Umkehr der konkreten Beweisführungslast. Durch die Einführung eines Gegenbeweises,

487 HGK v. 25.03.2015, E. 2013/19–2238 K. 2015/1062 (UYAP Bilgi Bankası); Yargitay 15. HD v. 27.06.2014, E. 2013/6339 K. 2014/4548 (UYAP Bilgi Bankası); Yargitay 15. HD. v. 31.03.2014, E. 2013/2904 K. 2014/2163 (UYAP Bilgi Bankası); Yargitay 17. HD. v. 14.02.2012, E. 2011/12478 K. 2012/1583 (UYAP Bilgi Bankası); Yargitay 17. HD. v. 5.5.2011 E. 2010/6705, K. 2011/4326 (UYAP Bilgi Bankası); Yargitay 14. HD. v. 29.01.2007, E. 2006/13905 K. 2007/628 (UYAP Bilgi Bankası); Yargitay 13. HD v. 7.11.2013, E. 2013/21578 K. 2013/27570 (UYAP Bilgi Bankası).

488 HGK v. 07.10.2009, E. 2009/9–372 K. 2009/416 (Kazancı Bilgi Bankası).

489 HGK v. 10.11.2004, E. 2004/14–464 K. 2004/588 (Kazancı Bilgi Bankası).

490 HGK v. 25.03.2015, E. 2013/19–2238 K. 2015/1062 (UYAP Bilgi Bankası).

491 Yargitay 10. HD v. 26.09.2006, E. 2006/11879 K. 2006/11666, in MİHDER 2007, S. 495 ff.; ähnlich: 10. HD. v. 26.12.2006, E. 2006/17258 K. 2006/17126 (UYAP Bilgi Bankası).

492 Yargitay 10. HD. v. 07.06.2012 E. 2012/10579 K. 2012/11003 (UYAP Bilgi Bankası); 10. HD. v. 3.10.2006, E. 2006/6648, K. 2006/12008 (UYAP Bilgi Bankası); Yargitay 10. HD. v. 1.10.2012, E. 2011/5228 K. 2012/16741 (UYAP Bilgi Bankası).

namentlich durch den Beweis der langen Aufenthaltsdauer im Krankenhaus, erschütterte der Vermutungsgegner die für ihn nachteilige Vermutung des Gerichts.

Ähnlich wie in der deutschen Rechtspraxis werden tatsächliche Vermutungen auch in der türkischen Rechtspraxis bisweilen als Synonym für den Anscheinsbeweis verwendet.[493] Soweit sie als Erfahrungsgrundsätze der Beweiswürdigung zugeordnet werden, erscheint eine eigene Figur der „tatsächlichen Vermutung" überflüssig.[494] Verbergen sich also hinter tatsächlichen Vermutungen zur Führung des Anscheinsbeweises geeignete Erfahrungsgrundsätze, sollte man sie nur als solche bezeichnen; im Übrigen wäre eine Einstufung als allgemeine Indizien in Betracht zu ziehen.[495]

4. Die richterrechtliche Beweislastumkehr

Ähnlich wie der deutsche steht auch der türkische Zivilprozess bei der Beweislastverteilung stark unter dem Einfluss der normativen Theorie, wonach jede Partei die Voraussetzungen der ihr günstigen Normen zu beweisen hat. Dies wird in § 190 Abs. 1 tZPO ausdrücklich normativ abgesichert. Eine parallele Regelung findet sich in § 6 tZGB. Aufgrund dieser Regelungen ist die Lehre in der Türkei sehr skeptisch gegenüber der richterrechtlichen Beweislastumkehr. Es wird häufig darauf hingewiesen, dass objektiv-abstrakte Beweislastregeln durch das Gesetz angeordnet seien und die Rechtsprechung daher an sich nicht befugt sei, von dieser Gesetzeslage abzuweichen.[496] Die Rechtsprechung gelangt dennoch sehr häufig zu einer Umkehr der Beweislast, um verschiedenste Beweisschwierigkeiten überwinden zu können. Die Lehre hingegen meint, dass wenn die Rechtsprechung von einer Beweislastumkehr spreche, eigentlich eine Umkehr der Beweisführungslast gemeint sei.[497] Es ist zwar richtig, dass in manchen Entscheidungen nicht deutlich ist, ob „Beweislastumkehr" die Umkehr der objektiven Beweislast oder der konkreten Beweisführungslast bedeuten soll, gilt dies jedoch nicht für alle Entscheidungen. Vielmehr erlegt die Rechtsprechung in der überwiegenden Zahl der Fälle das Risiko der Nichterweislichkeit der im Grunde nicht beweispflichtigen Partei auf, d. h. kehrt die objektive Beweislast um.

In den letzten Jahren verbreiteten sich Fälle richterrechtlicher Beweislastumkehr insbesondere im Bereich der Arzthaftung, genauso wie in Deutschland. Beim Vor-

493 Yargitay 3. HD. v. 15/11/2011, E. 2012/20800 K. 2012/23993 (UYAP Bilgi Bankası).

494 Topuz, Medeni Usul Hukukunda Karinelerle İspat, 2012, S. 139; Atalay, MBD 1999/70, S. 7 (14); Taşpınar, AÜHFD 1996/1, S. 533 (543, 557). Für die Gegenmeinung: Başözen, Medeni Usul Hukukunda İlk Görünüş İspatı, 2010, S. 82 ff.

495 Prütting, Gegenwartsprobleme der Beweislast, 1983, S. 58.

496 Umar/Yılmaz, Isbat Yükü, 1980, S. 34; Atalay, Medeni Usul Hukukunda Menfi Vakıaların İspatı, 2001, S. 15 f.; Başözen, Medeni Usul Hukukunda İlk Görünüş İspatı, 2010, S. 93 ff.

497 Umar/Yılmaz, Isbat Yükü, 1980, S. 36 f.; vgl. Atalay, Medeni Usul Hukukunda Menfi Vakıaların İspatı, 2001, S. 16.

liegen eines Behandlungsfehlers wird vermutet, dass der beim Patienten eingetretene Gesundheitsschaden auf den Fehler des Arztes zurückzuführen ist. Der Arzt muss nun seinerseits beweisen, dass dies nicht zutrifft.[498] Anders als im deutschen Recht ist die Änderung der Beweislast nicht auf *grobe* Behandlungsfehler begrenzt, sondern kommt bereits bei *leichten* Behandlungsfehlern in Betracht.

Darüber hinaus stützt sich die Rechtsprechung bei der Beweislastumkehr meist auf eine allgemeine Lebenserfahrung und erlegt die Beweislast demjenigen auf, der das Gegenteil eines typischen Lebensablaufs behauptet. Der Gerichtshof nimmt bspw. in ständiger Rechtsprechung an, dass die Geschenke (überwiegend Gold und Geld), die dem Brautpaar während der Hochzeitsfeier gegeben wurden, der Ehefrau zugewendet werden.[499] Ebenso unterstellt er, dass das Schweigen des Eigentümers bei einer missbräuchlichen Verwendung seines Grundstücks eine Genehmigung darstellt.[500] Die Beweislast hinsichtlich der Unwahrheit dieser Annahme wird der eigentlich nicht beweisbelasteten Partei auferlegt, die den Beweis des Gegenteils erbringen müsste. Auf die Unzulänglichkeiten, die sich bei einer Beweislastumkehr aus Gründen der allgemeinen Lebenserfahrung ergeben, wird diese Arbeit an anderer Stelle eingehen.[501]

III. Unsicherheiten in der Rechtspraxis

1. Beispiele aus dem deutschem Recht

a) Das Verschwimmen der Grenzen zwischen sekundärer Behauptungslast und Anscheinsbeweis bzw. tatsächlicher Vermutung

Die sekundäre Behauptungslast und der Anscheinsbeweis sind die zwei wichtigsten Instrumente, um die nötigen Informationen von der nicht risikobelasteten Partei zu erhalten. In der Rechtsprechung herrscht jedoch große Verwirrung darüber, ob sich die Aufklärungspflicht aus einer sekundären Behauptungslast oder aus einem Anscheinsbeweis ergibt.

So gelangt das OLG Naumburg in einem Urteil aufgrund allgemeinen Lebenserfahrung zu dem Ergebnis, dass der auf einem Werbefax angegebene Absender auch der tatsächliche Absender des Faxes sei.[502] Für die Absendereigenschaft der dadurch betroffenen Beklagten spreche im konkreten Fall zusätzlich der Anscheinsbeweis, dass diese ein wirtschaftliches Interesse an der Versendung haben. Nach dieser Feststellung erlegt das Gericht den Beklagten die Beweislast auf, sämtliche

498 Yargitay 13. HD. v. 11.09.2013, E. 2012/26593 K. 2013/21129 (UYAP Bilgi Bankası); Yargitay 13. HD. v. 19.10.2006, E. 2006/10057 K. 2006/13842 (UYAP Bilgi Bankası).
499 HGK v. 10.11.2010, E. 2010/6–533 K. 2010/578 (Kazancı Bilgi Bankası); Yargitay 6. HD. v. 5.12.2011, E. 2011/9380 K. 2011/13669 (Kazancı Bilgi Bankası).
500 Yargitay 1. HD. v. 9.6.2011, E. 2011/5912 K. 2011/7007 (Kazancı Bilgi Bankası).
501 Siehe unten Zweiter Teil § 4 III.2.b).
502 OLG Naumburg v. 17.02.2006, 10 U 41/05, Juris.

Sendeprotokolle seines Faxgerätes vorzulegen. Bedauerlicherweise wird diese Beweisführungspflicht jedoch als sekundäre Behauptungslast bezeichnet. So führt das Gericht aus: „Bestreitet der vermeintliche Absender seine Absendereigenschaft, ergibt sich daraus nicht nur eine erhöhte Darlegungslast, sondern auch eine eigene Beweislast. Ihn trifft die sog. sekundäre Behauptungslast, da sein Bestreiten allein durch Tatsachen bewiesen werden kann, die in seiner Geschäftssphäre liegen. Diesbezüglich ist Beweis, etwa durch Vorlage sämtlicher Sendeprotokolle seines Faxgerätes, anzubieten."

Entgegen der Ansicht des OLG ist die sekundäre Behauptungslast nicht der richtige Ansatzpunkt, um zu einer Beweispflicht der Beklagten zu gelangen. Sinn und Zweck der sekundären Behauptungslast ist, der sich unter einem Informationsdefizit leidenden Partei bei ihrer Darlegungslast zu helfen. Sie geht nicht so weit, dass die betroffene Partei neben ihrem substantiierten Bestreiten auch entsprechende Beweismittel bezeichnen müsste.[503] Im konkreten Fall ist daher zwar Erwartung des Gerichts, der Beklagte müsse Beweis antreten, nicht fehlerhaft. Aber die Begründung ist unzutreffend. Die Beklagten waren nicht aufgrund der sekundären Behauptungslast, sondern vielmehr aufgrund des Anscheinsbeweises zum Beweis gezwungen, weil das Gericht schon mit Hilfe des typischen Ablaufs von der Vermutung ihrer tatsächlichen Absendereigenschaft ausgegangen ist. Der Beklagten oblag daher der Gegenbeweis (wie etwa die Vorlage sämtlicher Sendeprotokolle), um diese Überzeugung des Gerichts zu entkräften.

Ein Urteil des BGH aus dem Jahres 2005 betraf eine ähnliche Problematik. Der BGH bejaht dort den Beweis des ersten Anscheins dafür, dass der Ehemann der Klägerin wegen im Krankenhaus verabreichter Blutprodukte mit HIV infiziert worden sei.[504] Er erlegt jedoch gleichzeitig dem Beklagten eine sekundäre Behauptungslast auf, wonach er die Chargennummern des verwendeten Produkts darlegen müsse, damit die Klägerin Indizien für die Kontaminierung der verabreichten Blutprodukte vortragen könne. Die Aussagen des BGH sind offensichtlich widersprüchlich: Einerseits unterstellt er i. S. d. Anscheinsbeweises, dass es hinreichende Indizien für eine Kontamination gebe. Andererseits verlangt sie jedoch von dem Beklagten Auskunft, damit die Klägerin weitere Indizien vortragen könne. Man kann sicher nicht leugnen, dass die Klägerin unter einer Informationsnot litt, während dem Beklagten die nötigen Informationen zuzumuten waren. Allerdings hätte das Gericht zuerst darüber entscheiden sollen, ob die nicht darlegungs- und beweispflichtige Partei – der Beklagte – aufgrund einer sekundären Behauptungslast oder eines Anscheinsbeweises aufklärungspflichtig ist, weil beide Instituten ganz unterschiedliche rechtliche Grundlagen, Voraussetzungen und Rechtsfolgen haben. Befindet sich die Klägerin in einem Informationsdefizit bei der Substantiierung ihres Vortrags,

---

503 BGH v. 17.1.2008, NJW 2008, S. 982 (984), BGH v. 22.7.2014, NJW 2014, S. 3089 (3090), BGH v. 26.6.2007, NJW 2007, S. 2989 (2991); BGH v. 18.2.2009 NJW-RR 2009 S. 1142 (1144); Prütting/Gehrlein-Laumen, 8. Aufl. 2016, § 286 Rn. 87.

504 BGH v. 14.6.2005, NJW 2005, S. 2614 (2614 ff.).

während es dem Beklagten zumutbar ist, nähere Angaben zu machen, dann muss dieser im Rahmen seiner sekundären Behauptungslast die betreffenden Informationen – in diesem Fall die Chargennummern – der Klägerin mitteilen. Geschieht dies nicht, greift die Geständnisfiktion des § 138 Abs. 3 dZPO. Werden dagegen die Voraussetzungen des Anscheinsbeweises erfüllt, spricht also die Lebenserfahrung für die Kontaminierung des Produkts, hat dies eine Umkehr der konkreten Beweisführungslast zur Folge. Der Beklagte muss dann den Gegenbeweis führen, aus dem sich die ernsthafte Möglichkeit eines von der Lebenserfahrung abweichenden Geschehensablaufs ergibt. Weiter findet die sekundäre Behauptungslast ihre Wurzeln in § 138 Abs. 2 dZPO, der Anscheinsbeweis hingegen in § 286 dZPO als Teil der freien richterlichen Beweiswürdigung.

Nachfolgende Entscheidungen verdeutlichen die bestehenden Unsicherheiten der Rechtspraxis im Umgang mit richterrechtlich entwickelten Aufklärungspflichten. So unterstellt der BGH bspw. eine tatsächliche Vermutung dahin gehend, dass der Inhaber eines Internetanschlusses für die unter diesem Anschluss begangenen Rechtsverletzungen verantwortlich ist.[505] Er führt weiter aus, daraus ergebe sich eine sekundäre Darlegungslast des Anschlussinhabers, der geltend macht, eine andere Person habe die Rechtsverletzung begangen. Das ist unzutreffend, da eine sekundäre Behauptungslast nicht der Entkräftung einer tatsächlichen Vermutung dient.

Die oben genannten Entscheidungen sind hinsichtlich der Einbeziehung der nicht darlegungs- und beweisbelasteten Partei in die Sachaufklärung zwar begrüßenswert, zeigen jedoch deutlich, wie die Grenzen zwischen den von der Rechtsprechung zu diesem Zweck entwickelten Rechtsinstituten verschwimmen.

b) Unzulässige Vermischung von Beweiswürdigung und Beweislast

In besonders schwierigen Beweislagen (insbesondere im Fall einer Beweisvereitelung) gewährt der BGH dem Beweisbelasteten eine „Beweiserleichterung bis hin zur Umkehr der Beweislast“.[506] Diese offene Formulierung ermöglicht den Gerichten flexible Lösung dahin gehend, ob der jeweilige Sachverhalt eine vollständige Umkehr der Beweislast oder lediglich Beweiserleichterungen rechtfertigt.[507] Offen

505 BGH v. 12.5.2010, NJW 2010, S. 2061 (2061); vgl. BGH v. 08.01.2014, ZUM 2014, S. 707 (708).

506 BGH v. 11.6.2015, GRUR 2016, S. 88 (92); BGH v. 13.11.2014, NJW 2015, S. 1026 (1026 f.); BGH v. 23.11.2005, NJW 2006, S. 434 (436); BGH v. 17.1.2008, NJW 2008, S. 982 (985); BGH v. 28.06.2012 – IX ZR 219/10 Juris. Der BGH hat lange Zeit auch bei groben Behandlungsfehlern im Bereich der Arzthaftung diese flexible Lösung angewendet. In neuer Zeit hat er allerdings von dieser Formel Abstand genommen und klargestellt, dass ein grober Behandlungsfehler des Arztes regelmäßig zur Beweislastumkehr führt. Prütting/Gehrlein-Laumen, 8. Aufl. 2016, § 286 Rn. 81; Stein/Jonas-Leipold, 22. Aufl. 2008, § 286 Rn. 188.

507 Laumen, MDR 2009, S. 177 (177); Beckhaus, Die Bewältigung von Informationsdefiziten bei der Sachverhaltsaufklärung, 2010, S. 159.

bleibt allerdings, inwieweit eine Kombination zwischen der Möglichkeit von Beweiserleichterungen und der Umkehr der Beweislast mit dem geltenden System des Beweisrechts vereinbar ist. Darf es Belieben des Gerichts überlassen bleiben, ob im Einzelfall eine bloße Beweiserleichterung oder eine Umkehr der Beweislast eingreifen soll?

Vor allem gehören beide Rechtsinstitute unterschiedlichen Rechtsbereichen an. Während die Beweislastumkehr abstrakt-generelle Risikozuweisungen betrifft, unterliegen die sonstigen Beweiserleichterungen ausschließlich der richterlichen Beweiswürdigung im Einzelfall.[508] Die Beweislastregeln müssen – aus Gründen der Rechtssicherheit und Gleichheit der Rechtsanwendung – von vornherein feststehen.[509] Die richterrechtliche Umkehr der Beweislast müsste sich deswegen auf bestimmte typische Fälle beschränken, in denen ihre rechtlichen Grundlagen, Voraussetzungen und Folgen vorherbestimmt sind. Eine Beweislastumkehr nach Beliebigkeit des Gerichts, also aus Gründen der Gerechtigkeit oder Billigkeit hingegen ist mit dem abstrakt-generellen Charakter der Beweislastregeln nicht vereinbar und gefährdet die Rechtssicherheit und Kalkulierbarkeit des Prozesses.[510]

Der richterliche Eingriff in die Risikoverteilung bedeutet, wie vorher ausgeführt, die Modifizierung der allgemein gesetzlichen Beweislastregeln. Es müssen daher die allgemeinen Voraussetzungen für eine richterliche Rechtsfortbildung gegeben sein.[511] Es bedarf daher neben dringender Notwendigkeit einer solchen Modifizierung rechtssatzmäßige Festlegung der Voraussetzungen und Folgen der neu geschaffenen Beweislastregel. Eine solche abstrakt-generelle Ausgestaltung der Beweislastverteilung ist auch verfassungsrechtlich geboten.[512]

Aus diesen Gründen sind die Beweislastfragen nicht nach richterlichem Ermessen im Einzelfall zu beurteilen. Die von der Rechtsprechung entwickelte Lösung, dass der Richter je nach Schwierigkeit des Einzelfalles aus einem Katalog von „Beweiserleichterungen bis hin zur Umkehr der Beweislast“ auswählen könne, ist daher irreführend. Sie vermengt einerseits die Bereiche von Beweiswürdigung und Beweislast in unzulässiger Weise, verletzt andererseits den Grundsatz, dass die Regeln über die Verteilung der objektiven Beweislast schon vor Prozessbeginn abstrakt und generell feststehen müssen.[513]

Ein weiterer Irrtum der Rechtsprechung ist die Verwendung des Begriffes „tatsächliche Vermutung“ im Zusammenhang mit einer Beweislastumkehr.[514] In den einschlägigen Fällen wird der Eindruck erweckt, als sei die Änderung der gesetzlichen

508 Laumen, NJW 2002, 3739 (3743).
509 Siehe oben Zweiter Teil § 4 I.4.
510 MüKoZPO-Prütting, 5. Aufl. 2016, § 286 Rn. 123; Prütting/Gehrlein-Laumen, 8. Aufl. 2016, § 286 Rn. 71; Laumen, NJW 2002, S. 3739 (3741).
511 Siehe oben Zweiter Teil § 4 I.4.
512 BVerfGE v. 25. 7. 1979, NJW 1979, S. 1925 (1925).
513 Laumen, NJW 2002, S. 3739 (3746); ders. MDR 2009, S. 177 (179); vgl. MüKoZPO-Prütting, 5. Aufl. 2016, § 286 Rn. 129.
514 Siehe: Laumen, NJW 2002, S. 3739 (3744); Göertz, BKR 2012, S. 368 (376).

Beweislast eine Folge der tatsächlichen Vermutung.[515] Dies ist jedoch irreführend, weil der tatsächlichen Vermutung eine Bedeutung nur im Rahmen der Beweiswürdigung beizumessen ist. Sie führt lediglich zu einer Umkehr der konkreten Beweisführungslast, nicht jedoch zu einer Beweislastumkehr.

Das sog. „Powerseller" Urteil macht die Grenzverschwimmung zwischen der richterlichen Beweiswürdigung und Beweislastumkehr sehr deutlich. Nach Ansicht des LG Mainz[516] spricht ein Anscheinsbeweis für die Unternehmereigenschaft des Verkäufers, wenn er sich auf der Auktionsplattform eBay als Powerseller bezeichnet. Im gleichen Fall nimmt das OLG Koblenz[517] hingegen – wegen der Beweisschwierigkeit des Verbrauchers – eine Umkehr der Beweislast an und erlegt dem Verkäufer die Beweislast für seine fehlende Unternehmereigenschaft auf. Der Powerseller ist zwar in beiden Entscheidungen beweispflichtig dafür, dass er als Verkäufer nicht gewerbsmäßig handelte, beide Gerichte stützen diese Verpflichtung jedoch auf unterschiedliche Rechtsgrundlagen. Wo die Trennlinie zwischen beiden Rechtsinstituten verläuft, ist nicht klar.

c) Subjektive Bewertung des Begriffs „allgemeine Lebenserfahrung"

Die Beachtung allgemeiner Lebenserfahrungssätze ist heute das wichtigste Werkzeug der deutschen Rechtsprechung gegen die Informationsdefizite bzw. Beweisschwierigkeiten im Zivilprozess. Durch die aufgrund einer bestimmten Lebenserfahrung gewonnene Schlussfolgerung entlastet das Gericht die sich in Informationsnot befindende Partei, indem es ihren Gegner die Beweisführungspflicht auferlegt, wie beim Anscheinsbeweis oder bei der tatsächlichen Vermutung. Dadurch wird zwar in der Sachverhaltsaufklärung eine erhebliche Lücke gefüllt, es werden jedoch gleichzeitig neue Unsicherheiten geschaffen.

Eine Lebenserfahrung beruht vor allem auf subjektive Wertungen des Richters, die sich primär aus seinen persönlichen Kenntnissen und Erfahrungen speisen.[518] Der Inhalt der maßgeblichen allgemeinen Lebenserfahrung differenziert daher je nachdem, welche Werte und Weltanschauungen auf der Richterbank vertreten sind. Das jedoch birgt die Gefahr, dass unterschiedliche Gerichte vergleichbare Sachverhalte deutlich divergierend beurteilen. Die Rechtsprechung zur Haftung bei Filesharing mag dies verdeutlichen:

Das LG München I unterstellt in einem Fall die tatsächliche Vermutung, dass der Anschlussinhaber für eine von seinem Anschluss ausgehende Rechtsverlet-

---

515 BGH v. 8.5.2012, BKR 2012, S. 368 (368 ff.); BGH v. 14.02.1995, NJW 1995, S. 1611 (1612).

516 LG Mainz v. 6.7.2005, NJW 2006, S. 783 (784).

517 OLG Koblenz v. 17.10.2005, NJW 2006, S. 1438 (1438).

518 Kraatz, Der Einfluss der Erfahrung auf die tatrichterliche Sachverhaltsfeststellung: Zum „strafprozessualen" Anscheinsbeweis, 2011, S. 477.

zung verantwortlich sei.[519] Diese Vermutung beruht auf der Annahme eines der Lebenserfahrung entsprechenden Geschehensablaufs, wonach in erster Linie der Anschlussinhaber seinen Internetzugang nutze, jedenfalls über die Art und Weise der Nutzung bestimme und diese mit Tatherrschaft bewusst kontrolliere. Das AG Düsseldorf widerspricht hingegen ausdrücklich dieser Bewertung des LG.[520] Es meint, es gebe keinen empirisch gesicherten Erfahrungssatz dahin gehend, dass ein Internetzugang in erster Linie vom Anschlussinhaber genutzt werde, jedenfalls über die Art und Weise der Nutzung bestimme und diese mit Tatherrschaft bewusst kontrolliere. Vielmehr spreche die alltägliche Erfahrung für das Gegenteil, insbesondere bei einem Mehrpersonenhaushalt. Selbst im Fall eines Einpersonenhaushaltes sei die mögliche eigenverantwortliche Mitnutzung durch Gäste nicht selten. Eine weit reichende Haftung des Anschlussinhabers würde im Ergebnis dazu führen, dass sowohl andere Haushaltsmitglieder als auch Besucher unter ständiger Beobachtung durch den Anschlussinhaber stehen müssten. Dies aber sei nicht nur lebensfremd, sondern würde in nicht zumutbarer Weise das soziale Zusammenleben beeinträchtigen. Fremde Internetzugänge unbeaufsichtigt zu benutzen, sei fester Bestandteil des modernen Alltagslebens.

Für die gleiche Situation können also, wie gesehen, zwei verschiedene Gerichte ganz unterschiedliche Ansichten haben. Dies schließt die Anwendbarkeit der Instrumente, die aufgrund einer allgemeinen Lebenserfahrung entwickelt wurden, zwar nicht aus, wirft jedoch die Frage auf, ob sie die Lücken im Bereich der Sachverhaltsermittlung angemessen ausfüllen können.

2. Beispiele aus dem türkischem Recht

a) Uneinheitliche Ergebnisse bei der richterrechtlichen Durchbrechung des Urkundenprinzips

Durch die richterrechtliche Abweichung vom Prinzip des Urkundenbeweises befreit sich der türkische Zivilprozess teilweise von seinen strengen Beweisregeln.[521] Dies ermöglicht den Parteien eine verstärkte Mitwirkung an der Beweisaufnahme und gibt dem Richter einen weiten Ermessensspielraum bei der Sachverhaltsermittlung. Wie bei den übrigen von der Rechtsprechung entwickelten Instrumenten besteht jedoch auch in diesem Bereich Unklarheiten.

Die Durchbrechung des Urkundenprinzips in der Türkei erfolgt meistens mit Hilfe des Rückgriffs auf allgemeine Lebenserfahrungen. Die Rechtsprechung knüpft an die entwickelten Erfahrungssätze jedoch völlig uneinheitliche Rechtsfolgen. Ein

---

519 LG München I v. 22.3.2013, MMR 2013, S. 396 (396). Auch der BGH geht in solchen Fäll von einer tatsächlichen Vermutung für eine Täterschaft des Anschlussinhabers aus, BGH v. 08.01.2014 I ZR 169/12 juris; BGH v. 12.5.2010, NJW 2010, S. 2061 (2061).

520 AG Düsseldorf v. 19.11.2013, 57 C 3144/13, BeckRS 2013, 21170.

521 Siehe oben Zweiter Teil § 4 II.2.

typischer Geschehensablauf führt einmal zur Befreiung der beweispflichtigen Partei lediglich von der Notwendigkeit des Urkundenbeweises, ein anderes Mal zur völligen Umkehr der Beweisführungslast. Wird die beweisbelastete Partei lediglich vom Zwang des Urkundenbeweises befreit, darf sie ihre Behauptung mit allen Beweismitteln, d.h. ohne Beweismittelbeschränkung nachweisen.[522] In diesem Fall wird ihr nur die Beweisführung erleichtert; sie bleibt jedoch weiter beweispflichtig. Darüber hinaus gibt es eine Reihe von Fällen, in denen die beweisbelastete Partei – mit Hilfe eines Erfahrungssatzes – nicht nur vom Urkundenzwang, sondern von der ganzen Beweisführungspflicht befreit wurde.[523] Obwohl die in beiden Fallgruppen verwendeten Erfahrungssätze gleichwertig sind, zieht die Rechtsprechung daraus unterschiedliche Folgerungen. Es bleibt daher unaufgeklärt, unter welchen Voraussetzungen und inwieweit die beweisbelastete Partei von der Verpflichtung zum Urkundenbeweises tatsächlich entbunden wird.

b) Unzulässige Umkehr der Beweislast aufgrund der allgemeinen Lebenserfahrung

In der Türkei zeigt sich in neuerer Zeit eine zunehmende Tendenz zur Modifizierung der objektiven Beweislast anhand allgemeiner Erfahrungssätze. Nach der häufig verwendeten Formel trage die Beweislast derjenige, der das Gegenteil einer allgemeinen Lebenserfahrung behauptet.[524] Auch wenn dabei nicht immer ersichtlich ist, ob mit dem Begriff „Beweislast" objektive oder subjektive Beweislast gemeint ist, zeigt eine nähere Betrachtung der einzelnen Urteile, dass damit ein direkter Eingriff in die gesetzliche Risikoverteilung verbunden ist, was im Grunde die objektive Beweislast betrifft.

An dieser Stelle ist die Frage berechtigt, ob eine auf allgemeine Lebenserfahrung gestützte Umkehr der Beweislast überhaupt zulässig sein kann. Die Änderung der objektiven Beweislast ist vor allem eine Abweichung vom Gesetz und damit metho-

522 HGK v. 20.3.2002, E. 2002/13–177 K. 2002/206 (Kazancı Bilgi Bankası); Yargitay 9. HD v. 25.06.2012, E. 2010/18166 K. 2012/24338 (Kazancı Bilgi Bankası); Yargitay 9. HD. 25.7.2008, E. 2008/26781 K. 2008/22092 (Kazancı Bilgi Bankası).

523 HGKv. 10.11.2004, E. 2004/14–464 K. 2004/588 (Kazancı Bilgi Bankası); Yargitay 13. HD v. 7.11.2013 E. 2013/21578 K. 2013/27570 (UYAP Bilgi Bankası); vgl. Yargitay 11. HD. v. 20.12.1977, E. 1977/5598 K. 1977/5732 (Kazancı Bilgi Bankası).

524 HGK v. 25.03.2015, E. 2013/19–2238 K. 2015/1062 (UYAP Bilgi Bankası); Yargitay 13. HD v. 7.11.2013, E. 2013/21578 K. 2013/27570 (UYAP Bilgi Bankası); Yargitay 10. HD. v. 01.10.2012, E. 2011/5228 K. 2012/16741(UYAP Bilgi Bankası); Yargitay 10. HD. v. 20.10.2009, E. 2009/8955 K. 2009/15860 (UYAP Bilgi Bankası); Yargitay 15. HD. v. 27.06.2014, E. 2013/6339 K. 2014/4548 (UYAP Bilgi Bankası); Yargitay 15. HD. v. 31.03.2014, E. 2013/2904 K. 2014/2163 (UYAP Bilgi Bankası); Yargitay 17. HD. v. 14.02.2012, E. 2011/12478 K. 2012/1583 (UYAP Bilgi Bankası); Yargitay 17. HD. v. 5.5.2011, E. 2010/6705 K. 2011/4326 (UYAP Bilgi Bankası); Yargitay 14. HD. 29.01.2007, E. 2006/13905 K. 2007/628 (UYAP Bilgi Bankası).

disch ein Problem der richterrechtlichen Rechtsfortbildung. Wie oben erwähnt, setzt eine derartige Abänderung jedenfalls die rechtssatzmäßige Festlegung der Voraussetzungen und Folgen der neu geschaffenen Beweislastregel und voraus, sowie eine Begründung, warum eine Abweichung vom Gesetzestext zwingend erforderlich ist.[525] Es fehlt jedoch bis heute in der Judikatur an einer solchen methodischen und inhaltlichen Legitimation.

Weiter legt die objektive Beweislast fest, welche Partei das Risiko der Nichterweislichkeit einer Behauptung (non liquet) trägt[526]; somit dient sie der Kalkulierbarkeit des Prozessrisikos. Regeln der objektiven Beweislast müssen aus Gründen der Rechtssicherheit vor Prozessbeginn abstrakt festliegen. Eine Beweislastumkehr im Einzelfall mit Hilfe des unscharfen Begriffs der „allgemeinen Lebenserfahrung" beeinträchtigt jedoch die Kalkulierbarkeit und Vorhersehbarkeit des Prozesses und gefährdet somit die Rechtssicherheit.

Andererseits müsste das Institut der allgemeinen Lebenserfahrungen der Beweiswürdigung, nicht jedoch der Beweislast zugeordnet werden. Der Richter profitiert von Erfahrungssätzen bei seiner Überzeugungsbildung. Er zieht Folgerungen daraus und schließt mit ihrer Hilfe Lücken in der Sachverhaltsfeststellung.[527] Die Wirkung der Beweislast hingegen kann niemals darin bestehen, dem Richter zu einer Überzeugung von der Wahrheit oder Unwahrheit einer Tatsache zu verhelfen. Vielmehr dient sie – trotz weiterbestehender Unklarheiten – einer richterlichen Urteilsfindung.[528] Die aus der Lebenserfahrung abgeleiteten Schlussfolgerungen müssten durch einen Gegenbeweis widerlegbar sein, welcher zeigt, dass es die ernsthafte Möglichkeit eines von der Lebenserfahrung abweichenden Geschehensablaufs gibt. Die allgemeinen Lebenserfahrungen können somit einen Einfluss auf die konkrete Beweisführungslast, nicht jedoch auf die objektive Beweislast haben. Die von der Rechtsprechung entwickelte Formel „wer das Gegenteil eines typischen Geschehensablaufs behauptet, trägt dafür die Beweislast" ist daher unzutreffend.

c) Subjektivität des Begriffs „allgemeine Lebenserfahrung"

Das Heranziehen allgemeiner Lebenserfahrung ist auch in der türkischen Rechtsprechung das häufigste und beliebteste Hilfsmittel, Schwierigkeiten bei der Sachverhaltsaufklärung zu überwinden. Die aus der Subjektivität einer Lebenserfahrung entstehende Unsicherheit zeigt sich jedoch auch in der türkischen Gerichtspraxis. Bei näherer Betrachtung der höchstrichterlichen Entscheidungen fällt auf, wie persönlich und unterschiedlich richterliche Wahrnehmungen eines Geschehens sein können.

525 Siehe oben Zweiter Teil § 4 I.4.
526 Prütting, Gegenwartsprobleme der Beweislast, 1983, S. 14.
527 Bayerischer VerfGH, v. 01.06. 2012, openJur 2012, 122984, Rn. 32, abrufbar unter: https://openjur.de/u/498570.html. (Stand 26.12.2016).
528 Prütting, Gegenwartsprobleme der Beweislast, 1983, S. 18.

In einem Urteil des türkischen Gerichtshofs geht es um die Frage, ob die von der Klägerin durchgeführte Geldüberweisung auf das Konto des Beklagten ein Auftrags- oder ein anderes Schuldverhältnis zwischen den Parteien betrifft.[529] Es ist unstreitig, dass die Klägerin den Beklagten ermächtigt hat, für sie ein Auto zu kaufen. Die Klägerin behauptet, dass die Überweisung diesem Zweck diente. Nach der Behauptung des Beklagten hingegen diente die Überweisung der Rückzahlung anderer Schulden. Die Mehrheit des 13. Zivilsenats hat aufgrund der allgemeinen Lebenserfahrung angenommen, dass das Bestehen des Auftragsvertrags auf die Richtigkeit der Behauptungen der Klägerin hinweise. Der Beklagte müsse daher belegen, dass der Geldtransfer wegen eines anderen Schuldverhältnisses zwischen den Parteien erfolgt sei. Zwei Mitglieder des Senats haben diese Entscheidung jedoch nicht mitgetragen. Sie führten aus, dass die Überweisung eines der häufigsten Zahlungsmittel sei, weshalb eine tatsächliche Vermutung zugunsten des Beklagten spreche, dass die Überweisung mit dem Zweck der Rückzahlung durchgeführt wurde. Das Gegenteil dieser Vermutung müsse die Klägerin nachweisen.

Dieses Beispiel verdeutlicht die Schwierigkeit der Beurteilung des Wertes einer Lebenserfahrung. Inwieweit die Verpflichtung einer Partei zur Aufklärung aufgrund eines derart unbestimmten Begriffs gerechtfertigt ist, bleibt offen.

IV. Ergebnis zu den von der Rechtsprechung entwickelten Hilfsinstrumente

Sowohl die deutsche als auch die türkische Rechtsprechung greift durch die Entwicklung neuer Rechtsinstitute korrigierend ein, um so die Unzulänglichkeiten des geschriebenen Rechts im Bereich der Informationspflichten der Parteien zu korrigieren. Die Reichweite des Instrumentariums geht von bloßen Beweiserleichterungen bis hin zur Herleitung neuer Informationspflichten. Die Gemeinsamkeit dieser Instrumente besteht darin, dass sie die nicht darlegungs- und beweispflichtete Partei in die Stoffsammlung einbeziehen und dadurch eine bessere Aufklärung des Sachverhalts ermöglichen. Diesbezügliche Bestrebungen der Rechtsprechung können auch als ein Ausdruck des Begehrens nach einem der materiellen Wahrheit entsprechenden Urteil gewertet werden. Sie verdeutlichen die Tendenz der Befreiung des deutschen und türkischen Zivilprozesses von dem veralteten Grundsatz „*nemo contra se edere tenetur*". Aus türkischer Sicht belegt die häufige Abweichung von dem Urkundenprinzip mit Hilfe der allgemeinen Lebenserfahrungen auch die Tendenz zur Befreiung des türkischen Zivilprozesses von seinen strengen Beweisregeln. Diesbezügliche Bestrebungen der Rechtspraxis sind jedoch leider auf der gesetzlichen Ebene bisher unbeachtet geblieben.

529 Yargitay 13. HD. v. 7.11.2013, E. 2013/21578 K. 2013/27570 (UYAP Bilgi Bankası). Für ähnliche Problematik: HGK v. 25.03.2015, E. 2013/19–2238 K. 2015/1062 (UYAP Bilgi Bankası).

Die informationsfreundliche Haltung der Rechtsprechung ist zwar begrüßenswert, bringt jedoch gleichzeitig viele Probleme in beiden Ländern mit sich: Die Vielfältigkeit der von der Rechtsprechung entwickelten Rechtsinstitute führt zur Unübersichtlichkeit der Rechtspraxis, so dass es kaum vorhersehbar ist, wann die risikobelastete Partei mit welcher Hilfestellung der Gerichte rechnen kann.[530] Die flexibel einsetzbaren Instrumente eröffnen den Richtern einen weiten Entscheidungsspielraum, womit sie in jedem Einzelfall nach ihren Gerechtigkeitserwägungen entscheiden können. Dies verursacht jedoch eine uneinheitliche Entscheidungspraxis und beeinträchtigt die Rechtssicherheit.[531] Dazu trägt auch die uneinheitliche Verwendung der Rechtsbegriffe bei. Besonders hervorzuheben ist die begriffliche Verwirrung zwischen Anscheinsbeweis und tatsächlicher Vermutung in beiden Ländern. Ähnliche Probleme zeigen sich im deutschen Recht auch bei der Anwendung der sekundären Behauptungslast und des Anscheinsbeweises. Das Verschwimmen der Grenzen und Rechtsfolgen verkompliziert die Rechtslage weiter, so dass Berechenbarkeit für die Rechtssuchenden hier kaum erreichbar ist. In der türkischen Rechtspraxis ergeben sich die Unklarheiten häufig aus dem richterrechtlichen Verzicht auf die Notwendigkeit eines Urkundenbeweises. Hier besteht kein gemeinsames Kriterium, wann und inwieweit der Beweisführer, der sich in Beweisnot befindet, von den strengen Regeln des Urkundenbeweises befreit werden kann. Die subjektiven Bewertungen des Richters im Hinblick auf die allgemeine Lebenserfahrung vergrößert die Unsicherheit in der deutschen und türkischen Rechtsprechung. Die Umkehr der objektiven Beweislast je nach Bedarf aus Gerechtigkeitsgründen macht es den Parteien unmöglich, ihre Prozessrisiken zu bewerten.

Die Untersuchung des richterrechtlichen Instrumentariums zur Unterstützung der darlegungs- und beweispflichtigen Partei macht die Lückenhaftigkeit der gesetzlich geregelten Aufklärungspflichten deutlich. Das Bestreben der Gerichte, die Problematik – je nach den Umständen des Einzelfalls – unter Gerechtigkeitsgesichtspunkten durch verschiedene prozessuale Modelle zu lösen, mag auf den ersten Blick ausreichend erscheinen, löst das Problem aber nicht endgültig. Das Endergebnis ist vielmehr eine widersprüchliche und undurchsichtige Rechtslage. In beiden Ländern scheint daher eine legislative Korrektur, die die Voraussetzungen, Rechtsfolgen und Grenzen einer Aufklärungspflicht der Gegenpartei erneut behandelt, unerlässlich.

---

530 Kapoor, Die neuen Vorlagepflichten für Urkunden und Augenscheinsgegenstände in der Zivilprozessordnung, 2009, S. 99; MüKoZPO-Prütting, 5. Aufl. 2016, § 286 Rn. 129; *Schlosser* bezeichnet die Sachverhaltsermittlung im deutschen Zivilprozess als ein Wildwuchs verschiedenartiger Pflanzen, die sich ständig neu kreuzen und quer durchdringen, Schlosser, JZ 1991, S. 599 (599).

531 Auch Beckhaus, Die Bewältigung von Informationsdefiziten bei der Sachverhaltsaufklärung, 2010, S. 162 ff.; Waterstraat, ZZP 118 (2005), S. 459 (464).

Dritter Teil

Internationale und nationale Reformbewegungen

§ 5 Europäische und internationale Harmonisierungsbestrebungen

I. Storme-Entwurf

Im Jahr 1987 bildete sich anlässlich der achten Internationalen Kongresses für Prozessrecht in Utrecht eine Arbeitsgruppe unter Vorsitz des belgischen Professors *Marcel Storme*, um ein Modellgesetz für eine europäische Zivilprozessordnung zu schaffen. Der Abschlussbericht (der sog. Storme-Entwurf) wurde im Jahr 1993 der Europäischen Kommission vorgelegt und im Jahr 1994 in Buchform veröffentlicht.[532] Aufgrund fehlender Einigung in einzelnen wichtigen Themen entstand kein einheitlicher Entwurf einer vollständigen Zivilprozessordnung, sondern Teilentwürfe zu einzelnen prozessrechtlichen Themen.

Besonders auffällig ist der vom britischen Prozessrechtler *Jolowicz* verfasste vierte Abschnitt unter der Überschrift *„Discovery"*. In Anlehnung an das englische Recht wird in diesem Teil eine allgemeine Vorlagepflicht für Urkunden vorgesehen.[533] Nach Art. 4.1.1 sind die Parteien verpflichtet, einander eine Liste der in ihrem Besitz befindlichen Dokumente vorzulegen, sofern sich diese auf einen Streitpunkt des Prozesses beziehen. Die Vorlage der Liste steht nach Art. 4.1.1 lit. b unter Vorbehalt einer gerichtlichen Anordnung, falls nicht bereits eine automatische Verpflichtung nach nationalem Recht existiert (Vgl. Art. 4.1.1 lit. a). Ist die Liste angefertigt, hat die Gegenpartei „automatisch" – d. h. ohne vorherigen Antrag bei Gericht – das Recht auf Zugang zu den in den Schriftstücken enthaltenen Informationen.[534]

Von der Vorlagepflicht werden zwei Ausnahmen gemacht: Erstens kann die Vorlage verweigert werden, wenn dem Vorlagepflichtigen ein Verweigerungsrecht nach nationalem Recht zusteht (Art. 4.2.1). Zweitens kann das Gericht die betroffene Partei von der Vorlage entbinden, wenn ihr übermäßiger Schaden droht (Art. 4.2.2). Allerdings ist diese Vorschrift nach der Entwurfsbegründung eng zu interpretieren.[535]

---

532 Storme, Rapprochement du Droit Judiciaire de l'Union Europeenne/Approximation of Judiciary Law under the European Union, 1994.

533 Roth, ZZP 109 (1996), S. 271 (291).

534 J. Lang, Die Aufklärungspflicht der Parteien des Zivilprozesses vor dem Hintergrund der europäischen Rechtsvereinheitlichung, 1999, S. 231 f.; Roth, ZZP 109 (1996), S. 271 (292).

535 Storme, Rapprochement du Droit Judiciaire de l'Union Europeenne/Approximation of Judiciary Law under the European Union, 1994, S. 131; vgl. J. Lang, Die Aufklärungspflicht der Parteien des Zivilprozesses vor dem Hintergrund der europäischen Rechtsvereinheitlichung, 1999, S. 232 f.

Die Rechtsfolge einer unterbliebenen oder nicht rechtzeitigen Dokumentenvorlage wird in Art. 4.4 geregelt. Danach sind derartige Dokumente bei der Entscheidung des Gerichts nicht zu berücksichtigen, es sei denn, das Gericht beschließt nach Anhörung der Parteien anders.[536] Diese Sanktion ist jedoch nur sachgerecht, wenn die Dokumente für die vorlagepflichtige Partei günstig wären. Wären die Dokumente hingegen für die Gegenpartei hilfreich, ist sie ineffektiv.[537] Aus diesem Grund wird in Kapital 13 des Entwurfes zusätzlich die Einführung eines Zwangsgeldes bei Verletzung der Vorlagepflicht vorgesehen.

Nach Art. 4.5.1 können – auf Antrag einer Partei – auch Dritte zur Urkundenvorlage verpflichtet werden. Art. 4.5.2 regelt die Einzelheiten – wie Voraussetzungen, Weigerungsrechte und Kosten – der Pflicht der Dritten.

Insgesamt ermöglicht der *Storme*-Entwurf es, sowohl die Gegenpartei als auch Dritte zur Sachaufklärung heranzuziehen. Prinzipiell geht er davon aus, dass möglichst umfassende Informationen dem Gericht erteilt werden sollen, um materielle Gerechtigkeit zu gewährleisten: *„It is in the interest of justice that as full information as possible should be available to the court.“*[538] Auffällig ist weiter, dass die Informationspflichten unabhängig vom materiellen Recht – rein auf der prozessualen Ebene – geregelt werden.[539] Es ist allerdings zu bemängeln, dass die im Entwurf vorgesehene Aufklärungspflicht auf die Urkundenvorlage beschränkt ist. Noch umfangreichere Mitwirkungspflichten könnten die Gerichte bei der Suche nach materieller Gerechtigkeit weiter unterstützen. Wenngleich der *Storme*-Entwurf nicht formal verabschiedet wurde, gibt er wichtige Hinweise auf die künftige europäische Entwicklung der Sachverhaltsausforschung und Parteipflichten.

II. Die Enforcement-Richtlinie

Mit der Richtlinie 2004/48/EG zur Durchsetzung der Rechte des geistigen Eigentums (sog. Enforcement-Richtlinie)[540] bezweckt der europäische Gesetzgeber die Gewährleistung eines gleichwertigen Schutzes der Immaterialgüterrechte in den Mitgliedstaaten. Die dahinterstehende Motivation ist die Bekämpfung von Produktpiraterie und Nachahmungen.[541] Die Enforcement-Richtlinie knüpft an das sog.

---

536 Ausführlich: J. Lang, Die Aufklärungspflicht der Parteien des Zivilprozesses vor dem Hintergrund der europäischen Rechtsvereinheitlichung, 1999, S. 235.

537 Koch, Mitwirkungsverantwortung im Zivilprozess, 2013, S. 83.

538 Storme, Rapprochement du Droit Judiciaire de l'Union Europeenne/Approximation of Judiciary Law under the European Union, 1994, S. 97.

539 J. Lang, Die Aufklärungspflicht der Parteien des Zivilprozesses vor dem Hintergrund der europäischen Rechtsvereinheitlichung, 1999, S. 241.

540 Die Richtlinie 2004/48/EG des Europäischen Parlaments und des Rates vom 29. April 2004 zur Durchsetzung der Rechte des geistigen Eigentums, ABl. Nr. L 195 v. 2.6.2004, S. 16 ff.

541 Grünbuch KOM (1998) 569 v. 15.10.1998 S. 2 ff.; Richtlinienvorschlag KOM (2003) 46 v. 30.1.2003, S. 3 ff.

TRIPS-Übereinkommen[542] vom 15.4.1994 an, welches die Maßnahmen und Verfahren zur Durchsetzung der Rechte des geistigen Eigentums regelt.

Ziel der Richtlinie ist ein Ausgleich des Informationsdefizits zwischen Verletztem und Verletzer.[543] Instrumente dafür sind insbesondere die Beweismittelvorlage (Art. 6 RL), Beweissicherungsmaßnahmen (Art. 7 RL) und ein Recht auf Auskunft (Art. 8 RL). Zwar beschränkt sich die Enforcement-Richtlinie auf Immaterialgüterrechte, sie gibt aber gleichzeitig Hinweise auf künftige Strategien im Umgang mit Informationsdefiziten im gesamten Zivilrecht der EU-Mitgliedstaaten.

1. Beweismittelvorlage nach Art. 6 RL

Art. 6 Abs. 1 RL ermöglicht in einem anhängigen Verfahren auf Antrag einer Partei die Vorlage von Beweismitteln anzuordnen, die sich in der Verfügungsgewalt der Gegenpartei befinden. Die Anordnung des Gerichts kann sich auf alle vorlagefähigen Beweismittel erstrecken, d. h. auf Urkunden und Augenscheinsgegenstände.[544] Art. 6 Abs. 2 erweitert die Reichweite der Beweismittelvorlage auf Bank-, Finanz und Handelsunterlagen, falls eine Rechtsverletzung bereits eingetreten ist.

Voraussetzung für die Vorlageanordnung ist, dass der Antragsteller seinen Anspruch durch die Vorlage aller vernünftigerweise verfügbaren Beweismittel hinreichend begründet. An die hinreichende Begründung dürfen keine zu hohen Anforderungen gestellt werden, da sonst das Ziel der Erleichterung der Beweiserhebung gefährdet würde. Daher muss die Glaubhaftmachung des Anspruchs zur Begründung genügen.[545] Eine weitere Voraussetzung für die Vorlageanordnung ist die Bezeichnung des infrage stehenden Beweismittels (Art. 6 Abs. 1 RL). Ein Antrag, der pauschal auf alle relevanten Beweismittel in der Verfügungsgewalt des Gegners gerichtet ist, ist daher nicht ausreichend, um die Vorlageanordnung auszulösen.[546] Die Voraussetzungen für die Konkretisierung des Antrags dienen der Verhinderung einer unzulässigen Ausforschung des Prozessgegners. Auch hier sind indes keine zu strenge Anforderungen zu stellen, um die mit der Richtlinie anvisierte Erleichterung der Rechtsdurchsetzung nicht in Frage zu stellen.[547]

---

542 Agreement on Trade-Related Aspects of Intellectual Property Rights, BGBl. II 1994, S. 1730 ff.

543 McGuire, GRUR Int. 2005,15 (15); Koch, Mitwirkungsverantwortung im Zivilprozess, 2013, S. 90.

544 McGuire, GRUR Int. 2005, S. 15 (19).

545 Vielmehr müsste die Glaubhaftmachung des Anspruchs hinreichend sein. McGuire, GRUR Int. 2005, S. 15 (19); Beckhaus, Die Bewältigung von Informationsdefiziten bei der Sachverhaltsaufklärung, 2010, S. 176.

546 Koch, Mitwirkungsverantwortung im Zivilprozess, 2013, S. 91.

547 Beckhaus, Die Bewältigung von Informationsdefiziten bei der Sachverhaltsaufklärung, 2010, S. 176 f.; Koch, Mitwirkungsverantwortung im Zivilprozess, 2013, S. 91.

Art. 6 Abs. 1 verpflichtet die Mitgliedstaaten schließlich, den Schutz vertraulicher Informationen zu gewährleisten. Er macht jedoch keine näheren Angaben zur Art und Weise des Informationsschutzes. In der Lehre wird häufig auf die Möglichkeit der Einschaltung eines unabhängigen Sachverständigen oder der Einführung eines *in camera*-Verfahrens hingewiesen.[548]

2. Beweissicherungsmaßnahmen nach Art. 7 RL

Nach Art. 7 RL haben die Mitgliedstaaten sicherzustellen, dass die Gerichte selbst vor Einleitung eines Verfahrens auf Antrag einer Partei einstweilige Maßnahmen zur Sicherung der rechtserheblichen Beweismittel anordnen können.[549] Ähnlich wie die Anordnung der Beweismittelvorlage nach Art. 6 RL fordert Art. 7 RL bei den Beweissicherungsmaßnahmen eine hinreichende Begründung der behaupteten Schutzrechtsverletzung. Der Antragssteller hat durch Vorlage aller ihm vernünftigerweise verfügbaren Beweismittel seinen Anspruch wahrscheinlich zu machen (Art. 7 Abs. 1 S. 1 RL). Die Anforderungen an den Wahrscheinlichkeitsgrad sollten jedoch nicht zu hoch angesetzt werden, weil durch Art. 3 Abs. 1 RL bereits gesichert ist, dass betreffende Maßnahmen fair und gerecht sein müssen; außerdem dürfen sie nicht unnötig kompliziert oder kostspielig sein. Art. 7 Abs. 1 weist ebenso auf die Schnelligkeit und Wirksamkeit einstweiliger Maßnahmen zur Sicherung der Beweismittel hinsichtlich der behaupteten Verletzung hin. Ein hinreichender Verdacht einer Schutzverletzung müsste daher genügen, damit ein Gericht die notwendigen Maßnahmen treffen kann.[550]

Hinsichtlich der Schwere der erforderlichen Maßnahmen ist das Verhältnismäßigkeitsgebot in Art. 3 Abs. 2 RL zu berücksichtigen. Eine hohe Wahrscheinlichkeit der Rechtsverletzung kann demnach einen schwerwiegenden Eingriff in die Rechtssphäre des Antragsgegners rechtfertigen. Umgekehrt gilt: Je tief greifender der Eingriff in die Rechtssphäre des Antragsgegners, desto höher sind die Anforderungen an die Wahrscheinlichkeit des Hauptanspruchs.[551] In gegebenen Fällen können die Sicherungsmaßnahmen auch ohne Anhörung der anderen Partei getroffen werden, insbesondere dann, wenn durch eine Verzögerung wahrscheinlich ein nicht wieder-

548 Janal, Europäisches Zivilverfahrensrecht und Gewerblicher Rechtsschutz, 2015, § 5 Rn. 69 ff.; Stadler, FS-Leipold, 2009, S. 201 (210 ff.); *ders.*, ZZP 123 (2010), S. 261 (279 ff.); Beckhaus, Die Bewältigung von Informationsdefiziten bei der Sachverhaltsaufklärung, 2010, S. 177.

549 Vorbild für die Regelung war die *Anton Piller order* aus dem englischen Recht und die *Saisie contrefaçon* aus dem französischen Recht. Siehe: Richtlinienvorschlag KOM (2003) 46 v. 30.1.2003, S. 22, vgl. auch S. 15.

550 Beckhaus, Die Bewältigung von Informationsdefiziten bei der Sachverhaltsaufklärung, 2010, S. 206; vgl. Amschweitz, Die Durchsetzungsrichtlinie und ihre Umsetzung im deutschen Recht, 2008, S. 131 f.

551 Vgl. Beckhaus, Die Bewältigung von Informationsdefiziten bei der Sachverhaltsaufklärung, 2010, S. 207.

gutzumachender Schaden entstünde, oder wenn nachweislich die Gefahr der Vernichtung der Beweise besteht (Art. 7 Abs. 1 S. 3 RL).

Weiter sind die Mitgliedstaaten dazu verpflichtet, den Schutz vertraulicher Informationen zu gewährleisten (Art. 7 Abs. 1 S. 1 RL). Hierfür gelten die im Rahmen des Art. 6 RL aufgeführten Erwägungen zum Informationsschutz.[552]

3. Recht auf Auskunft nach Art. 8 RL

Art. 8 RL enthält einen materiellrechtlichen Auskunftsanspruch zu Gunsten des Verletzten.[553] Auskünfte über den Ursprung und die Vertriebswege rechtverletzender Waren und Dienstleistungen sollen es dem Anspruchsinhaber ermöglichen, den Schadensumfang festzustellen. Die Vorschrift verlangt eine dem Grunde nach feststehende Rechtsverletzung und richtet sich sowohl gegen den Verletzer als auch gegen Dritte (Art. 8 Abs. 1 lit. a-d RL). In der Praxis ergibt sich jedoch das Problem, dass der Verletzte oftmals die Auskünfte von Dritten bräuchte, um überhaupt die Identität des Rechtsverletzers zu ermitteln.[554] Erst nach dieser Identifizierung ist die Feststellung einer Rechtsverletzung möglich. Aus diesem Grund wird berechtigterweise vertreten, dass bei einem Anspruch gegen Dritte die Rechtsverletzung nicht feststehen muss, sondern eine hinreichende Wahrscheinlichkeit der Rechtsverletzung ausreicht.[555]

Die Auskunftspflicht der Dritten, die in Art. 8 Abs. 1 lit. a-c RL genannt werden, besteht verschuldensunabhängig. Es reicht, dass die Dritten gewerblich mit rechtsverletzenden Waren oder Dienstleistungen in Berührung kommen.[556] Art. 8 Abs. 1 lit. d RL verpflichtet auch solche Personen zur Informationserteilung, die nach den Angaben einer in Buchstabe a-c genannten Person an der Herstellung, Erzeugung oder Vertrieb solcher Waren bzw. an der Erbringung solcher Dienstleistungen beteiligt waren. Die Vorschrift ermöglicht somit eine weitreichende Ermittlung des Schadensumfangs sowie der Identität der Beteiligten an einer Rechtsverletzung. In Abs. 2 wird der Inhalt der Auskunftspflicht festgelegt. Das Verhältnismäßig-

---

552 Siehe oben Dritter Teil § 5 II.1.

553 Als Vorbild dienen die Auskunftsrechte in Deutschland und den Beneluxstaaten. Richtlinienvorschlag KOM (2003) 46 v. 30.1.2003, S. 23. Zum materiell-rechtlichen Charakter der Vorschrift: Amschweitz, Die Durchsetzungsrichtlinie und ihre Umsetzung im deutschen Recht, 2008, S. 146; McGuire, GRUR Int. 2005, S. 15 (18).

554 Janal, Europäisches Zivilverfahrensrecht und Gewerblicher Rechtsschutz, 2015, § 8 Rn. 25; Beckhaus, Die Bewältigung von Informationsdefiziten bei der Sachverhaltsaufklärung, 2010, S. 214.

555 Amschweitz, Die Durchsetzungsrichtlinie und ihre Umsetzung im deutschen Recht, 2008, S. 148; Beckhaus, Die Bewältigung von Informationsdefiziten bei der Sachverhaltsaufklärung, 2010, S. 215.

556 Amschweitz, Die Durchsetzungsrichtlinie und ihre Umsetzung im deutschen Recht, 2008, S. 151; Beckhaus, Die Bewältigung von Informationsdefiziten bei der Sachverhaltsaufklärung, 2010, S. 215.

keitsgebot wird in der Regelung noch mal betont, welches auch die Sicherung von Geheimhaltungsinteressen erfordert (Art. 8 Abs. 1 RL).[557]

4. Umsetzung im deutschen Recht

Zum Zweck der Umsetzung der Enforcement-Richtlinie hat der Bundestag im Jahr 2008 – mit zweijähriger Verspätung[558] – das Gesetz zur Durchsetzung von Rechten des geistigen Eigentums beschlossen.[559] Durch dieses Gesetz wurden in den Sondergesetzen des geistigen Eigentums materiellrechtliche Ansprüche auf Vorlage von Beweismitteln nach dem Vorbild des § 809 BGB verankert (§ 140 c PatG, § 24 c GebrMG, §§ 19 a, 128 Abs. 1, 135 Abs. 1 MarkenG, § 9 HalblSchG, § 101 a UrhG, § 46 a GeschmMG, § 37 c SortSchG).[560] Der deutsche Gesetzgeber hat sich also bei der Umsetzung des Art. 6 RL für die Erweiterung der materiell-rechtlichen Vorlageansprüche, nicht jedoch für die Etablierung eines prozessrechtlichen Vorlageanspruchs entschieden. Nach der Ansicht des Gesetzgebers ist eine solche Lösung mit der Systematik des deutschen Rechts besser vereinbar.[561] Ob sie die in Art. 6 postulierten Anforderungen befriedigen kann, ist jedoch m. E. fragwürdig. Art. 6 RL erfordert eine Erzwingbarkeit der Vorlage im Verletzungsprozess. Das ist zwar im Wortlaut der Vorschrift nicht ausdrücklich vorgesehen, ergibt sich jedoch aus dem Gebot des Art. 3 RL, Maßnahmen „wirksam" auszugestalten, sowie aus einem Vergleich mit dem TRIPS-Übereinkommen.[562] In Art. 43 Abs. 2 TRIPS-Übereinkommen, dem Art. 6 RL nachgebildet ist, wird als Sanktion für die fehlende Vorlage explizit für ausreichend erachtet, wenn diese eine negative Beweiswürdigung nach sich zieht. In Art. 6 RL hingegen verzichtete der europäische Gesetzgeber auf eine solche Regelung und wollte bewusst über die Vorgaben des TRIPS-Übereinkommens hinausgehen.[563] Im deutschen Zivilprozess kommt als Sanktion verweigerter Vorlagepflicht lediglich eine negative Beweiswürdigung in Betracht (§ 427 dZPO), welche nach dem Willen des Richtliniengebers nicht hinreichend effektiv ist. Die zwangsweise Durchsetzbarkeit kann nur durch ein selbstständiges Verfahren herbeigeführt werden. Stellt sich die Notwendigkeit der Vorlage erst im Verletzungsprozess heraus, müsste der Vorlegungsanspruch paral-

557 Vgl. Amschweitz, Die Durchsetzungsrichtlinie und ihre Umsetzung im deutschen Recht, 2008, S. 150.
558 Die Umsetzungsfrist war nach Art. 20 RL. am 29.04.2006 abgelaufen.
559 BGBl. I 2008, S. 1191 ff.
560 BT-Drucks 16/5048, S. 27.
561 BT-Drucks 16/5048, S. 27.
562 Stadler, FS-Leipold, 2009, S. 201 (203); Janal, Europäisches Zivilverfahrensrecht und Gewerblicher Rechtsschutz, 2015, § 5 Rn. 10; Koch, Mitwirkungsverantwortung im Zivilprozess, 2013, S. 92.
563 Janal, Europäisches Zivilverfahrensrecht und Gewerblicher Rechtsschutz, 2015, § 5 Rn. 10; McGuire, GRUR Int. 2005, S. 15 (19 f.); Stadler, FS-Leipold, 2009, S. 201 (203); Koch, Mitwirkungsverantwortung im Zivilprozess, 2013, S. 92 f.

lel zum Verletzungsprozess im Wege einstweiligen Rechtsschutzes durchgesetzt werden.[564] Dies entspricht jedoch nicht den Forderungen des Art. 3 Abs. 1 RL, wonach die Maßnahmen, Verfahren und Rechtsbehelfe fair, gerecht, nicht unnötig kompliziert oder kostspielig sein dürfen. Abhilfe kann auch nicht §§ 142, 144 dZPO schaffen, weil darin kein Vorlageanspruch, sondern lediglich die richterliche Anordnungskompetenz zur Vorlage im Rahmen der Ermessensausübung vorgesehen wird.[565] Außerdem ist die gerichtliche Anordnung gem. §§ 142, 144 dZPO an den Gegner ebenfalls nicht direkt erzwingbar. Widersetzt sich eine Partei grundlos einer Vorlageanordnung, ist das Gericht lediglich befugt, die Behauptungen der Gegenpartei im Rahmen seiner freien Beweiswürdigung als bewiesen anzusehen. Diese Sanktion ist jedoch ineffektiv, sofern der Anspruchssteller – wie häufig der Fall – mangels Kentniss des vorzulegenden Beweismittels an einem substantiierten Vortrag der Schutzrechtsverletzung gehindert ist.[566] Als Ergebnis kann daher festgehalten werden, dass das deutsche Recht den Anforderungen des Art. 6 RL nicht genügt.

Die Umsetzung der Beweissicherungsmaßnahmen nach Art. 7 RL erfolgt in den jeweiligen Absätzen 3 der bereits genannten materiellrechtlichen Vorlageansprüchen der Sondergesetze. Danach kann die Verpflichtung zur Vorlage einer Urkunde oder zur Duldung der Besichtigung einer Sache im Wege der einstweiligen Verfügung nach den §§ 935–945 dZPO angeordnet werden. Nach Abs. 3 S. 2 der jeweiligen Vorschriften hat das Gericht den Schutz vertraulicher Informationen zu gewährleisten. Dies gilt insbesondere in den Fällen, in denen die einstweilige Verfügung ohne vorherige Anhörung des Gegners erlassen wird (jeweils Abs. 3 S. 3). Ob das deutsche Recht den Anforderungen des Art. 7 RL gerecht wird, ist jedoch zweifelhaft. Das selbständige Beweisverfahren, welches ein traditionelles Instrument der Beweissicherung im deutschen Zivilprozess ist, bietet die Möglichkeit einer vorprozessualen Beweisaufnahme, ermöglicht jedoch keinen Zugang zu Beweismitteln in der Sphäre des Gegners. Eine einstweilige Verfügung gewährt zwar den Zugang zu Beweismitteln aus der Sphäre des späteren Prozessgegners, stellt jedoch die Verwertung eines im Zuge der Besichtigung erstellten Sachverständigengutachtens nicht sicher.[567] Um die Schwäche der beiden Verfahrensarten zu kompensieren, haben die deutschen Gerichte die sog. „Düsseldorfer Praxis" entwickelt. Im Düsseldorfer Besichtigungsverfahren muss der Schutzrechtsinhaber zuerst eine einstweilige Verfügung auf Vorlage oder Besichtigung des Gegenstandes durch einen namentlich bezeichneten Sachverständigen beantragen, und dann die Beweiserhebung durch Einholung des Gutachtens desselben Sachver-

564 Stadler, ZZP 123 (2010), S. 261 (278), Koch, Mitwirkungsverantwortung im Zivilprozess, 2013, S. 93.

565 McGuire, GRUR Int. 2005, S. 15 (20); Stadler, FS-Leipold, 2009, S. 201 (203).

566 Janal, Europäisches Zivilverfahrensrecht und Gewerblicher Rechtsschutz, 2015, § 5 Rn. 87. Die Autorin nennt zu Recht diese Sanktion als „zahnloser Tiger".

567 Janal, Europäisches Zivilverfahrensrecht und Gewerblicher Rechtsschutz, 2015, § 6 Rn. 54.

ständigen im Wege des selbständigen Beweisverfahrens beantragen.[568] Eine solche Kombination vom selbständigen Beweisverfahren und einstweiligen Verfahren über den Besichtigungsanspruch genügt jedoch nicht den Anforderungen des Art. 3 RL, wonach die Maßnahmen verhältnismäßig und nicht unnötig kompliziert sein sollen.[569]

Hinsichtlich des in Art. 8 RL geforderten materiellrechtlichen Auskunftsanspruchs sah der deutsche Gesetzgeber keinen Umsetzungsbedarf, da die materiellrechtlichen Auskunftsansprüche, die durch das Produktpirateriegesetz 1990[570] eingefügt worden sind, bereits den Anforderungen der RL entsprachen (§ 140 b PatG, § 24 b GebrMG, § 19 MarkenG, § 9 HalblSchG, § 101 UrhG, § 37 b SortSchG, § 46 GeschmMG).[571] Diese Auskunftsansprüche dienen der Aufklärung der Quellen und Vertriebswege schutzrechtsverletzender Waren sowie der Feststellung des Schadensumfangs.[572] Der Anwendungsbereich wurde inzwischen auf die Dritten erweitert, die in gewerblichem Maße an der Verletzung beteiligt waren (jeweils Abs. 2 der betreffenden Paragraphen). Inhaltlich entsprechen die durch das Produktpirateriegesetz geschaffenen Auskunftsansprüche den Anforderungen des Art. 8 RL. Problematisch ist jedoch ihre Durchsetzung im Verletzungsprozess. Um den mitwirkungsunwilligen Anspruchsgegner zur Auskunft zu zwingen, müsste der Anspruchsinhaber eine gesonderte Klage geltend machen, was jedoch dem Zweck der Richtlinie, eine effektive Durchsetzung des Auskunftsrechts im laufenden Verfahren, nicht entspricht.[573] Dies steht auch den Art. 3 Abs. 1 RL entgegen, wonach die Rechtsbehelfe nicht unnötig kompliziert und kostspielig sein dürfen.

5. Vorbildfunktion der Enforcement-Richtlinie

Die Enforcement-Richtlinie hat als Vorbild[574] für weitere europäische Rechtsentwicklungen gedient, vor allem für die Richtlinie zu Schadensersatzklagen im Kartellrecht[575], für den Richtlinienvorschlag der EU-Kommission über den Schutz

---

568 Amschweitz, Die Durchsetzungsrichtlinie und ihre Umsetzung im deutschen Recht, 2008, S. 249 f.; Janal, Europäisches Zivilverfahrensrecht und Gewerblicher Rechtsschutz, 2015, § 6 Rn. 54.

569 Janal, Europäisches Zivilverfahrensrecht und Gewerblicher Rechtsschutz, 2015, § 6 Rn. 74.

570 Gesetz zur Stärkung des Schutzes des geistigen Eigentums und zur Bekämpfung der Produktpiraterie vom 7.3.1990, BGBl. I 1990, S. 422 ff.

571 Koch, Mitwirkungsverantwortung im Zivilprozess, 2013, S. 95; McGuire, GRUR Int. 2005, S. 15 (18).

572 Vgl. BT-Drucks 11/4792, S. 15.

573 Vgl. Stadler, ZZP 123 (2010), S. 261 (278); McGuire, GRUR Int. 2005, S. 15 (18); vgl. Koch, Mitwirkungsverantwortung im Zivilprozess, 2013, S. 93, 95.

574 Janal, Europäisches Zivilverfahrensrecht und Gewerblicher Rechtsschutz, 2015, § 1 Rn. 3, § 8 Rn. 50.

575 Die Richtlinie 2014/104/EU des Europäischen Parlaments und des Rates vom 26. November 2014 über bestimmte Vorschriften für Schadensersatsklagen nach

vertraulichen *Know-hows*[576] und für das Übereinkommen über ein einheitliches Patentgericht (UPCA)[577].

Die Regelung der Kartellschadensersatzrichtlinie zur Offenlegung von Beweismitteln wurde von der Enforcement-RL erheblich beeinflusst.[578] In Verfahren über Kartellschadensersatzklagen kann demgemäß ggf. der Beklagte oder Dritte auf Antrag des Klägers zur Gewährleistung des Zugangs zu relevanten Beweismittel gezwungen werden (Art. 5 Abs. 1 SchadensersatzRL). Die Voraussetzungen der gerichtlichen Vorlageanordnung sind eine substantiierte Begründung des Klageantrags, die den Schadensersatzanspruch plausibel macht und die Bestimmung vorzulegenden Beweismitteln, die so genau und so präzise wie möglich abgegrenzt sind (Art. 5 Abs. 1 und Abs. 2 SchadensersatzRL). Bemerkenswert ist, dass die nationalen Gerichte auch die Offenlegung solcher Beweismittel anordnen können, die vertrauliche Informationen enthalten, wenn sie diese als sachdienlich für die Schadensersatzklage erachten. Gleichzeitig sind jedoch wirksame Maßnahmen für ihren Schutz zu gewährleisten (Art. 5 Abs. 4 SchadensersatzRL). Das Verhältnismäßigkeitsgebot ist ebenso zu berücksichtigen (Art. 5 Abs. 3 SchadensersatzRL).

Die Wirkung der Enforcement-RL auf den Richtlinienvorschlag über den Schutz vertraulichen *Know-hows* ist insbesondere bei Maßnahmen zu beobachten, die sich auf die Vorbeugung bzw. Beendigung des Schadens sowie Sicherung des Ersatz des Schadens erstrecken (i. v. M. Art. 5, 9 bis 14 Richtlinienvorschlag).[579]

Der Einfluss der Enforcement-RL zeigt sich am stärksten beim UPCA, insbesondere bei seinen Bestimmungen über den Zugang zu Informationen aus der Sphäre der gegnerischen Partei, die weitgehend die Regelungen der Art. 6 bis 8 der Enforcement-RL reflektieren, teilweise aber darüber hinausgehen.[580] Art. 59 UPCA ermöglicht dem Gericht – auf begründeten Antrag einer Partei – die Vorlage der in der Verfügungsgewalt der gegnerischen Partei befindlichen Beweismittel anzuordnen. Neu gegenüber Art. 6 Enforcement-RL ist erstens, dass auch Dritte mit der Vorlage verpflichtet werden können, und zweitens setzt die Vorlageanordnung der Bank-, Finanz- oder Handelsunterlagen keinen Nachweis einer begangenen

---

nationalem Recht wegen Zuwiderhandlungen gegen wettbewerbsrechtliche Bestimmungen der Mitgliedstaaten und der Europäischen Union, ABl. Nr. L 349/1 v. 05.12.2014.

576 Der Vorschlag für eine Richtlinie des Europäischen Parlaments und des Rates über den Schutz vertraulichen Know-hows und vertraulicher Geschäftsinformationen (Geschäftsgeheimnisse) vor rechtswidrigem Erwerb sowie rechtswidriger Nutzung und Offenlegung v. 28.11.2013, KOM (2013) 813.

577 Übereinkommen über ein einheitliches Patentgericht, ABl. Nr. C 175/1 v. 20.06.2013.

578 Janal, Europäisches Zivilverfahrensrecht und Gewerblicher Rechtsschutz, 2015, § 8 Rn. 50.

579 Janal, Europäisches Zivilverfahrensrecht und Gewerblicher Rechtsschutz, 2015, § 1 Fn. 3.

580 Janal, Europäisches Zivilverfahrensrecht und Gewerblicher Rechtsschutz, 2015, § 18 Rn. 133.

Rechtsverletzung voraus.[581] In Abs. 2 wird auf den Schutz vertraulicher Informationen hingewiesen und betont, dass eine Vorlageanordnung nicht zu einer Pflicht zur Selbstbelastung führen darf. Zusätzlich enthält Art. 58 UPCA eine allgemeine Regelung zum Schutz von Geschäftsgeheimnissen, personenbezogenen Daten und sonstigen vertraulichen Informationen einer Verfahrenspartei oder eines Dritten.

Art. 67 UPCA regelt – in Anlehnung an Art. 8 Enforcement-RL – die Befugnis des Gerichts, die Erteilung einer Auskunft anzuordnen. Demgemäß kann das Gericht eine Anordnung zur Auskunft erteilen über den Ursprung, die Vertriebswege, Mengen und Preise der patentverletzenden Erzeugnisse und Verfahren sowie über die Identität drittenr Personen, die an der Herstellung oder dem Vertrieb von verletzenden Erzeugnissen oder an der Anwendung des verletzenden Verfahrens beteiligt waren. Die Voraussetzungen dafür sind – ähnlich wie in Art. 8 Enforcement-RL – ein begründeter und die Verhältnismäßigkeit wahrender Antrag sowie eine bereits festgestellte Rechtsverletzung (Art. 67 Abs. 1 UPCA). In Abs. 2 werden die Voraussetzungen einer Auskunftsanordnung gegenüber Dritte geregelt, welche wiederum mit Art. 8 Enforcement-RL weitgehend übereinstimmen.

Schließlich enthält Art. 60 UPCA eine deutlich an Art. 7 Enforcement-RL angelehnte Regelung zur Beweismittelsicherung. Danach kann das Gericht bereits vor Einleitung eines Verfahrens in der Sache schnelle und wirksame einstweilige Maßnahmen zur Sicherung der rechtserheblichen Beweismittel hinsichtlich der behaupteten Verletzung anordnen. Über die Maßnahmen der Enforcement-RL hinausgehend ist in Art. 60 Abs. 3 UPCA eine Anordnung zur Inspektion von Räumlichkeiten vorgesehen. Der Antragsteller darf bei der Inspektion der Räumlichkeiten nicht anwesend sein; er kann sich jedoch von einem unabhängigen Fachmann vertreten lassen, der in der gerichtlichen Anordnung namentlich zu nennen ist.

6. Ergebnis zur Enforcement-Richtlinie

Die Enforcement Richtlinie eröffnet erhebliche Möglichkeiten zur Bewältigung der Informationsdefizite bei der Durchsetzung eines Schutzrechts. Sie erfordert gleichzeitig eine erweiterte Mitwirkungspflicht des Gegners an der Wahrheitsfindung. Das deutsche Recht verfolgt bei ihrer Umsetzung traditionell einen materiellrechtlichen Ansatz, obwohl gewichtige Gründe für einen prozessualen Ansatz sprechen.[582] Denn es ist zweifelhaft, ob eine rein materiellrechtliche Regelung eine hinreichend effektive Durchsetzung der Informations- und Vorlagepflichten ermöglicht, so wie die Richtlinie es verlangt. Namentlich können die materiellrechtlichen Ansprüche

581 Janal, Europäisches Zivilverfahrensrecht und Gewerblicher Rechtsschutz, 2015, § 18 Rn. 134. Die Autorin kritisiert die Befreiung der Vorlageanordnung der Bank-, Finanz- oder Handelsunterlagen von dem Nachweis einer Rechtsverletzung, siehe § 18 Rn. 149.

582 Haedicke, FS-Schricker, 2005, S. 19 (23); Stadler, ZZP 123 (2010), S. 261 (278); McGuire, GRUR Int. 2005, S. 15 (16 f.). Für die Gegenmeinung: Amschweitz, Die Durchsetzungsrichtlinie und ihre Umsetzung im deutschen Recht, 2008, S. 347.

nicht im Verletzungsprozess selbst durchgesetzt werden, sondern allein in einem gesonderten Verfahren. Durch die Einführung materiellrechtlicher Vorschriften wird ferner die zerstückelte Regelung der Informationspflichten im deutschen Rechts weiter vertieft.[583] Die Enforcement-Richtlinie sollte dem deutschen Gesetzgeber vielmehr Anlass geben, eine einheitliche prozessuale Lösung zu finden. Die Aufklärungspflicht der Gegenpartei konnte in das Prozessrecht integriert werden, und zwar mit effektiven Durchsetzungsmechanismen.[584] Diese Lösung wäre auch besser vereinbar mit der Notwendigkeit, ein rasches, unkompliziertes und günstiges Verfahren vorzusehen (Art. 3 Abs. 1 RL). Selbst wenn sich die Enforcement-Richtlinie auf den Bereich des geistigen Eigentums beschränkt, betrifft die dort behandelte Frage des Umgangs mit Informationsdefiziten den gesamten Bereich des Zivil- und Zivilprozessrechts. Die Enforcement-Richtlinie konnte – über den zwingenden Anwendungsbereich hinaus – einen entsprechenden Anstoß zur grundlegenden Reform in diesem Bereich geben.[585] Mit einer beschränkten Umsetzung in spezialgesetzliche Vorschriften des materiellen Rechts hat der deutsche Gesetzgeber diese Chance verpasst.

III. Weißbuch-Schadenersatzklagen wegen Verletzung des EG-Wettbewerbsrechts

Das Weißbuch „Schadenersatzklagen wegen Verletzung des EG-Wettbewerbsrechts" vom 2. April 2008 setzt sich mit den Möglichkeiten für Kläger auseinander, besseren Zugang zu Beweismitteln zu erhalten, die sich in der Sphäre des Beklagten oder Dritter befinden. Ziel ist es, eine wirksame Durchsetzung wettbewerblicher Schadenersatzansprüche und eine bessere Kalkulierbarkeit des Prozessrisikos des Klägers zu gewährleisten.[586]

In Anlehnung an die Enforcement-Richtlinie wird eine Offenlegungspflicht auf der Grundlage eines Tatsachenvortrags des Klägers vorgesehen, welcher einer Plausibilitätskontrolle standhalten muss. Die Offenlegungspflicht steht unter dem Vorbehalt der Verhältnismäßigkeit.[587] Danach muss der Kläger zuerst plausible Gründe für seinen Schadenersatzanspruch durch die Vorlegung aller Tatsachen und Beweismittel, die ihm vernünftigerweise zugänglich sind, darlegen. Unter objektiven Gesichtspunkten muss es ihm weiter nicht möglich sein, erforderliche Beweise anderweitig beizubringen. Die gewünschten Kategorien von Beweismittel

583 Koch, Mitwirkungsverantwortung im Zivilprozess, 2013, S. 95.

584 Haedicke, FS-Schricker, 2005, S. 19 (23 ff.).

585 Vgl. McGuire, GRUR Int. 2005, S. 15 (22); vgl. Haedicke, FS-Schricker, 2005, S. 19 (32).

586 Weißbuch der Kommission der Europäischen Gemeinschaften: Schadensersatzklagen wegen Verletzung des EG-Wettbewerbsrechts, KOM(2008) 165 endg. v. 2.4.2008, S. 2 f.

587 Weißbuch KOM (2008) 165 endg. v. 2.4.2008, S. 5 f.

sind hinreichend genau zu bezeichnen. Schließlich muss das Gericht sich davon überzeugen, dass die beantragte Offenlegung für die Klage erheblich, erforderlich und verhältnismäßig ist.

Um die Beweismittelvernichtung oder die Verweigerung der Offenlegung zu verhindern, erachtet die Kommission es für erforderlich, hinreichend abschreckende Sanktionen vorzusehen, einschließlich der Möglichkeit, im Verfahren der Schadenersatzklage nachteilige Schlussfolgerungen für die betroffene Partei zu ziehen.[588] Gleichzeitig sind die Geheimhaltungsinteressen bei der Offenlegung zu berücksichtigen.[589]

Das deutsche Bundesministerium der Justiz hat sich ablehnend zu den Vorschlägen des Weißbuchs geäußert. Die weitreichenden Offenlegungsregeln des Weißbuchs werden als unvereinbar mit wesentlichen Grundgedanken der deutschen Rechtsordnung angesehen.[590] Die Pflicht zur Offenlegung ganzer Kategorien von Dokumenten, die nach dem Klägervortrag im Zusammenhang mit dem Streitgegenstand stehen, entbinde die Partei von ihrer Substantiierungslast, was zu einer unzulässigen Ausforschung führe. Darüber hinaus bestehe für eine derart weitgehende Regelung auch kein Bedarf, weil das deutsche Recht über geeignete Instrumente verfüge, den besonderen Beweisschwierigkeiten zu überwinden, wie u. a. § 142 dZPO, der Auskunftsanspruch nach § 242 BGB und das Institut der sekundären Darlegungslast.

Insgesamt geht das BMJ davon aus, dass nach den Vorschlägen des Weißbuchs eine *discovery* in das kontinentaleuropäische Zivilverfahrensrecht eingeführt werden soll. Dies wird aufgrund des Subsidiaritätsprinzips abgelehnt.

IV. Die Principles of Transnational Civil Procedure

1. Ziel und Geltungsbereich

Im Jahr 2004 wurden die "Principles of Transnational Civil Procedure" als Folge der Zusammenarbeit zwischen *ALI* (*American Law Institute*) und *UNIDROIT*[591] veröffentlicht.[592] Ausgangspunkt des Vorstoßes ist der Bedarf nach einer globalen

588 Weißbuch KOM (2008) 165 endg. v. 2.4.2008, S. 6.

589 Weißbuch KOM (2008) 165 endg. v. 2.4.2008, S. 6.

590 Stellungnahme des Bundesministeriums für Wirtschaft und Technologie, des Bundesministeriums der Justiz, des Bundesministeriums für Ernährung, Landwirtschaft und Verbraucherschutz und des Bundeskartellamts zum Weißbuch „Schadensersatzklagen wegen Verletzung des EG-Wettbewerbsrechts" der Europäischen Kommission (14.07.2008), S. 7, abrufbar unter: http://ec.europa.eu/competition/antitrust/actionsdamages/white_paper_comments/bund_de.pdf (Stand 26.12.2016).

591 UNIDROIT ist die wichtigste weltweite Organisation für Rechtsharmonisierung und Rechtsvereinheitlichung.

592 Abgedruckt in Uniform Law Review (2004), S. 758 ff., abrufbar unter: http://www.unidroit.org/english/principles/civilprocedure/ali-unidroitprinciples-e.pdf (Stand 26.12.2016); ausführlich: Waterstraat, ALI/UNIDROIT Principles and Rules of Transnational Civil Procedure, 2006, S. 149 ff.

Harmonisierung des Zivilprozessrechts. Als vorrangiger Anwendungsbereich für die Prinzipien werden Handelsrechtsstreitigkeiten genannt, da dort eine Harmonisierung am einfachsten zu erreichen sei. Denn erstens liege dieser Prozess außerhalb des Anwendungsbereichs des U. S amerikanischen Jury-Verfahrens, welches ein wichtiges Hindernis für die Harmonisierung darstelle. Zweitens verlange der Prozess zwischen Kaufleuten und Firmen am wenigsten Rücksicht auf Traditionen nationaler Rechtskultur.[593] Darüber hinaus können diese Prinzipien aber auch allgemein als Grundlage für die Fortentwicklung des internationalen Prozessrechts gesehen werden, weil sie „weltweit akzeptierte und weltweit akzeptable" Standards des Zivilprozesses beschreiben.[594] Sie haben zwar keine Bindungswirkung, mögen jedoch für künftige Entwicklungen wichtige Leitlinien vorgeben.[595]

Die Prinzipien beziehen sich auf wichtige Fragen des Zivilprozesses, wie Zugang zu Informationen und Beweisen (Principle 16), Sanktionen gegen Verstöße (Principle 17), Beweislast und Beweismaß (Principle 21), Weigerungsrechte (Principle 18) und die Rollenverteilung zwischen Parteien und Gericht (Principle 22).

2. Inhalt

Die Prinzipien sehen einen umfassenden Zugang zu Informationen vor. Nach Prinzip 16.1 sollen das Gericht und die Parteien grundsätzlich Zugang zu allen erheblichen Beweismitteln haben, die nicht dem Schutz von Weigerungsrechten unterliegen. Auf rechtzeitigen Antrag einer Partei soll das Gericht die Offenlegung nicht privilegierter und hinreichend bestimmter Beweismaterialen anordnen, die sich im Besitz oder unter der Kontrolle einer Partei oder eines Dritten befinden (Prinzip 16.2).[596] Nach Prinzip 16.2 S. 2 kann die Offenlegung nicht allein deswegen verweigert werden, weil das Beweismittel für eine Partei oder offenlegende Dritten nachteilig sein könnte. Somit lehnen die Prinzipien ausdrücklich den im deutschen Recht oft propagierten *nemo tenetur*-Grundsatz ab.[597] Daneben widersetzen sie sich gleichzeitig auch der ausufernden Sachverhaltserforschung des amerikanischen Systems, indem sie eine detaillierte Tatsachenschilderung und spezifizierte Beweisantritte verlangen (Prinzip 11.3 S. 1).[598] Das Gericht kann nur ausnahmsweise von diesem Substantiierungsgebot

593 Stürner, ZZPInt 11 (2006), S. 381 (383).

594 Stürner, ZZPInt 11 (2006), S. 381 (384).

595 Parallel zu den „Principles" wurden detaillierte „Rules" weiterentwickelt, aber nicht offiziell verabschiedet, sondern als Ergänzung den „Principles" beigefügt: Unidroit 2004 Study LXXVI-Doc. 12, abrufbar unter: http://www.unidroit.org/english/documents/2004/study76/s-76-12-e.pdf (Stand 26.12.2016); siehe auch *Stürner* RabelsZ 69 (2005), S. 201 (214 ff.).

596 *Gottwald* befürwortet einen unmittelbaren Austausch relevanter Beweismittel zwischen den Parteien, der unabhängig von einer richterlichen Anordnung stattfinden soll, Gottwald, FS-Leipold, 2009, S. 33 (42).

597 Brandt, Das englische Disclosure-Verfahren, 2015, S. 332.

598 Stürner, ZZPInt 11 (2006), S. 381 (397); vgl. Gottwald, FS-Leipold, 2009, S. 33 (42).

absehen, so wenn die Partei gute Gründe für ihr Unvermögen vorbringen kann und wenn die Möglichkeit besteht, dass sich die notwendigen Tatsachen und Beweismittel später im Verlauf des Verfahrens ergeben können (Prinzip 11.3. S. 2).

Die Prinzipien machen keine konkreten Angaben zu den Weigerungsrechten.[599] Sie begnügen sich vielmehr mit der Erklärung, dass „privileges" oder „immunities" vom Gericht beachtet werden sollten (Prinzip 18.1). Die Schutznormen des Forumsstaats und des Heimat- oder Sitzstaates der Beweisperson sind ebenso zu berücksichtigen.[600] Bei Verletzung der Offenlegungspflicht kann eine nachteilige Würdigung oder unmittelbarer Zwang gegen die sich weigernde Person in Frage kommen (Prinzip 17.3 i. V. m. 18.2 und 18.3).

Die in den Prinzipien vorgesehene Rollenverteilung zwischen Parteien und Gericht ähnelt dem kontinentaleuropäischen Rechtsystem. Von dem passiven Richter des amerikanischen Rechtssystems wird Abschied genommen und stattdessen ein aktiver Richter nach dem Modell des europäischen Systems vorgesehen.[601] Dem Gericht wird volle Verantwortung für die Vollständigkeit der Tatsachen, Beweismittel und Rechtsfindung auferlegt (Prinzip 22). Im Rahmen des Tatsachenvortrags kann es zusätzliche Beweismittel anfordern und auch selbst direkt Beweis erheben (Prinzip 22.2 S. 2).[602]

3. Ergebnis zu den „Principles of Transnational Civil Procedure"

Die Prinzipien statuieren einen umfangreichen gegenseitigen Informationsaustausch nach dem Vorbild des *Common Law*. Um eine Ausuferung zu verhindern, müssen die Beweismittel hinreichend bestimmt sowie der Parteivortrag hinreichend substantiiert werden. Damit sollen gleichzeitig die negativen Folgen eines Ausforschungsbeweises beseitigt werden. Aus kontinentaleuropäischer Sicht erleichtert dies sicher die Akzeptanz der Prinzipien.

Bemerkenswert ist schließlich, dass der Informationsaustausch zwischen den Parteien unabhängig von einer nachzuweisenden rechtlichen Sonderverbindung rein auf prozessualen Basis erfolgt und zwangsweise durchsetzbar ist.[603]

---

599 Das Fehlen eines Katalogs allgemein anerkannter Weigerungsrechte ist auf die weite Diskrepanz zwischen den angloamerikanischen und kontinentaleuropäischen Rechtskulturen zurückzuführen, Stürner, ZZPInt 11 (2006), S. 381 (397).

600 Stürner, RabelsZ 69 (2005), S. 201 (243); ders. ZZPInt 11 (2006), S. 381 (398); Waterstraat, ALI/UNIDROIT Principles and Rules of Transnational Civil Procedure, 2006, S. 163.

601 Stürner, ZZPInt 11 (2006), S. 381 (392 ff.); Waterstraat, ALI/UNIDROIT Principles and Rules of Transnational Civil Procedure, 2006, S. 157.

602 Stürner, ZZPInt 11 (2006), S. 381 (394).

603 Beckhaus, Die Bewältigung von Informationsdefiziten bei der Sachverhaltsaufklärung, 2010, S. 240; Waterstraat, ALI/UNIDROIT Principles and Rules of Transnational Civil Procedure, 2006, S. 156, 165.

Neben der Pflicht der Parteien zur Offenlegung aller relevanten Beweismittel wird dem Gericht auch eine aktive Rolle beigemessen, um eine bestmögliche Sachverhaltsaufklärung zu ermöglichen. In dieser Hinsicht nähert sich das angloamerikanische Rechtssystem, in dem das Gericht eher als „Überwacher" des Prozesses betrachtet wird, dem europäischen Rechtskreis an. Darüber hinaus erfolgt der Informationsaustausch unter den Prinzipien infolge einer gerichtlichen Anordnung, während er in den USA weitgehend von den Parteien autonom betrieben wird.[604]

Insgesamt schaffen die Prinzipien einen gelungenen Kompromiss zwischen dem Modell der *Discovery* aus dem *Common Law* und den Grundsätzen kontinentaler Rechtssysteme.[605] Und sie zeigen, dass eine globale Harmonisierung des Zivilprozesses nicht unrealisierbar ist.

V. IBA Rules of Evidence

Die Entwicklungen im Bereich der internationalen Schiedsgerichtsbarkeit, wo die Parteien häufig verschiedenen Rechtskreisen angehören und eine für beide Seiten akzeptable Lösung suchen, sind ein gutes Vorbild für die globale Harmonisierung des Zivilprozesses.[606] Eine von diesen Entwicklungen ist die Schaffung der IBA-Regeln zur Beweisaufnahme in der internationalen Schiedsgerichtsbarkeit, die im Jahr 1999 durch die International Bar Association (IBA) angenommen wurden.[607] Im Jahr 2010 erfuhren die Regeln eine behutsame Überarbeitung mit dem Zweck, sie an die technische Weiterentwicklung und gewonnene Erfahrungen anzupassen. Dabei wird die Bedeutung des Gebotes von Treu und Glauben sowie des Fairnessgedankens stark betont. Das Ziel war die Steigerung der Effizienz bei der Beweiserhebung.[608]

Die IBA-Regeln konzentrieren sich darauf, einen Mittelweg zwischen dem anglo-amerikanischen und kontinentaleuropäischen Recht zu finden.[609] Sie regeln zwar – entsprechend den anglo-amerikanischen Vorstellungen – eine generelle ver-

---

604 Waterstraat, ALI/UNIDROIT Principles and Rules of Transnational Civil Procedure, 2006, S. 157.

605 Stürner, ZZPInt 11 (2006), S. 381 (397); Waterstraat, ALI/UNIDROIT Principles and Rules of Transnational Civil Procedure, 2006, S. 160, 164.

606 *Wagner* bezeichnet die Schiedsgerichtsbarkeit als „Laboratorium der Prozessrechtsharmonisierung", Wagner, ZEuP 2001, S. 441 (457); ähnlich *Beckhaus* spricht davon als „aussagekräftiger Gradmesser für die künftige internationale Rechtsentwicklung", Beckhaus, Die Bewältigung von Informationsdefiziten bei der Sachverhaltsaufklärung, 2010, S. 241; ähnlicherweise auch Huber, Entwicklung transnationaler Modellregeln für Zivilverfahren, 2008, S. 386 f.

607 IBA Rules on the Taking of Evidence in International Commercial Arbitration, abrufbar unter: http://www.ibanet.org/Publications/publications_IBA_guides_and_free_materials.aspx (Stand 26.12.2016).

608 Kläsener/Dolgorukow, SchiedsVZ 2010, S. 302 (302).

609 Huber, Entwicklung transnationaler Modellregeln für Zivilverfahren, 2008, S. 382.

fahrensrechtlich begründete Dokumentationsvorlagepflicht, begrenzen sie jedoch durch relativ restriktive Voraussetzungen entsprechend der kontinentaleuropäischen Sachverhaltsermittlung. Die zentrale Vorschrift ist die Vorlage von Dokumenten gem. Art. 3 IBA-Regeln. Abs. 1 regelt – ähnlich wie § 423 dZPO – die Vorlage derjenigen Urkunden, auf die sich eine Partei bezieht und über die sie verfügt. Diese Dokumente sind sowohl dem Schiedsgericht als auch den anderen Parteien innerhalb einer vom Schiedsgericht festzusetzenden Frist vorzulegen. Darüber hinaus kann jede Partei beim Schiedsgericht einen Antrag auf Anordnung der Vorlage einer in der Verfügung der Gegenseite befindlichen Urkunde stellen (Art. 3 Abs. 2). Ein solcher Antrag muss eine Beschreibung des geforderten Dokuments enthalten, die eine Identifizierung ermöglicht (Art. 3 Abs. 3 lit. a). Außerdem muss das vorzulegende Dokument relevant für den Fall und wesentlich für seine Entscheidung sein (Art. 3 Abs. 3 lit. b). Es bedarf daher einer hinreichenden Substantiierung des Sachvortrags.[610] Letztendlich hat der Antragsteller anzugeben, warum er vom Besitz der Gegenseite ausgeht (Art. 3 Abs. 3 lit. c). Somit wird einerseits eine detaillierte Sachverhaltsermittlung durch die erweiterte Vorlagepflicht sichergestellt, andererseits wird ein pauschaler Vortrag zur Ausforschung der anderen Partei verhindert.[611]

In Art. 9 Abs. 2 sind im Einzelnen die Einwände aufgezählt, die der Antragsgegner gegen das Vorlageersuchen erheben kann (Art. 3 Abs. 5). Sie sind: fehlende Entscheidungserheblichkeit (lit. a), rechtliche Hindernisse oder Verweigerungsrechte (lit. b), Unzumutbarkeit (lit. c), Verlust oder Zerstörungen der Dokumente (lit. d), Geheimhaltungsinteressen (lit. e), schützenswerte politische Interessen (lit. f), ein faires Verfahren, das Gebot der Verhältnismäßigkeit sowie das der Waffengleichheit (lit. g). Um die Berechtigung eines Verweigerungsgrunds zu prüfen, kann das Schiedsgericht einen unabhängigen, zur Verschwiegenheit verpflichteten Sachverständigen bestellen (Art. 3 Abs. 8). Hier ist zu betonen, dass das Bestehen eines Geheimhaltungsinteresses nicht unbedingt zu einem Ausschluss des Beweismittels führt. Vielmehr kann das Schiedsgericht die zur Gewährleistung eines geeigneten Vertraulichkeitsschutzes nötigen Maßnahmen nach freiem Ermessen anordnen (Art. 9 Abs. 4). Damit wird ein Kompromiss zwischen Geheimhaltung- und Informationsinteressen erreicht.[612]

Weigert sich eine Partei ohne berechtigten Grund der Vorlageanordnung nachzukommen, kann das Gericht im Rahmen der Beweiswürdigung den Schluss ziehen, dass der Inhalt des nicht vorgelegten Dokuments den Interessen der vorlagepflichtigen Partei entgegensteht (Art. 9 Abs. 4). Dementsprechend darf die Behauptung des Antragsstellers hinsichtlich des Dokumenteninhalts als wahr unterstellt werden.

---

610 Beckhaus, Die Bewältigung von Informationsdefiziten bei der Sachverhaltsaufklärung, 2010, S. 241.

611 Vgl. Huber, Entwicklung transnationaler Modellregeln für Zivilverfahren, 2008, S. 384.

612 Koch, Mitwirkungsverantwortung im Zivilprozess, 2013, S. 89; Kläsener/Dolgorukow, SchiedsVZ 2010, S. 302 (307).

Andere Sanktionen als die nachteilige Beweiswürdigung – wie bspw. Zwangsmaßnahmen – stehen den Schiedsgerichten mangels Hoheitsgewalt nicht zur Verfügung.[613]

VI. Schlussfolgerung

Europäische und internationale Rechtsentwicklungen zeigen eine deutliche Tendenz zur Erweiterung der Mitwirkungspflichten der Parteien bei der Sachverhaltsermittlung. Im Mittelpunkt steht eine gegenseitige Verpflichtung zur Informationsoffenbarung, welche stärker in das Prozessrecht integriert ist. In den einschlägigen Regelwerken wird diese Verpflichtung an eine gerichtliche Anordnung geknüpft, welche dem Gericht die Prüfung ermöglicht, ob das Vorlage- bzw. Informationsbegehren hinreichend substantiiert ist, ob vorzulegende Beweismittel identifizierbar sind, sowie ob erwünschte Informationen erforderlich und entscheidungserheblich sind. Dadurch werden sowohl die ausufernde Sachverhaltserforschung als auch die unzulässige Ausforschung des Gegners verhindert. Neben einer so umfangreichen Aufklärungspflicht werden auch Geheimhaltungsinteressen des Aufklärungspflichtigen stark betont, wobei deren möglicher Inhalt nicht weiter konkretisiert wird. Es bleibt vielmehr den nationalen Gesetzgeber überlassen, die Maßnahmen zu treffen, um Geheimhaltungs- und Aufklärungsinteressen in Ausgleich zu bringen.

Im Hinblick auf den Zugang zu Beweismitteln bleiben das deutsche und türkische Recht deutlich hinter den internationalen Entwicklungen zurück. Dies liegt primär an ihrer restriktiven Handhabung der Darlegungs- und Beweislastregeln, sowie des Grundsatzes, dass keine Partei gehalten sei, dem Gegner für dessen Prozesssieg das Material zu verschaffen, über das er nicht von sich aus verfügt. Die europäische und globale Rechtsharmonisierung fordert vielmehr weitergehende Möglichkeiten zur Heranziehung der nicht beweispflichteten Gegenpartei in die Sachverhaltsaufklärung. Ausgangspunkt ist der Zugang zu allen erheblichen Beweismitteln und Informationen, die nicht dem Schutz von Geheimhaltungsrechten unterliegen. Dabei wird ein prozessrechtlicher Ansatz verfolgt, wonach die Beweismittelvorlage ohne Nachweis einer materiellrechtlichen Sonderverbindung, rein auf der prozessualen Basis erfolgen soll. In diesem Zusammenhang bedeutet das Festhalten an einem materiellrechtlichen Ansatz bei der Informationsoffenbarung – wie in Deutschland – ein wichtiges Hindernis für die Orientierung an den internationalen Rechtsentwicklungen.

Die obigen Ausführungen machen die Notwendigkeit einer neuen Vorgehensweise bei den Informationsdefiziten und Parteipflichten in Deutschland und der Türkei deutlich. Um internationale Standards zu erreichen, scheint ein Tätigwerden des Gesetzgebers erforderlich.

613 Wagner, ZEuP 2001, S. 441 (499); Huber, Entwicklung transnationaler Modellregeln für Zivilverfahren, 2008, S. 385.

§ 6 Jüngste Entwicklungen im nationalen Recht

I. Die ZPO-Reform in Deutschland von 2001

1. Leitgedanken der Reform

In Deutschland trat am 1. Januar 2002 das Gesetz zur Reform des Zivilprozesses in Kraft. Das Hauptziel war die Beseitigung mangelnder Effizienz, langer Verfahren und fehlender Übersichtlichkeit im Zivilverfahren. Der Zivilprozess sollte bürgernäherer, effizienter und transparenter werden und die Urteile sollten für die Parteien verständlich und akzeptabel sein, um so die Zufriedenheit der Bürger mit dem materiellen Recht zu erhöhen.[614] Um einen dauerhaften Rechtsfrieden zu schaffen, sollte die Streitschlichtungskultur verbessert werden.[615] Dementsprechend entschied sich der Gesetzgeber für eine umfangreiche Reform, welche das gesamte zivilprozessuale Erkenntnisverfahren erfasst. Dabei werden die Verfahrensregelungen, die Funktion der Rechtsmittelzüge und der Gerichtsaufbau neu geregelt. Die zunehmende Verrechtlichung des Alltagslebens und die Entwicklungen im Bereich der Informations- und Kommunikationstechnologien gaben berechtigten Anlass zu einer solchen Reform.[616] Ferner sollte die Neukonzeption des Zivilprozesses zu einer Angleichung an die Prozessrechtssysteme der europäischen Nachbarländer führen.[617] Der folgende Abschnitt bezieht sich auf die wesentlichen Reforminhalte.

2. Wesentlicher Inhalt der Reform

a) Stärkung der ersten Instanz

Der Reformgeber beabsichtigte, den Rechtsstreit vollständig und in der Regel endgültig in der ersten Instanz zu erledigen. Die Beschränkung des Berufungsverfahrens auf die Fehlerkontrolle macht die ausführlichere Ermittlung des Sachverhalts im Eingangsgericht besonders wichtig. Damit die Parteien die Entscheidung des erstinstanzlichen Gerichts wirklich akzeptieren können, muss das Gericht alle Möglichkeiten nutzen, um eine umfassende Prüfung des Sachverhalts vorzunehmen.[618] Den Richtern sollte daher ein noch wirksameres Verfahrensrecht an die Hand gegeben werden.[619] Die richterlichen Aufklärungs- und Hinweispflichten

614 BT-Dr. 14/4722, S. 58.
615 BT-Dr. 14/4722, S. 58.
616 BT-Dr. 14/4722, S. 1.
617 BT-Dr. 14/4722, S. 70 f.
618 BT-Dr. 14/4722, S. 58, 61.
619 BT-Dr. 14/4722, S. 58.

werden zu diesem Zweck stärker betont (§§ 139, 279 Abs. 3 dZPO n.F.). Die Gerichte sollten angehalten werden, „die Parteien und ihre Anwälte mehr als bisher durch eine offene und rechtzeitige Information zu einer stärkeren, gleichzeitig aber auch gezielteren Aktivität zu veranlassen".[620]

Darüber hinaus wird die Befugnis der Gerichte, die Vorlage von Urkunden, Augenscheins- und Begutachtungsobjekten von Amts wegen anzuordnen, erheblich erweitert (§§ 142, 144 ZPO n.F.).[621] Die Gerichte können nunmehr – unabhängig von der Verteilung der Darlegungs- und Beweislast – eine Partei zur Aufklärung durch Vorlage verpflichten. Diese Aufklärungspflicht wird jedoch nicht als eine echte Parteipflicht, sondern als eine Prozessleitungspflicht des Gerichts ausgestaltet. Wie oben bereits besprochen wird den Parteien kein Antragsrecht für die Vorlage gegnerischer Urkunden eingeräumt.[622] Das heißt, der beweispflichtigen Partei ist es immer noch nicht möglich, die Vorlage von Urkunden des Gegners zu erzwingen, wenn die Voraussetzungen der §§ 422, 423 ZPO nicht erfüllt sind. Sie kann freilich versuchen, das Gericht davon zu überzeugen, das eine Vorlage erforderlich ist. Die Gerichte sind bei ihrer Ermessenausübung an eine solche Anregung indes keinesfalls gebunden. Eine Ablehnung der Anregung ist als prozessleitende Verfügung nicht gesondert beschwerdefähig.[623] Die Neuerung bewirkt deswegen aus Sicht der Parteien keine wirkliche Verbesserung im Hinblick auf den Zugang zu entscheidungserheblichen Informationen.

b) Umgestaltung des Berufungsverfahrens

Parallel zur Stärkung der ersten Instanz wurde mit der ZPO-Reform auch das Recht der zweiten Instanz umgestaltet. Das Berufungsgericht soll den Rechtsstreit nicht mehr wie bisher vollständig in tatsächlicher und rechtlicher Hinsicht untersuchen, sondern sich auf die Fehlerkontrolle beschränken.[624] Es ist grundsätzlich an die Tatsachenfeststellung des erstinstanzlichen Gerichts gebunden (§ 529 dZPO n.F.). Nur wenn es ernstliche Zweifel an der Richtigkeit oder Vollständigkeit der Feststellungen gibt, darf das Berufungsgericht über erstinstanzlich festgestellte Tatsachen erneut verhandeln (§ 529 Abs. 1 dZPO). Dadurch sollte „die unökonomische und rechtsstaatlich nicht gebotene Ausgestaltung der Berufung als volle zweite Tatsacheninstanz" aufgegeben werden.[625]

Im Rahmen der Reform wird die Einführung neuen Prozessstoffs in der Berufung erheblich begrenzt. Danach sind neue Angriffs- und Verteidigungsmittel grundsätzlich unzulässig, wenn sie bereits in erster Instanz zu Recht als verspätet zurück-

---

620 BT-Dr. 14/4722, S. 62.
621 Siehe oben Zweiter Teil II.1.b) und c).
622 Siehe oben Zweiter Teil II.1.b).
623 Siegmann, AnwBl 2008, S. 160 (162).
624 Rimmelspacher, Zivilprozessreform 2002, 2001, S. XIII; siehe auch: BT-Dr. 14/4722, S. 58, 64.
625 BT-Dr. 14/4722, S. 64.

gewiesen worden sind (§ 531 Abs. 1 i. V. m. § 296 dZPO). Neue Vorbringen können ausnahmsweise nur unter den Voraussetzungen des § 531 Abs. 2 dZPO zugelassen werden. Die Parteien sollen nunmehr alle entscheidungserheblichen Tatsachen sowie den kompletten Streitstoff bereits in der ersten Instanz vortragen.

Um das Berufungsverfahren zu beschleunigen, eröffnet der neu geregelte § 522 Abs. 2 dZPO dem Gericht die Möglichkeit, die Berufung ohne mündliche Verhandlung durch Beschluss zurückzuweisen, wenn sie offensichtlich aussichtslos ist oder die Rechtssache keine grundsätzliche Bedeutung hat oder eine Entscheidung des Berufungsgerichts weder zur Rechtsfortbildung noch zur Wahrung der Rechtseinheit erforderlich ist.

c) Förderung der Streitschlichtung

Eine gütliche Einigung zwischen den Parteien in einem möglichst frühen Prozessstadium war ein zentrales Reformziel. Dadurch sollte einerseits die Zivilgerichtsbarkeit entlastet, andererseits ein nachhaltiger Rechtsfrieden gewährleistet werden.[626] Der erste Schritt zur Verbesserung der Streitschlichtungskultur war die Einführung des § 15a EGZPO[627], der den Ländern die Möglichkeit eröffnete, in bestimmten zivilrechtlichen Streitfällen den Zugang zu den Gerichten von der Durchführung eines vorgerichtlichen Güteverfahrens abhängig zu machen. Die ZPO-Reform entwickelt den Schlichtungsgedanken weiter und sieht eine obligatorische Güteverhandlung vor, in der die Sache vor der ersten mündlichen Verhandlung mit den persönlich anwesenden Parteien erörtert werden soll (§ 278 Abs. 2, 3 dZPO n. F.). Erscheint die Güteverhandlung erkennbar aussichtslos oder hat bereits ein Einigungsversuch vor einer außergerichtlichen Einigungsstelle stattgefunden, kann darauf verzichtet werden (§ 278 Abs. 2 S. 1 dZPO n. F.). Weiter kann das Gericht die Parteien für eine Streitbeilegung vor einen Güterichter verweisen, der alle Methoden der Konfliktbeilegung einschließlich der Mediation einsetzen darf (§ 278 Abs. 5 dZPO n. F.).

d) Erweiterung des Rechtsschutzes

Der Reformgesetzgeber ging davon aus, dass die Funktion der Rechtsmittelzüge und der Gerichtsaufbau den berechtigten Interessen der Rechtsuchenden nicht mehr genügen.[628] Um dieses Defizit zu korrigieren, wird erstmals die Wertgrenze für den Zugang zu Rechtsmitteln abgebaut, da sie kein geeignetes Kriterium zur Beurteilung der rechtlichen Bedeutung einer Streitsache sei.[629] Dementsprechend wird der für die Zulässigkeit der Berufung notwendige Streitwert von 1500 DM auf 600 Euro (1200 DM) herabgesetzt (§ 511 Abs. 2 Nr. 1 dZPO). Bei Beschwerdewerten bis 600 Euro

---

626 BT-Dr. 14/4722, S. 62.
627 Eingefügt durch Art. 1 des Gesetzes zur Förderung der außergerichtlichen Streitbeilegung vom 15.12.1999, BGBl. I, S. 2400.
628 BT-Dr. 14/4722, S. 58.
629 BT-Dr. 14/4722, S. 59.

wird eine Zulassungsberufung dahin gehend eingeführt, dass das erstinstanzliche Gericht die Berufung zuzulassen hat, wenn die Rechtssache grundsätzliche Bedeutung hat (§ 511 Abs. 4 dZPO). Die Einführung eines Abhilfeverfahrens bei Verletzung des Anspruchs auf rechtliches Gehör ist eine weitere wichtige Erweiterung des Rechtsschutzes für die Parteien (§ 321 a dZPO).[630]

Um eine optimale Nutzung richterlicher Arbeitskraft zu erreichen, wird in erster Instanz beim Landgericht ein originär zuständiger Einzelrichter eingeführt.[631] Nach § 384 Abs. 3 dZPO darf der Einzelrichter nur Rechtsstreitigkeiten, die besondere Schwierigkeiten rechtlicher oder tatsächlicher Art aufweisen oder grundsätzliche Bedeutung haben, auf die Kammer übertragen. Umgekehrt darf die Kammer auch nur unter diesen Voraussetzungen von einer Übertragung auf den Einzelrichter absehen (§ 348a Abs. 1 dZPO). Somit ist eine sachgerechte Verteilung der Verfahren zwischen Einzelrichter und Kollegium gewährleistet, welche einen bestimmten Einfluss auf die Effizienz des Rechtsschutzes hat.

3. Das Verhältnis zwischen Zielen und Mitteln der Reform

Der deutsche Reformgeber beabsichtigte eine umfassende Prüfung des Sachverhalts bereits in der ersten Instanz und die Erledigung des Rechtsstreits in einem möglichst frühen Prozessstadium. Als Instrument zu diesem Zweck sah er die Stärkung der Richtermacht vor. Die richterliche Aufklärungspflicht wurde dementsprechend stärker in den Vordergrund gestellt, während die parteiliche Aufklärungspflicht zurückgesetzt wurde. Auf der europäischen Ebene zeigt sich jedoch eine gegenläufige Tendenz. Dort wird die Aufklärung des Sachverhalts grundsätzlich der Parteiverantwortung unterstellt. Die Parteien werden verpflichtet, einander Zugang zu Informationen zu gewähren. Der Richter ist lediglich Vermittler für diesen Informationsaustausch. Anders als in Deutschland werden so die Parteiaktivitäten bei der Sachverhaltsaufklärung erheblich erhöht. Die ZPO-Reform mit ihrer Vorstellung von aktiven Richtern und passiven Parteien bleibt daher deutlich hinter den europäischen Rechtsentwicklungen zurück.

Weiter zu fragen ist, ob die vom Reformgeber gewählten Mittel geeignet sind, um seine Anliegen zu verwirklichen. Um die Effizienz des Zivilprozesses und die Akzeptanz gerichtlicher Urteile zu erhöhen, ist eine der materiellen Wahrheit entsprechende Entscheidungsgrundlage unerlässlich, welche gleichzeitig eine detaillierte Sachverhaltsermittlung erfordert. Ebenso ergibt sich aus der Beschränkung der Berufung auf die reine Fehlerkontrolle die Notwendigkeit einer Intensivierung des Tatsachenvortrags in der Eingangsinstanz.[632] Daneben entschied sich der Gesetzgeber jedoch nicht für die Erweiterung der echten durchsetzbaren Parteipflichten,

---

630 Nach altem Recht konnte der Betroffene bei einer derartigen Verletzung nur noch die Verfassungsbeschwerde beim Bundesverfassungsgericht einlegen (Artikel 93 Abs. 1 Nr. 4a GG; §§ 13 Nr. 8a, 90 ff. BVerfGG).

631 BT-Dr. 14/4722, S. 58, 60, 63.

632 Saenger, ZZP 121 (2008), S. 139 (158); Waterstraat, ZZP 118 (2005), S. 459 (476).

sondern für die Verstärkung der materiellen Prozessleitungspflicht des Gerichts, die mit einer Anordnungskompetenz für die Vorlage von Urkunden bzw. Augenscheinsobjekt (§§ 142, 144 dZPO) verbunden ist. Auf die Unzulänglichkeit der einseitigen Ausweitung der Richterbefugnisse bei der Sachverhaltsermittlung wurde bereits hingewiesen.[633] Hier ist besonders zu betonen, dass die vom Reformgeber gewählten Instrumente die Erwartungen in der Rechtspraxis nicht erfüllen konnten. Nach einer Richterbefragung im Rahmen der Evaluation der ZPO-Reform haben 58 % der Amtsrichter und 62 % der Richter an Landgerichten eine Vorlegung gem. §§ 142, 144 dZPO lediglich selten angeordnet; 37 % bzw. 31 % haben sie noch nie angeordnet.[634] Auch das Ergebnis der neu geregelten Hinweispflicht in § 139 dZPO kann nicht vollends befriedigen. An Landgerichten wird sie leicht überwiegend positiv, an Amtsgerichten leicht überwiegend negativ beurteilt. Bei der Prüfung der Dokumentation von Hinweisen konnte nur in ca. einem Drittel der analysierten Akten ein solcher Hinweis gefunden werden.[635] Nimmt man zudem die Verlängerung der durchschnittlichen Verfahrensdauer in der Eingangsinstanz in den Blick[636], wird die Unwirksamkeit der Reformmaßnahmen deutlich. Es sollte deshalb darüber nachgedacht werden, ob die Erweiterung der Mitwirkungspflichten der Parteien – abgekoppelt von der richterlichen Aufklärungstätigkeit – die Lage des Zivilprozesses verbessern könnte.

II. ZPO-Reform in der Türkei vom Jahr 2011

1. Leitgedanken der Reform

Seit dem Zeitpunkt des Inkrafttretens wurde die türkische Zivilprozessordnung mehrmals geändert. Bis zur umfangreichen Reform der Zivilprozessordnung im Jahr 2011 gab es lediglich teilweise Änderungen, die sowohl in der Lehre als auch in der Praxis bemängelt bzw. kritisiert wurden. Erst anhand der im Jahr 2011 stattgefundenen umfangreichen ZPO-Reform wurde es möglich, dass alle fehlerhaften Vorschriften dieses Gesetzes zusammengefasst, erneuert und den aktuellen Bedürfnissen angepasst wurden.

633 Siehe oben Erster Teil § 1 I.3.

634 Hommerich/Prütting/Ebers/Lang/Traut, Rechtstatsächliche Untersuchung zu den Auswirkungen der Reform des Zivilprozessrechts auf die gerichtliche Praxis, 2007, S. 112.

635 Hommerich/Prütting/Ebers/Lang/Traut, Rechtstatsächliche Untersuchung zu den Auswirkungen der Reform des Zivilprozessrechts auf die gerichtliche Praxis, 2007, S. 277.

636 Siehe: https://www.bundesjustizamt.de/DE/SharedDocs/Publikationen/Justizstatistik/Geschaeftsentwicklung_Gerichte_Staatsanwaltschaften.pdf;jsessionid=0FD70ADE94BF651008341F31CB4168A7.1_cid386?__blob=publicationFile&v=6 (Stand: 26.12.2016).

Das Hauptziel der Reform war die Verkürzung der Verfahrensdauer, die eines der größten Probleme der türkischen Justiz ist, und den Bürgern innerhalb kurzer Zeit einen effektiven Rechtsschutz zu gewährleisten. Die Verbesserung der Streitschlichtungskultur in der Gesellschaft durch die friedliche Konfliktlösung, die Anpassung der ZPO an die internationale Rechtsentwicklung waren u. a. weitere wichtige Ziele dieser Reform.

Während bei der Vorbereitung des neuen Gesetzes die Leitfäden des alten Gesetzes gewahrt wurden, wurden alle Gesetzesstellen bzgl. der Gerichtsverhandlungen wichtige Änderungen vorgenommen. Die wichtigsten sind die Annahme des Vorprüfungsstadiums, die Einführung der obligatorischen Güteverhandlung und einige Änderungen hinsichtlich der Beweisführung.

2. Wesentlicher Inhalt der Reform

a) Annahme des Vorprüfungsstadiums

Vor der ZPO-Reform wurde es in der Praxis sehr kritisch gesehen, dass die Gerichte mit der Ermittlung der Sache ohne erforderliche Vorbereitungen begonnen haben.[637] Die Prozesse wurden meist begonnen noch bevor die Beweissicherung vollständig abgeschlossen war und die Mängel der Anträge beseitigt wurden. Die Verhandlungen hatten nicht die Funktion der Beweisuntersuchung und der juristischen Auseinandersetzungen; vielmehr wurden die Verhandlungen dazu genutzt, um Mängel zu beseitigen. Sogar für einfache bzw. unproblematische Formalitäten hat man eine Gerichtsverhandlung angesetzt, das natürlich zu einer unnötigen Verlängerung des Verfahrens führte. Beispielsweise wurden nur für die Erstellung von Schriften für das Grundbuchamt oder die Meldebehörde oder aber auch für die Ermittlung, dass von solchen Instanzen die Schreiben nicht ankamen, eine Verhandlung angesetzt.[638] Da die Gerichte keine ausreichende Vorarbeit geleistet, Akten nicht bearbeitet und Ungenauigkeiten in den Angaben bzw. Erklärungen der Parteien nicht behoben haben, wurden viele Angelegenheiten, die zu Beginn des Verfahrens eigentlich hätten beschlossen werden müssen (wie z. B. Prozessvoraussetzungen und erste Einsprüche), meistens zum Ende des Verfahrens beschlossen.[639] All dies führte zur unnötigen Verlängerung des Verfahrens.

Die neu eingeführte Vorprüfungsphase hat den Zweck solche Mängel zu beheben. Diese Phase ereignet sich nach dem Schriftsatzwechsel und vor der Ermittlung der Sache. Das Gericht wird in dieser Phase die Vorbereitungsverfahren für die Ermittlungen der Sache durchführen, die Prozessvoraussetzungen und die ersten Einsprüche überprüfen, Stellen der Nichtübereinstimmungen feststellen und Maß-

637 Kuru, Makaleler, 2006, S. 99 (105); Pekcanıtez, Usul Hukukçuları Toplantısı V, 2006, S. 3 (21); Yılmaz; Usul Hukukçuları Toplantısı V, S. 169 (174).

638 Pekcanıtez, Usul Hukukçuları Toplantısı V, 2006, S. 3 (22); Kuru, Makaleler, 2006, S. 99 (109).

639 Pekcanıtez, Usul Hukukçuları Toplantısı V, 2006, S. 3 (21).

nahmen dafür treffen, dass die Parteien ihre Beweise vollständig und innerhalb der Frist vorführen (§ 137 Abs. 1 tZPO). Damit diese Prozeduren durchgeführt werden können, wird das Gericht einmalig einen Verhandlungstermin hinsichtlich der Verhandlungsvorbereitung ansetzen. Dieser Termin dient vielmehr als Übergang zu den Gerichtsverhandlungen.[640] In der Regel wird es vorgesehen, dass das Vorprüfungsstadium in einer Sitzung abgeschlossen wird; aber in notwendigen Fällen kann der Richter einmalig einen neuen Sitzungstermin benennen (§ 140 Abs. 4 tZPO). Im Gesetz wird erkenntlich vorgeschrieben, dass ohne das Abschließen der Vorprüfungsphase die Sache nicht inhaltlich behandelt werden kann (§ 137 Abs. 2 tZPO).

Im türkischen Recht müssen die Parteien normalerweise ihre gesamten Beweise während des Schriftsatzwechsels überreicht haben (§§ 119 f, 121, 129 e tZPO). Die Beweise, die in den Anträgen genannt jedoch noch nicht überreicht worden sind, müssen innerhalb einer Zweiwochenfrist, die während des Vorprüfungsstadiums bestimmt wird, dem Gericht überreicht werden. Andernfalls wird man davon ausgehen, dass auf diese Beweise verzichtet worden sind (§ 140 Abs. 5 tZPO). Beim Übergang zur Ermittlung der Sache wird die Lösung des Konflikts nach den Beweisen, die während der Vorprüfungsphase festgestellt wurden, durchgeführt. In der Regel können nach dieser Phase bzgl. des Konfliktes keine neuen Beweise vorgezeigt werden. Gleichfalls werden nach dem Abschluss der Vorprüfungsphase keine neuen Behauptungen und Verteidigungen angenommen (§ 141 Abs. 1 tZPO).[641]

Zusammengefasst kann festgehalten werden, dass das Vorprüfungsstadium als eine unabhängige Vorbereitungsphase für eine spätere schnelle und detaillierte Prüfung dient. Somit hängt der Erfolg des gesamten Verfahrens vom Erfolg dieses Stadiums ab.

b) Verbesserung der Streitschlichtungskultur

Ein weiteres wichtiges Ziel der Reform war es, wie in Deutschland die Konflikte auf friedlichem Wege zu lösen und die Parteien bei dieser Lösung zu unterstützen. Somit wollte man auf der einen Seite die Schlichtungskultur in der Gesellschaft fortentwickeln und auf der anderen Seite die Arbeitsbelastung der Gerichte verringern.[642] Zu diesem Zweck wurde eine Pflicht eingeführt, dass das Gericht in der Vorprüfungsphase die Streitpunkte festzustellen und danach die Parteien bei der Schlichtung und Friedensvermittlung zu fördern hat (§ 137 Abs. 1 i. V. m. § 140 Abs. 2 tZPO). Im türkischen Recht ist dies als eine Pflicht ohne Ausnahme ausgestaltet worden. Demgegenüber kann der Richter in Deutschland, indem er vorsieht, dass die Schlichtung nicht erfolgreich sein wird oder die Parteien zuvor

640 Ausführlich: Ermenek, İNÜHFD 2011/1, S. 139 (154 ff.).

641 Die Ausnahme dieser Regel ist die Berichtigung der Schriftsätze und die Zustimmung der Gegenpartei (§ 141 Abs. 2 tZPO)

642 Siehe: Begründung des Gesetzesentwurfs, S. 4., abrufbar unter: http://www.kgm.adalet.gov.tr/Tasariasamalari/Kanunlasan/2011Yili/kanmetni/6100ss.pdf (Stand 26.12.2016).

eine Schlichtung eingingen, aber diese erfolglos gewesen ist, auf die Förderung der Schlichtung verzichten (§ 278 Abs. 2 dZPO). Es wäre m. E. angemessener, dass auch im türkischen Recht eine solche Bestimmung bestünde. Wie bereits erwähnt, ist das Endziel der Vorprüfungsphase die Verkürzung und Vereinfachung des Verfahrens. Der Schlichtungsversuch ohne Erfolgsaussicht verursacht jedoch lediglich eine unnötige Verzögerung des Verfahrens.

Ist der Richter der Meinung, dass die Parteien eine Vereinbarung abschließen können, aber zu dieser Angelegenheit eine Frist benötigen, so kann er eine einmalige Frist erteilen und einen neuen Sitzungstermin bestimmen (§ 140 Abs. 2 tZPO). Während dieser Frist können die Parteien ihre Streitigkeiten auch mit Hilfe eines Schlichtungsvermittlers lösen. Nachdem am Ende der Sitzung festgestellt wird, ob die Parteien eine Schlichtung eingegangen sind oder nicht und wenn nicht, was die Streitpunkte sind, werden diese Punkte ins Protokoll aufgenommen (§ 140 Abs. 3 tZPO). Nach Abschluss der Vorprüfungsphase wird mit dem Verfahren begonnen. Es sei darauf hingewiesen, dass der Beginn des Verfahrens nicht bedeutet, dass für die Parteien außergerichtliche Lösungen ausgeschlossen sind. Das im Jahr 2012 in der Türkei in Kraft getretene Mediationsgesetz gibt den Parteien die Möglichkeit, in jeder Phase des Verfahrens sich an einen Mediator zu wenden (§ 13 Abs. 1 tMediationsG).

Darüber hinaus wurde – um die Schlichtung der Parteien zu fördern – eine Bestimmung in das Gesetz hinzugefügt, nach welcher die Parteien von ihren Geständnissen, die während der Schlichtungsverhandlung abgelegt werden, im Zivilprozess unabhängig sind (§ 188 Abs. 3 tZPO).

c) *Verbesserungen im Bereich des Beweisantritts der Parteien*

Die ZPO-Reform in der Türkei bringt erhebliche Änderungen hinsichtlich der parteibetriebenen Beweisaufnahme mit sich, welche einen direkten Einfluss auf die Ermittlung des Sachverhalts haben. Eine davon ist die Erweiterung der Parteipflichten bei der Urkundenvorlage (§ 219 tZPO) und der Duldung der Inaugenscheinnahme (§ 291 tZPO). Durch die Reform werden beide Pflichten von dem materiellen Recht weitgehend abgekoppelt und auf der rein prozessualen Ebene neugestaltet.[643] Die nicht risikobelastete Partei kann nunmehr – unabhängig von einem materiell-rechtlichen Anspruch – rein aus prozessrechtlichen Gründen zur Vorlage eines Dokuments oder Augenscheinsgegenstands verpflichtet werden. Dies ermöglicht – unter bestimmten Voraussetzungen – unverschuldete Informationsdefizite des Beweisführers zu kompensieren und dadurch die Lücke in der Sachverhaltserforschung zu schließen.

Eine andere auffällige Änderung ist die Erweiterung des Umfangs des Anfangsbeweises. Wie bereits erwähnt ist der Anfangsbeweis eine wichtige Ausnahme vom Urkundenprinzip, welches die Parteien bei der Beweisführung und die Richter bei

---

643 Siehe oben Zweiter Teil II.2.b) und c).

der Beweiswürdigung erheblich begrenzt und somit die Ermittlung der Wahrheit in einem Prozess erschwert. Beim Vorhandensein eines Anfangsbeweises hingegen kann eine Behauptung, die im Prinzip nur mit einer Urkunde zu beweisen ist, mit allen anderen Beweismitteln bewiesen werden (§ 202 Abs. 1 tZPO). Mit dem Verzicht auf die Schriftlichkeit des Anfangsbeweises, die nach altem Recht sein notwendiges Element war, wurde die Reichweite des Anfangsbeweises erheblich vergrößert. Nach der neuen Rechtslage können auch elektronische Datenträger, Bilder, Tonbandaufnahme oder Zeichnungen als Anfangsbeweis bewertet werden (§ 202 Abs. 2 i. V. m. § 199 Abs. 1 tZPO). Die Erweiterung der Reichweite des Anfangsbeweises befreit den türkischen Zivilprozess in gewissem Maße von seinem strengen Beweisregeln und eröffnet die Möglichkeit einer detaillierten Ermittlung des Sachverhalts.

3. Das Verhältnis zwischen Ziel und Durchsetzungsmittel der Reform

Ähnlich wie der deutsche beabsichtigte auch der türkische Reformgeber in erster Linie die schnelle Erledigung eines Rechtsstreits und die Erhöhung der Effizienz des Zivilprozesses durch verbesserte Aufklärungsmöglichkeiten. Zu diesem Zweck bediente er sich – anders als deutscher Reformgeber – vorzugsweise der Erweiterung der echten prozessualen Parteipflichten. So kann der Beweisführer nach der Reform ohne Nachweis eines materiellen Anspruchs die Vorlage gegnerischer Urkunden verlangen. Obschon diese Vorlagepflicht im türkischen Recht grundsätzlich dem Beweisantritt der Parteien untergeordnet ist, darf der Richter in der Türkei auch von Amts wegen eine solche Vorlageanordnung erlassen. Im deutschen Recht hingegen wird sie bloß dem richterlichen Ermessen zugeordnet und den Parteien kein Antragsrecht darauf zuerkannt. Gegenüber der deutschen ist die türkische Regelung zu bevorzugen, weil sie neben der Richteraktivität auch die Parteiaktivität bei der Sachaufklärung unterstützt. Berücksichtigt man zusätzlich die erweiterte Definition des Begriffs „Urkunde" in der Türkei, kann man sagen, dass der Zugang zu entscheidungserheblichen Informationen gegenüber der deutschen Rechtslage teilweise erleichtert wurde. Die neue Pflicht zur Urkundenvorlage ist zudem im Hinblick auf die Annäherung an die internationale Rechtsentwicklung begrüßenswert.

Als nachteilige Folge der türkischen Reform kann die Beibehaltung des legalen Beweissystems angesehen werden. Die Beweismittelbeschränkung hinsichtlich bestimmter Rechtsgeschäfte und die Bindung des Richters an die Strengbeweise beschränken Richter- und Parteiaktivitäten bei der Suche nach der materiellen Wahrheit.[644] Während der Reform wurde zwar über die Befreiung des türkischen Zivilprozesses von seinen strengen Beweisregeln diskutiert, der Reformgesetzgeber hat sich jedoch für ihre Weiterführung entschieden. Als Begründung verweist er darauf, dass er auf die Erfahrungen, die im Rahmen des legalen Beweissystems in Europa seit etwa 150 Jahren und in der Türkei seit etwa 80 Jahren gesammelt

644 Siehe oben Erster Teil § 2 II.4.b).

wurden, nicht verzichten möchte.[645] Ein anderer Grund könnte in der leichten Handhabung des legalen Beweissystems liegen.[646] Tatsächlich sind die Grenzen der Beweiswürdigung beim legalen Beweissystem sichtbarer als beim System der freien Beweiswürdigung, weil Wert und Aussagekraft der Beweise gesetzlich prädeterminiert sind.

III. Fazit

Trotz unterschiedlicher Durchsetzungsinstrumente verfolgten der türkische und deutsche Reformgeber im Ausgangspunkt einen gemeinsamen Zweck: die Erhöhung der Effizienz und die Beschleunigung des Verfahrens. Um diesen Zweck zu erreichen, versuchten sie zutreffend die Aufklärungsmöglichkeiten im Prozess zu erweitern. Ob die dafür eingesetzten Maßnahmen hinreichend sind, ist jedoch fragwürdig.

Beide Reformgeber gingen mit den Parteipflichten insgesamt sehr behutsam um. Während die parteiliche Aufklärungspflicht in Deutschland gegenüber den richterlichen Aufklärungsmöglichkeiten weitgehend vernachlässigt wird, ist die Gesetzeslage in der Türkei hinsichtlich der Urkundenvorlagepflicht ein Stück besser, insgesamt aber auch nicht zufriedenstellend. Die Pflicht zur Urkundenvorlage ist nämlich nur eine Ausformung der Aufklärungspflicht. Daneben umfasst eine Aufklärungspflicht alle denkbaren und zumutbaren Aufklärungsbeiträge der Parteien, insbesondere die Erklärungsabgabe und Auskunftserteilung, wie z. B. die Offenbarung der Namen und Anschriften von Zeugen, die dem Beweisführer unbekannt sind oder die Entbindung geheimhaltungsverpflichteter Zeugen von ihrer Schweigepflicht.[647] Um mit den Informationsdefiziten der Parteien sachgerecht umgehen zu können, bedürfte es eines großzügigeren Maßstabs. Eine prozessuale Einheitslösung für alle Fälle der Parteimitwirkung könnte in diesem Sinne eine gute Alternative darstellen. Mit einer allgemeinen Verpflichtung der Parteien zur Aufklärung könnten die Reformgesetzgeber ihrer Idealvorstellung einer schnellen Streitbeendigung und nachhaltigen Streitbeilegung sehr nahe kommen.[648] Eine solche erweiterte Informationspflicht bietet einerseits dem Gericht einen schnellen Überblick über den streitrelevanten Prozessstoff und erleichtert somit die Entscheidungsfindung. Andererseits hindert sie die Parteien, einander aus prozesstaktischen Gründen entscheidungserheblichen Tatsachen vorzuenthalten, und öffnet damit die Tür für eine offene Kommunikation. Ein derart transparentes Verfahren sollte die Parteien auch dazu veranlassen, ihren Rechtstreit einvernehmlich zu lösen, was eigentlich ein zentrales Ziel der Reformen

---

645 Pekcanıtez, Ritsumeikan Law Review 30 (2013), S. 175 (184).

646 Vgl. Yavaş, Senetle İspat ve Senede Karşı Senetle İspat Kuralları ile Bu Kuralların İstisnaları, 2009, S. 62.

647 Stürner, Die Aufklärungspflicht der Parteien des Zivilprozesses, 1976, S. 134 ff., 151.

648 Vgl. Gottwald, Verhandlungen des 61. DJT, 1996, S. A 15 f.; Lorenz, ZZP 111 (1998), S. 35 (57).

ist. Die umfassende Aufbereitung des Sachverhalts dürfte ferner die Akzeptanz der Gerichtsurteile steigern und die Effizienz des Zivilprozesses insgesamt erhöhen.[649]

Aus türkischer Sicht ist die Einführung des neuen Vorprüfungsstadiums besonders wichtig, weil die Ermittlung des Sachverhalts in den späteren Verfahrensabschnitten sich grundsätzlich auf den in dieser Vorphase gesammelten Prozessstoff beschränkt. Der Erfolg des gesamten Verfahrens hängt maßgeblich von der Effizienz dieses Vorprüfungsstadiums ab. Je mehr entscheidungserhebliche Tatsachen in diesem Moment in das Verfahren vorgebracht werden können, desto größer wird die Chance, eine der materiellen Wahrheit entsprechende Entscheidung zu finden. Die Etablierung einer umfassenden prozessualen Informationspflicht in diesem Stadium könnte daher hierfür eine große Rolle spielen.

Was genau unter dem Begriff „umfassende Aufklärungspflicht" zu verstehen ist, welche Voraussetzungen, Reichweite und Rechtsfolgen sie haben könnte, wird im nächsten Teil behandelt.

649 Auch Waterstraat, ZZP 118 (2005), S. 459 (478).

Vierter Teil

Bedürfnis nach einer Änderung der derzeitigen Rechtslage in Deutschland und der Türkei und die Lehre von der allgemeinen Aufklärungspflicht als Lösungsansatz

§ 7 Erfordernis einer Erweiterung der derzeitigen Regelungslage

Bisherige Untersuchungen zeigen die Lückenhaftigkeit des geschriebenen Rechts hinsichtlich der Mitwirkungs- bzw. Aufklärungsmöglichkeiten in Deutschland und der Türkei. Insbesondere in Fällen, in denen sich die darlegungs- bzw. beweispflichtige Partei in einer Informationsnot befindet, während der Gegner die benötigten Informationen ohne weiteres beschaffen kann, helfen gesetzliche Vorschriften kaum weiter. Im Hinblick auf die prozessual geregelten Aufklärungsmöglichkeiten hat sich die Rechtslage in jüngerer Vergangenheit in beiden Ländern zwar deutlich verbessert, sie ist aber immer noch lückenhaft. Die ZPO-Reform in Deutschland verstärkt eher die richterlichen Aufklärungsmöglichkeiten. Der Zugang zu streiterheblichen Informationen bleibt der beweispflichtigen Partei auf prozessualer Ebene auch nach der ZPO-Reform in Deutschland weitgehend versperrt. Der türkische Reformgeber hat für die Parteien den Zugang zu Dokumenten, die sich im Besitz der gegnerischen Partei befinden, zwar erheblich erleichtert. Es fehlt jedoch auch in der Türkei an einer umfassenden Aufklärungspflicht, welche es ermöglichen würde, die nicht beweisbelastete Partei allgemein in die Sachverhaltsaufklärung einzubeziehen.

Die Bestrebungen der Gerichte, die vorhandenen Informationsdefizite durch selbst entwickelte Instrumente zu bewältigen, können zwar im Einzelfall gerechte Ergebnisse liefern, bilden jedoch ein unübersichtliches und kompliziertes System für die Prozessbeteiligten. Aus Sicht der Partei in Informationsnot ist es kaum vorhersehbar, wann und inwieweit das Gericht ein Hilfsmittel zum Ausgleich ihres Informationsdefizits zur Anwendung bringen wird. Ein transparentes Verfahren verlangt jedoch, dass sich die Parteien vorab über ihre Rechte und Pflichten im Klaren sind. Hierfür ist eine Rechtslage nötig, in der die informationsbedürftige Partei erkennen kann, wann und unter welchen Voraussetzungen sie eine Unterstützung von der Gegenseite durch Informationserteilung erwarten kann. Umgekehrt muss der informationspflichtigen Partei bekannt sein, wann eine Aufklärung verweigert werden kann und welche Konsequenzen eine ungerechtfertigte Weigerung hat.

Auf der Grundlage obiger Erläuterungen scheint die Änderung der Gesetzeslage in beiden Ländern notwendig. Die Etablierung einer allgemeinen prozessualen Aufklärungspflicht, die die (auch) nicht beweisbelastete Partei zur Mitwirkung an die Wahrheitsfindung verpflichtet, könnte die Informationsdefizite des Zivilprozesses ausgleichen sowie zur Gewährleistung der materiellen Gerechtigkeit im Zivilprozess beitragen. Da eine solche einheitliche Lösung die verschiedenartigen Mitwirkungspflichten unter einem gemeinsamen Nenner zusammenfassen würde, könnte sie auch zur Rechtssicherheit beitragen. Endlich weisen auch die internationalen und europäischen Harmonisierungsvorhaben auf die Notwendigkeit eines neuen Ansatzes hin.

§ 8 Die Lehre von der allgemeinen Aufklärungspflicht als Lösungsansatz

I. „Väter" der Lehre von der allgemeinen prozessualen Aufklärungspflicht

Der Bedarf nach einer erweiterten Aufklärungspflicht der Parteien war in der Lehre schon lange bekannt. Die Reformbestrebungen gehen zurück bis ins Jahr 1939, als *v. Hippel* sein Buch „Wahrheitspflicht und Aufklärungspflicht der Parteien im Zivilprozess" veröffentlichte. Es folgten die Werke von *Lüderitz* und *Peters* aus dem Jahr 1966, in denen das Thema ausgehend vom Ausforschungsbeweis behandelt wurde. Die grundlegende Arbeit zur allgemeinen Aufklärungspflicht stammte jedoch von *Stürner*, der im Jahr 1976 die Ansätze seiner Vorgänger weiterentwickelte und damit bestehende Lücken ausfüllte. Der folgende Abschnitt bietet einen chronologischen Überblick über die Entwicklung der Lehre von der allgemeinen Aufklärungspflicht sowie eine Gesamtansicht über die Haltung der Literatur und Rechtsprechung gegenüber einer allgemeinen Aufklärungspflicht.

1. Von Hippel

Der erste große Versuch zur Einführung einer allgemeinen Aufklärungspflicht der Parteien wurde bereits im Jahr 1939 von *v. Hippel* unternommen. Er hielt es für einen der großen Fehler der ZPO von 1877, eine wechselseitige Aufklärungspflicht der Parteien nicht anzuerkennen sondern ihnen zu gestatten, dem Gegner das eigene Wissen und Können vorzuenthalten und ihn in schwierige und oft ausweglose Ermittlungen hineinzutreiben.[650] *Von Hippel* plädiert für eine Mitwirkungspflicht der nicht beweisbelasteten Partei, wenn sie in einzelnen Punkten der Aufklärung näher steht.[651] Er schlägt *de lege ferenda* folgende gesetzliche Regelung vor: „An der Aufklärung des Streitfalls haben die Parteien und ihre Hilfspersonen nach bestem Können mitzuarbeiten (und die ihnen jeweils obliegenden Leistungen gewissenhaft zu erbringen)."[652]

Sein Werk beruht grundsätzlich auf der Unterscheidung von Aufklärungspflicht und Wahrheitspflicht. Die Wahrheitspflicht stelle eine Unterlassungspflicht dar, welche den Parteien wahrheitswidrige Aktivität verbiete. Die Aufklärungspflicht sei hingegen eine Leistungspflicht, die eine aktive Förderung zur Gewinnung der

650 v. Hippel, Wahrheitspflicht und Aufklärungspflicht der Parteien im Zivilprozess, 1939, S. 305 f.

651 v. Hippel, Wahrheitspflicht und Aufklärungspflicht der Parteien im Zivilprozess, 1939, S. 303 ff., 334 ff.

652 v. Hippel, Wahrheitspflicht und Aufklärungspflicht der Parteien im Zivilprozess, 1939, S. 381.

„richtigen Einsicht“ im Prozess gebiete.[653] Er kombiniert die Aufklärungspflicht mit einer Zusammenarbeit von Richter und Parteien und lehnt eine strikte Handhabung der Verhandlungsmaxime im Zivilprozess ab.[654]

Von Hippels Konzeption der Aufklärungspflicht hat – trotz ihres richtigen Gesamtbildes – erstaunlich wenig Wirkung gehabt. Nach Ansicht von *Peters* und *Stürner* liege der Grund für seinen geringen Erfolg in der fehlenden positivrechtlichen Herleitung. *Von Hippel* leitet die Mitwirkungspflicht aus einer Aufklärungsgemeinschaft der Parteien her und verzichtet auf ihre Einpassung in das positivrechtliche System. *Stürner*[655] weist auf die Bedeutung einer rechtsdogmatischen Konstruktion der Aufklärungspflicht für die Rechtsfortbildung hin und findet, die Arbeit von *von Hippel* sei zu weit entfernt vom positivrechtlichen System der ZPO. *Peters*[656] kritisiert ebenso, dass der Gedanke der Rechtsgemeinschaft durch ideologische Übersteigerung in der Zeit des sog. Dritten Reichs in Misskredit gebracht worden sei. Im Prozess dominiere nicht die Gemeinschaft, sondern die Gegensätzlichkeit der Beteiligten. *Arens*[657] kritisiert weiter, dass *von. Hippel* keine Ausführungen über die Folgen eines Verstoßes gegen die Aufklärungspflicht mache, was für die richterliche Praxis und Wissenschaft der entscheidende Punkt sei.

Trotz berechtigter Kritiken gegen *v. Hippel* waren seine Bestrebungen nach einer besseren Sachaufklärung zu seiner Zeit besonders bemerkenswert.

2. Lüderitz

Lüderitz behandelt die Aufklärungspflicht der Parteien im Zusammenhang mit dem Ausforschungsbeweis. Er weist auf die Bedeutung der Substantiierungslast in einem von der Verhandlungsmaxime beherrschten Verfahren hin. Sie ermögliche dem Gericht eine Schlüssigkeitsprüfung der Parteibehauptungen und dem Gegner eine interessensgemäße Selbstverteidigung.[658] Er führt zugleich an, dass in bestimmten Fällen die behauptungs- und beweispflichtige Partei zu der erforderlichen Substantiierung eventuell nicht in der Lage sei. Dann sollte das Vorliegen von Anhaltspunkten zur Wahrscheinlichkeit ihrer Behauptung genügen, um den Gegner zur Aufklärung zu verpflichten.[659] Der Umfang dieser Aufklärungspflicht sei abhängig

653 v. Hippel, Wahrheitspflicht und Aufklärungspflicht der Parteien im Zivilprozess, 1939, S. 40 ff.

654 v. Hippel, Wahrheitspflicht und Aufklärungspflicht der Parteien im Zivilprozess, 1939, S. 176 ff.; 165 ff.

655 Stürner, Die Aufklärungspflicht der Parteien des Zivilprozesses, 1976, S. 85.

656 Peters, Ausforschungsbeweis im Zivilprozess, 1966, S. 108.

657 Arens, ZZP 96 (1983), S. 1 (7).

658 Lüderitz, Ausforschungsverbot und Auskunftsanspruch bei Verfolgung privater Rechte, 1966, S. 43.

659 Lüderitz, Ausforschungsverbot und Auskunftsanspruch bei Verfolgung privater Rechte, 1966, S. 28 f.

vom Wahrscheinlichkeitsgrad der gegnerischen Behauptung.[660] *Lüderitz* entwickelte damit ein dreistufiges Modell, bei dem die ersten beiden Stufen auf der prozessualen, die dritte Stufe auf der materiellen Ebene beruhen.

Auf der ersten Stufe[661] bringt die behauptungsbelastete Partei nur geringfügige Anhaltspunkte, die für eine geringe Wahrscheinlichkeit ihrer Behauptung sprechen. In diesem Fall solle sich lediglich die Einlassungslast des Gegners verstärken. Eine interessenswidrige Einlassung sei ihm zuzumuten, so dass er auch für ihn ungünstige Tatsachen vortragen müsse.

Auf der zweiten Stufe[662] legt die behauptungsbelastete Partei schwerer wiegende Anhaltspunkte vor, die eine größere Wahrscheinlichkeit bieten. Hier soll die Behauptungslast auf den Gegner übergehen, wenn er über die zur Substantiierung erforderlichen Informationen verfügt oder sie sich ohne Mühe verschaffen kann. Zusätzlich erklärt *Lüderitz,* dass auch die Beweisführungslast auf die Gegenpartei übergehen könne, wenn nicht der Beweisführer, wohl aber der Gegner Zugang zu den Beweismitteln habe.

Auf der dritten Stufe[663] ergänzt *Lüderitz* die prozessualen Hilfsmittel durch einen materiellrechtlichen Auskunftsanspruch. Fehle der risikobelasteten Partei von vornherein eine zur Klageerhebung nötige Information, genüge es nicht, prozessuale Lasten zu verstärken. Hier sei vielmehr ein materiellrechtliches Auskunftsrecht notwendig, damit der Behauptungspflichtige einen bestimmten Antrag – ohne Gefahr eines unzumutbaren Kostenrisikos – stellen könne. Als Anspruchsgrundlage zieht er § 242 BGB heran, welcher auch von der Rechtsprechung als Grundlage zur Erweiterung der materiellen Informationspflicht verwendet wird. Hier sei eine rechtliche Sonderbeziehung grundsätzlich erforderlich. Bestehe eine materiellrechtliche Rechtsbeziehung, genüge dann – je nach ihrer Stärke – eine geringere Wahrscheinlichkeit oder die bloße Möglichkeit eines Hauptanspruchs für einen Auskunftsanspruch. Bei hoher Anspruchswahrscheinlichkeit hingegen bestehe ein Auskunftsrecht unabhängig von einer besonderen materiellen Rechtsbeziehung. Hier plädiert *Lüderitz* offensichtlich dafür, dass in gegebenen Fällen auf die Voraussetzung des materiellen Rechtsverhältnisses verzichtet werden könne.[664]

Das Werk von *Lüderitz* bietet zwar teilweise Lösungsansätze zur Überwindung der Informationsdefizite im Zivilprozess, ist jedoch von einer systematischen Begründung einer allgemeinen Aufklärungspflicht weit entfernt. Vor allem fehlt die

---

660 Lüderitz, Ausforschungsverbot und Auskunftsanspruch bei Verfolgung privater Rechte, 1966, S. 28 ff.

661 Lüderitz, Ausforschungsverbot und Auskunftsanspruch bei Verfolgung privater Rechte, 1966, S. 29 f.

662 Lüderitz, Ausforschungsverbot und Auskunftsanspruch bei Verfolgung privater Rechte, 1966, S. 29 f.

663 Lüderitz, Ausforschungsverbot und Auskunftsanspruch bei Verfolgung privater Rechte, 1966, S. 32 ff.

664 Lüderitz, Ausforschungsverbot und Auskunftsanspruch bei Verfolgung privater Rechte, 1966, S. 35.

dogmatische Basis, Reichweite und Konsequenzen für die Aufklärungspflicht der nicht risikobelasteten Partei. Aus praktischen Gründen ergeben sich Bedenken hinsichtlich seines Stufensystems, da eine einheitliche Zuordnung zu dem vorgeschlagenen Wahrscheinlichkeitsgrad und eine klare Begrenzung zwischen den Stufen kaum möglich sind.[665]

3. Peters

Peters widerspricht der dogmatischen Begründung eines Verbots des Ausforschungsbeweises, welches in der Lehre auf verschiedene Art und Weise formuliert wird.[666] Er vertritt den Standpunkt, dass alle beweiserheblichen Behauptungen grundsätzlich zum Beweis zugelassen werden müssen, denn das Prozessziel der Wahrheit und Gerechtigkeit gebiete die Ausschöpfung aller verfügbaren Beweisquellen.[667] Zu diesem Zweck erscheine es unerlässlich, die Gegenpartei in die Beweisaufnahme einzubeziehen. Die ausdrücklich normierten Mitwirkungsfälle (§§ 138 Abs. 1 und 2, 372 a, 423, 445 ff.ZPO) geben *Peters* Anlass, im Wege einer Rechtsanalogie über die geregelten Tatbestände hinaus eine allgemeine Mitwirkungspflicht der Parteien anzuerkennen.[668]

In welcher Art die Mitwirkung verwirklicht werden solle, sei eine Zweckmäßigkeitsfrage. Hier dürften etwa der Urkundenvorlage oder Sachverständigenuntersuchung keine Bedenken entgegenstehen.[669] Der Gegner sei jedoch nur dann mitwirkungspflichtig, wenn der Beweisführer selbst nicht imstande sei aufzuklären.[670] Als Folge der Pflichtverletzung sieht *Peters* analog zu den gesetzlichen Fällen von Mitwirkungsverweigerung (§§ 427, 446 ZPO) vor, dass der Richter in freier Würdigung seine Schlüsse zuungunsten der verweigernden Partei ziehen dürfe.[671]

Durch die Ansätze von *Peters* kam man einer systematischen Gestaltung der allgemeinen Mitwirkungspflicht einen Schritt näher. Die bei *Lüderitz* bestehende Lücke im Rahmen der dogmatischen Begründung, Umfassung und Rechtsfolgen wurde teilweise gefüllt. Restliche Fragen jedoch – wie z.B. Verweigerungsrechte, Interessenabwägung oder klare Voraussetzungen bezüglich der Pflicht – blieben noch unaufgeklärt. Sie wurden nachträglich von *Stürner* ergänzt.

---

665 Auch Beckhaus, Die Bewältigung von Informationsdefiziten bei der Sachverhaltsaufklärung, 2010, S. 260 f.; vgl. Peters, Ausforschungsbeweis im Zivilprozess, 1966, S. 117.

666 Peters, Ausforschungsbeweis im Zivilprozess, 1966, S. 53 ff., der Beweisführer brauche seine Behauptung nicht wahrscheinlich zu machen oder Verdachtsgründe zu bringen, S. 96.

667 Peters, Ausforschungsbeweis im Zivilprozess, 1966, S. 99 ff.

668 Peters, Ausforschungsbeweis im Zivilprozess, 1966, S. 106 ff.; ders., FS Schwab, S. 399 (407).

669 Peters, Ausforschungsbeweis im Zivilprozess, 1966, S. 109.

670 Peters, FS Schwab, S. 399 (407).

671 Peters, Ausforschungsbeweis im Zivilprozess, 1966, S. 111.

II. Stürners Lehre von der allgemeinen Aufklärungspflicht der Parteien

1. Die allgemeine prozessuale Aufklärungspflicht

R. Stürner befasst sich in seinem Werk umfassend mit der Etablierung einer allgemeinen prozessualen Aufklärungspflicht der Parteien. Als Wertungsbasis zieht er den verfassungsrechtlichen Justizgewährungsanspruch (Art. 2 Abs. 1 i. V. m. Art. 20 Abs. 3 GG) und ein auf Wahrheitsfindung gerichtetes Verfahren heran. Er ist der Meinung, ein staatliches Rechtsschutzverfahren setze logisch zwingend die Prüfung der wahren Rechtslage voraus.[672] Die erschöpfende Wahrheitsprüfung sei nur gewährleistet, wenn alle Aufklärungsmittel herangezogen werden können. Dafür fordert er einen weitgehenden Aufklärungsbeitrag auch der nicht risikobelasteten Partei.[673]

Als dogmatische Grundlage für seinen Ansatz stützt er sich – wie seiner Vorgänger *Peters* – auf eine Analogie zu den gesetzlich geregelten Fällen der Aufklärungspflicht in den §§ 138 Abs. 1 und 2, 372 a, 423, 445 ff., 654 ff.a. F. ZPO. In allen anderen Fällen, in denen die Aufklärungspflicht nicht geregelt ist, sieht er eine gesetzliche Lücke, die durch eine allgemeine prozessuale Aufklärungspflicht analog zu den gesetzlich geregelten Einzelfällen ausgefüllt werden soll.[674] Anders als *Peters* erweitert *Stürner* die Analogiebasis für eine allgemeine Aufklärungspflicht.

Er spricht sich zudem für eine Reduzierung der Substantiierungslast in Fällen typischer Unkenntnis aus, etwa bei Vorgängen in fremden Geschäfts- oder Persönlichkeitsbereichen. In solchen Fällen sei die risikobelastete Partei vom wirklichen Ablauf der Ereignisse typischerweise so weit entfernt, dass ihr keine detaillierte Tatsachenkenntnis zu unterstellen sei. Es müsse deshalb die Angabe der Anhaltspunkte als plausible Vermutungsbasis für ihre Rechtsbehauptung genügen.[675] Diese sog. Plausibilitätskontrolle dient zwei Zwecken: Einerseits wird die risikobelastete Partei vor dem Prozessverlust wegen unverschuldeter Informationsdefizite bewahrt. Andererseits wird die Gefahr missbräuchlicher Verfahrenseinleitungen, d.h. Behauptungen ins Blaue hinein, verhindert.[676] *Stürner* legt die Plausibilitätskontrolle so großzügig aus, sodass sie auf einem sehr niedrigen Wahrscheinlichkeitsgrad beruht, die nur das völlig Abwegige vom noch Möglichen ausgrenzt.[677]

Liefere die risikobelastete Partei hinreichende Anhaltpunkte, schulde ihr Gegner Auskunft über den Sachverhalt, der sich in seinem Bereich ereigne. Seine Aufklärungspflicht umfasse alle denkbaren und zumutbaren Aufklärungsbeiträge. Sie

---

672 Stürner, Die Aufklärungspflicht der Parteien des Zivilprozesses, 1976, S. 29, 43, 48.
673 Stürner, Die Aufklärungspflicht der Parteien des Zivilprozesses, 1976, S. 43, 103 f.
674 Stürner, Die Aufklärungspflicht der Parteien des Zivilprozesses, 1976, S. 92 ff.
675 Stürner, Die Aufklärungspflicht der Parteien des Zivilprozesses, 1976, S. 118 ff. Für Beispielfälle siehe: Stürner, Die Aufklärungspflicht der Parteien des Zivilprozesse, S. 120 ff.
676 Stürner, Die Aufklärungspflicht der Parteien des Zivilprozesses, 1976, S. 119.
677 Stürner, Die Aufklärungspflicht der Parteien des Zivilprozesses, 1976, S. 123, 126.

erstrecke sich auf die Aufklärung über die Existenz von Beweismitteln, die Duldung der Besichtigung und Untersuchung von Augenscheinsgegenständen, die Duldung einer zumutbaren Untersuchung von Körper und Geist, die Benennung der Zeugen und ihre Entbindung von der Schweigepflicht sowie eine weitgehende Urkundenvorlagepflicht.[678]

Weigerungsrechte der aufklärungspflichtigen Partei werden von *Stürner* sehr eng ausgelegt. Weder die Gefahr einer strafgerichtlichen Verfolgung noch die Verletzung des allgemeinen Persönlichkeitsrechts entbinde grundsätzlich von der prozessualen Aufklärungspflicht. *Stürner* räumt der individuellen Rechtsdurchsetzung der aufklärungsbedürftigen Partei gegenüber dem Schutzinteresse der aufklärungspflichtigen Partei Vorrang ein. Ein strafrechtliches Unrecht sollte dem Aufklärungspflichtige nicht Anlass geben, sich der zivilrechtlichen Haftung zu entziehen.[679] Auch der äußere Geheimbereich – wie z.B. der Gesundheitszustand oder die Vermögensverhältnisse – sollte die Aufklärungspflicht nicht begrenzen, weil das objektive Geheimhaltungsinteresse hier zu gering sei.[680] Der unantastbare innerste Lebensbereich hingegen – wie z.B. die Tagebuchaufzeichnungen oder Briefe, die der geistig-seelischen Eröffnung und Entfaltung dienen – sollte von der Aufklärungspflicht ausgeschlossen bleiben.[681] Der Schutz des Unternehmensgeheimnisses wird in *Stürners* Lehre auf zweierlei Arten behandelt: Stehe die Gegenpartei nicht in einem Konkurrenzverhältnis zur aufklärungspflichtigen Partei, dann müssten die Informationen preisgegeben werden. Bei der Gefahr der Rechtsverletzung aus wettbewerblichen Gründen hingegen könnte das Geheimverfahren zu befriedigenden Ergebnisse führen.[682]

Als Regelfolge der Aufklärungspflichtverletzung sieht *Stürner* eine der aufklärungspflichtigen Partei ungünstige Fiktion vor. Verweigert sie ohne Rechtfertigungsgrund eine Aufklärung, wird der unsubstantiierte Tatsachenvortrag des Gegners als wahr unterstellt. Diese ungünstige Fiktion könne dann nur durch den vollen Gegenbeweis widerlegt werden.[683] Dem Richter räumt *Stürner* gleichzeitig einen Spielraum ein, in bestimmten Fällen von der Sanktionierung der Pflichtverletzung abzusehen, insbesondere beim begründeten Verdacht des Missbrauchs der Sanktion[684] und bei leichteren Pflichtverletzungen[685]. Das gelte auch, wenn eine

678 Stürner, Die Aufklärungspflicht der Parteien des Zivilprozesses, 1976, S. 134 ff.
679 Stürner, Die Aufklärungspflicht der Parteien des Zivilprozesses, 1976, S. 184.
680 Stürner, Die Aufklärungspflicht der Parteien des Zivilprozesses, 1976, S. 200.
681 Stürner, Die Aufklärungspflicht der Parteien des Zivilprozesses, 1976, S. 202.
682 Stürner, Die Aufklärungspflicht der Parteien des Zivilprozesses, 1976, S. 208 ff.
683 Stürner, Die Aufklärungspflicht der Parteien des Zivilprozesses, 1976, S. 242 ff.
684 Als Beispiel wird angegeben: Der Gläubiger eines Beteiligungsanspruchs erhöht seine Klagforderung beträchtlich, als er von der unzureichenden Buchführung der anderen Seite erfährt: Stürner, Die Aufklärungspflicht der Parteien des Zivilprozesses, 1976, S. 246.
685 Wie z.B. ein verzeihlicher Sorgfaltsverstoß oder Verweigerung zwar nicht aus rechtfertigenden, aber doch durchaus verständlichen Gründen: Stürner, Die Aufklärungspflicht der Parteien des Zivilprozesses, 1976, S. 247.

Kollision zwischen der richterlichen Beweiswürdigung und der Fiktion, mit der die Pflichtverletzung sanktioniert wird, bestehe. Führe die freie Beweiswürdigung zu dem Ergebnis, dass die von der risikobelasteten Partei aufgestellte Behauptung unwahr ist, greife die Sanktionierung der nicht risikobelasteten Partei wegen der Pflichtverletzung nicht.[686]

2. Die Aufklärungspflicht der mutmaßlichen künftigen Prozesspartei

Stürner dehnt die Aufklärungspflicht der Parteien auf das vorprozessuale Stadium des Verfahrens aus. Als Begründung führt er an, dass durch die vorprozessuale Informationspflicht eine bessere Kalkulation des Kostenrisikos, eine Prüfung der Rechts- und Sachlage und eine Vermeidung unnötiger Prozesse möglich wäre.[687] Dafür sieht er zwei unterschiedliche Instrumente vor: Die vorprozessuale kostensanktionierte Informationspflicht und den vorprozessualen materiellrechtlichen Informationsanspruch.

a) Die vorprozessuale kostensanktionierte Informationspflicht

Stürner schlägt analog zu den §§ 93, 93 b, 94 ZPO eine vorprozessuale kostensanktionierte Informationspflicht vor, die einer besseren Kalkulation des Kosten- und Prozessrisikos dient. Jede Partei eines künftigen Prozesses habe ihrem Gegner ihr Wissen und ihre Aufklärungsmittel offenzulegen, sofern sich die Gegenpartei in unverschuldeter Unkenntnis befinde.[688] Die vorprozessuale Informationspflicht umfasse – parallel zur prozessualen Informationspflicht – die Auskünfte, die Besichtigung und Begutachtung von Beweisgegenständen sowie die Urkundeneinsicht. Anders als die prozessuale Informationspflicht erfasse jedoch die vorprozessuale Informationspflicht nicht die körperliche Untersuchung und die Preisgabe von Zeugennamen und -adressen. Bei Abwägung zwischen dem Kostenrisiko der einen Partei und der Beeinträchtigung der Persönlichkeitssphäre der anderen Partei spreche viel für die Verneinung einer vorprozessualen Untersuchungspflicht.[689] Ähnlich sei die Preisgabe von Zeugen im vorprozessualen Stadium unzumutbar, weil die Gefahr bestehe, dass sie schon vor dem Prozess in einen Parteienstreit gezogen und deshalb an Glaubwürdigkeit verlieren würden.[690] Hier ist noch anzumerken, dass die vorprozessuale kostensanktionierte Informationspflicht sich auf Informationen erstreckt, die nur für die Prozesskosten von Bedeutung sind. Die Informationen hingegen, die keinen Einfluss auf das Kostenrisiko hätten, sondern der Gegenseite im Prozess nur Vorteile brächten, bleiben von dieser Pflicht ausgeschlossen. Der Sinn

686 Stürner, Die Aufklärungspflicht der Parteien des Zivilprozesses, 1976, S. 244.
687 Stürner, Die Aufklärungspflicht der Parteien des Zivilprozesses, 1976, S. 261.
688 Stürner, Die Aufklärungspflicht der Parteien des Zivilprozesses, 1976, S. 274.
689 Stürner, Die Aufklärungspflicht der Parteien des Zivilprozesses, 1976, S. 280.
690 Stürner, Die Aufklärungspflicht der Parteien des Zivilprozesses, 1976, S. 281.

und Zweck einer vorprozessualen kostensanktionierten Informationspflicht liege also in der Minderung des Kostenrisikos, in der Prozessprognose und Vermeidung unnötiger Prozesse.[691]

Stürner bezeichnet die vorprozessuale Informationspflicht als eine Vorwirkung des Prozessrechtsverhältnisses.[692] Die informationspflichtige Partei müsse jedoch vor einer grundlosen Belästigung geschützt werden, deswegen habe die informationsbedürftige Partei zur Ermöglichung einer Plausibilitätskontrolle die Anhaltspunkte für ihr Rechtsbegehren darzutun.[693] Darüber hinaus greife die vorprozessuale Informationspflicht nicht ein, wenn die informationsbedürftige Partei die Möglichkeit habe, sich Informationen selbst zu beschaffen oder die Unkenntnis selbstverschuldet sei.[694]

Als Folge der Pflichtverletzung trage die informationspflichtige Partei alle Kosten, falls die verspätet informierte Partei den Rechtsstreit aufgibt.[695] Wenn die nicht informierte Partei beispielsweise aufgrund einer Angabe, die ihr erst im Prozess bekannt gemacht wurde, eine Klage anerkennt oder darauf verzichtet, trage die informationspflichtige Partei sämtliche Prozesskosten, weil sie durch die rechtzeitige Erfüllung ihrer Informationspflicht – nämlich im vorprozessualen Stadium – den Prozess hätte verhindern können.[696]

b) Der prozessvorbereitende materiellrechtliche Informationsanspruch

Jede Partei müsse schon vor dem Prozess das Bestehen eines Anspruchs prüfen können. Mit Hilfe von ausreichenden Vorinformationen könnten die Parteien die Sach- und Rechtslage besser beurteilen und sich besser auf den Prozess vorbereiten. Bei geringen Erfolgsaussichten könnten sie von einem Prozess absehen.[697] Dazu fordert *Stürner* einen allgemeinen vorbereitenden materiellrechtlichen Informationsanspruch. Als dogmatische Grundlage[698] nimmt er eine Analogie zu den folgenden vorbereitenden positivrechtlichen Informationsansprüchen an: §§ 260 Abs. 1, 1. Alt., 666 3. Alt., 681, 687 Abs. 2, 740 Abs. 2, 1. Alt., 809 1. Alt, 810, 1379, 1605, 1698, 1890, 1978 Abs. 1, 2011, 2012, 2027, 2057, 2130 Abs. 2, 2127, 2314 BGB sowie §§ 74 c Abs. 2, 87 c, 340 Abs. 3, 1. Alt HGB, 97 UrhG, 24 VerlG. Der sog. allgemeine vorbereitende Informationsanspruch finde seine zusätzliche Absicherung in § 242 BGB.

---

691 Stürner, Die Aufklärungspflicht der Parteien des Zivilprozesses, 1976, S. 278 f.
692 Stürner, Die Aufklärungspflicht der Parteien des Zivilprozesses, 1976, S. 270.
693 Stürner, Die Aufklärungspflicht der Parteien des Zivilprozesses, 1976, S. 277.
694 Stürner, Die Aufklärungspflicht der Parteien des Zivilprozesses, 1976, S. 276.
695 Stürner, Die Aufklärungspflicht der Parteien des Zivilprozesses, 1976, S. 283 ff.
696 Stürner, Die Aufklärungspflicht der Parteien des Zivilprozesses, 1976, S. 284.
697 Stürner, Die Aufklärungspflicht der Parteien des Zivilprozesses, 1976, S. 300 f.
698 Stürner, Die Aufklärungspflicht der Parteien des Zivilprozesses, 1976, S. 308 ff., 325.

Stürner beschränkt den vorbereitenden Informationsanspruch grundsätzlich auf Parteien, zwischen denen bereits eine rechtliche Sonderbeziehung[699] besteht. Das erste Argument für eine solche Beschränkung sei der „Gesetzesplan", wonach die Informationsnot einer Partei im positiven Recht innerhalb von Sonderbeziehung eher und stärker berücksichtigt werde als außerhalb von Sonderbeziehungen.[700] Er gibt jedoch zu, dass dieses Argument für sich allein nicht voll überzeugen könne, weswegen er auf die Eingriffswirkung des materiellrechtlichen Informationsanspruchs als zweites Argument verweist. Ein vorbereitender materiellrechtlicher Informationsanspruch sei einklagbar und zwangsweise durchsetzbar. Er zwinge zudem die informationspflichtige Partei zur Offenbarung ungünstigen Prozessstoffs und habe folgenschwere Eingriffswirkung. Ein solcher Eingriff in die Rechtssphäre der Mitbürger sei nur dann gerechtfertigt, wenn sie zu der informationsbedürftigen Partei bereits ohnehin in einem Verhältnis gesteigerter Pflichtigkeit stehen würden. Die Sonderbeziehung sei rechtlicher Ausdruck gesteigerter sozialer Verantwortlichkeit und erlaube folgerichtig einen Zugriff auf den Rechtskreis der künftigen Prozesspartei.[701] Als drittes Argument für das Erfordernis einer Sonderbeziehung führt *Stürner* die Vermeidung der Gefahr allzu häufiger Verfahrensverdoppelung und die damit verbundene Prozessökonomie an.[702]

Die Plausibilitätskontrolle sollte auch an dieser Stelle eintreten, um die unbegründete Ausforschung und Belästigung der informationspflichtigen Partei zu verhindern. Die informationsberechtigte Partei müsse Anhaltspunkte für ihre Anliegen beibringen, die einen gewissen Wahrscheinlichkeitsgrad ergeben würden. *Stürner* weist jedoch darauf hin, dass die Objektivierung der Anforderungen an den nötigen Wahrscheinlichkeitsgrad schwer sei. Er versucht – mit Hilfe von Beispielsfällen aus der Rechtsprechung – einen Mittelweg zu finden, sodass weder einer Partei die grundlose Ausforschung des Gegners gestattet sei, noch die vorprozessuale Information durch eine Überforderung der nicht informierten Partei entwertet werde.[703]

Als letzte Voraussetzung für einen prozessvorbereitenden Informationsanspruch bezieht sich *Stürner* auf die Unfähigkeit der informationsberechtigten Partei, den Sachverhalt ohne Mitwirkung des Gegners aufzuklären. Hier spricht er vom Grundsatz der Subsidiarität des Informationsanspruchs. Wer sich bereits aus eigener Kraft

699 Darunter sollen die Verträge und gesetzliche Schuldverhältnisse fallen, ebenso vorvertragliche Rechtsverhältnisse, Vertrag mit Schutzwirkung für Dritte und Rechtsverhältnisse, die zunächst nur gesteigerte Verhaltenspflichten zum Gegenstand haben und erst bei deren Verletzung klagbare Ansprüche gewähren, Stürner, Die Aufklärungspflicht der Parteien des Zivilprozesses, 1976, S. 327.

700 Stürner, Die Aufklärungspflicht der Parteien des Zivilprozesses, 1976, S. 318.

701 Stürner, Die Aufklärungspflicht der Parteien des Zivilprozesses, 1976, S. 318 f. Die unter dem vorherigen Titel bearbeitete vorprozessuale Informationspflicht bestehe hingegen unabhängig von einer Sonderrechtsbeziehung, weil die Kostensanktion ein milderer und verhältnismäßigerer Eingriff darstelle, S. 318.

702 Stürner, Die Aufklärungspflicht der Parteien des Zivilprozesses, 1976, S. 319.

703 Stürner, Die Aufklärungspflicht der Parteien des Zivilprozesses, 1976, S. 331 ff.

ausreichend informieren könne, solle die andere Partei nicht belästigen.[704] Wer eigene Informationsmöglichkeiten versäume, müsse ebenso diesbezüglich nachteilige Konsequenzen tragen.[705] Daneben jedoch sollte der sog. Subsidiaritätsgrundsatz die Sachlage der informationsbedürftigen Partei nicht unverhältnismäßig erschweren. Er greife deshalb nur durch, sofern eine „gleichwertige" anderweitige Information möglich sei?[706]

Die Gefahr strafrechtlicher Verfolgung sei kein Verweigerungsgrund für die informationspflichtige Partei.[707] Der Schutz der Persönlichkeitssphäre könne hingegen nur in bestimmten Fällen den Informationsanspruch einschränken.[708] Geschäftsgeheimnisse könnten im Einzelfall durch die Einbeziehung eines neutralen, zur Verschwiegenheit verpflichteten Dritten geschützt werden.[709] Hinzu trete noch – aus prozesstaktischen Gründen – ein für die klagbare Informationspflicht spezifisches Geheimhaltungsinteresse.[710] Die Informationspflicht dürfe nicht dazu führen, dass der aufklärungspflichtigen Partei die eigene Rechtsverfolgung erheblich erschwert werde. *Stürner* weist hier auf zwei Fälle besonders hin: Erstens umfasse die vorbereitende klagbare Informationspflicht – soweit dies nicht unbedingt erforderlich sei – nicht die Benennung von Zeugen, weil die Gegenseite ihre neuerworbenen Kenntnisse dazu benutzen könnte, Zeugen abspenstig zu machen oder zu verunsichern.[711] Zweitens gewähre der klagbare Informationsanspruch keine Einsicht in das prozessvorbereitende Gutachten des Gegners, sonst liefe er Gefahr, dass sich seine Bemühungen um geeignete Beweismittel gegen ihn selbst kehren.[712]

704 Stürner, Die Aufklärungspflicht der Parteien des Zivilprozesses, 1976, S. 336.
705 Kein Informationsanspruch bestehe, wenn eine Partei aus Schlamperei eigene Unterlagen verliere, Stürner, Die Aufklärungspflicht der Parteien des Zivilprozesses, 1976, S. 338.
706 Für die Beispielsfälle siehe: Stürner, Die Aufklärungspflicht der Parteien des Zivilprozesses, 1976, S. 337 ff.
707 Stürner, Die Aufklärungspflicht der Parteien des Zivilprozesses, 1976, S. 365 ff.
708 Stürner, Die Aufklärungspflicht der Parteien des Zivilprozesses, 1976, S. 368 ff.
709 Stürner, Die Aufklärungspflicht der Parteien des Zivilprozesses, 1976, S. 371 ff.
710 Stürner, Die Aufklärungspflicht der Parteien des Zivilprozesses, 1976, S. 376 ff.
711 Stürner, Die Aufklärungspflicht der Parteien des Zivilprozesses, 1976, S. 376.
712 Stürner, Die Aufklärungspflicht der Parteien des Zivilprozesses, 1976, S. 377.

III. Die Haltung der Literatur hinsichtlich der Einführung einer allgemeinen Aufklärungspflicht

1. Unterstützende Ansichten

Obwohl die vorherrschende Ansicht[713] in der Literatur die Anerkennung einer allgemeinen prozessualen Aufklärungspflicht ablehnt, gibt es auch Stimmen[714], die für ihre Notwendigkeit eintreten.

Gottwald[715] schlug in seinem Gutachten zum 61. Deutschen Juristentag im Jahr 1996 vor, eine allgemeine prozessuale Aufklärungspflicht in das Gesetz einzuführen. Anders als *Stürner* forderte er keine Herleitung der allgemeinen Aufklärungspflicht bereits *de lege lata*, sondern plädierte für eine neue Regelung *de lege ferenda*. In § 138 Abs. 2 ZPO solle die neue generelle Aufklärungspflicht, die jede Partei zur Erklärung über die vom Gegner behaupteten Tatsachen und Vorlage aller relevanten Unterlagen verpflichtet, eingeführt werden, damit der Sachverhalt rascher und besser ermittelt werden könne.[716] Diese prozessuale Vorlagepflicht sollte bereits mit Klageerhebung entstehen. Eine vorbereitende Anordnung nach dem § 273 Abs. 2 ZPO oder ein richterlicher Beweisbeschluss sollten nur in Zweifelsfällen und bei der Frage nach Weigerungsrechte nötig werden.[717]

Gottwalds Vorschlag konnte sich jedoch nicht durchsetzen. Vier Jahre später, bei der Reformdiskussion zum ZPO-RG brachte *Greger* das Thema wieder auf den Tisch und regte eine gesetzgeberische Neuerung an, wonach die Parteien zur Bereitstellung der wesentlichen Informationen und Beweismittel aufgrund des Kooperationsverständnisses verpflichtet sein sollten.[718] Auch seine Bemühungen scheiterten letztlich und die Reform erfolgte ohne Einführung der allgemeinen prozessualen Aufklärungspflicht.

Bei den Reformansätzen der deutschen Prozessualisten dient häufig englisch-amerikanisches Recht als Vorbild. Bereits *Gottwald*[719] verweist bei seinem Reformvorschlag auf das Institut des *discovery-Verfahrens* im common law. Ein Teil plädiert – in Anlehnung an das angelsächsische Rechtssystem – für ein zweistufiges Verfahren, wobei ein obligatorischer Informationsaustausch in der ersten

---

713 Siehe unten Vierter Teil § 8 III.2.

714 Schlosser, Zivilprozessrecht I, 1991, S. 357 ff.; Musielak-Stadler, 13. Aufl. 2016, § 138 Rn. 11; Waterstraat, ZZP 118 (2005), S. 459 (477 ff.); Katzenmeier, JZ 2002, S. 533 (533 ff.); J. Lang, Die Aufklärungspflicht der Parteien des Zivilprozesses vor dem Hintergrund der europäischen Rechtsvereinheitlichung, 1999, S. 93; Stein/Jonas-Kern, 23. Aufl. 2016, § 138 Rn. 47 ff.

715 Gottwald, Verhandlungen des 61. DJT, 1996, S. A 1 ff.

716 Gottwald, Verhandlungen des 61. DJT, 1996, S. A 15, 19.

717 Gottwald, Verhandlungen des 61. DJT, 1996, S. A 18.

718 Greger, JZ 2000, S. 842 (847).

719 Gottwald, Verhandlungen des 61. DJT, 1996, S. A 16 f.

Stufe stattfinden soll.[720] Dieser Vorschlag wurde jedoch wegen ihrer Unvereinbarkeit mit der Systematik des deutschen Zivilverfahrens weitgehend abgelehnt.[721] *Lorenz*[722] betont die Vorteile einer prozessualen Offenbarungspflicht nach Art des US-amerikanischen Rechts, dass durch die Vorlegung sämtlicher relevanten Urkunden und Benennung aller möglichen Beweismittel die Wahrheitsermittlung und prozessuale Waffengleichheit gewährleistet werde. Ähnlich weist *Schlosser*[723] auf die Unzulänglichkeiten materiellrechtlicher Informationsverschaffungspflichten im deutschen Zivilprozess hin und fordert ihre Ergänzung durch eine prozessuale Aufklärungspflicht im internationalen Vergleich.

Im Schrifttum mehren sich die Stimmen für die Einführung einer allgemeinen prozessualen Aufklärungspflicht. *Beckhaus*[724] plädiert für eine gesamte Erweiterung der Instrumente zur Bewältigung von Informationsdefiziten bei der Sachverhaltsaufklärung. Sein Regelungsvorschlag sieht die Einführung sowohl einer allgemeinen materiellrechtlichen als auch einer allgemeinen prozessualen Informationspflicht vor, die beide unabhängig voneinander bestehen sollen. Die informationsbedürftige Partei sollte frei wählen können, ob sie sich auf den materiellrechtlichen oder prozessualen Informationsanspruch stützt. *J. Lang*[725] untersucht die Aufklärungspflicht der Parteien vor dem Hintergrund der europäischen Rechtsvereinheitlichung und plädiert für die Einführung einer allgemeinen Editionspflicht in Anlehnung an das französische und englische Recht. Ähnlich beschränkt *S. Lang*[726] ihren Erweiterungsvorschlag auf die Urkundenvorlagepflichten.

2. Gegenansichten

Die Gegner der allgemeinen prozessualen Aufklärungspflicht begründen ihre Ansicht hauptsächlich mit der kontradiktorischen Verfahrensgestaltung des deutschen Zivilprozesses, wonach keine Prozesspartei verpflichtet sei, bei der Ermittlung des Sachverhalts die Sache ihres Gegners zu betreiben.[727] Sie befürchten, dass durch

---

720 Greger, JZ 2002, S. 1020 (1026); ders., JZ 2000, S. 842 (845 f.), ähnlich Benedicter, Die Sachverhaltsermittlung im Zivilprozess, 2005, S. 277 ff.; Jacoby, ZZP 74 (1961), S. 145 (164 f.).

721 Beckhaus, Die Bewältigung von Informationsdefiziten bei der Sachverhaltsaufklärung, 2010, S. 354; Stein/Jonas-Leipold, 22. Aufl. 2005, § 138 Rn. 3; Stein/Jonas-Kern, 23. Aufl. 2016, § 138 Rn. 533; vgl. Prütting. AnwBl 2008, S. 153 (159).

722 Lorenz, ZZP 111 (1998), S. 35 (60 f.).

723 Schlosser, JZ 1991, S. 599 (600 ff.); Katzenmeier, JZ 2002, S. 533 (537 ff.).

724 Beckhaus, Die Bewältigung von Informationsdefiziten bei der Sachverhaltsaufklärung, 2010, S. 400 ff.

725 J. Lang, Die Aufklärungspflicht der Parteien des Zivilprozesses vor dem Hintergrund der europäischen Rechtsvereinheitlichung, 1999, S. 264 ff.

726 S. Lang, Die Urkundenvorlagepflichten der Gegenpartei gemäß § 142 Abs. 1 Satz 1 ZPO, 2007, S. 251 ff.

727 MüKoZPO-Prütting, 5. Aufl. 2016, § 286 Rn. 130; Stein/Jonas-Leipold, 22. Aufl. 2005, § 138 Rn. 26; Rosenberg/Schwab/Gottwald, Zivilprozessrecht, 2010, § 109 Rn. 8;

die Anerkennung einer allgemeinen Aufklärungspflicht die Behauptungs- und Beweislastregeln beträchtlich verändert würden.[728] Darüber hinaus sehen sie in der allgemeinen Aufklärungspflicht eine Gefahr für die Parteifreiheit sowie für die Verhandlungsmaxime. *Leipold*[729] erklärt, dass es grundsätzlich zur Freiheit des Einzelnen gehören sollte, ob er sich erklären oder schweigen will. Ansonsten kämen eine verfassungswidrige Selbstbelastung und die Verletzung des informationellen Selbstbestimmungsrechts in Frage. *Arens*[730] erwartet als Folge der Einführung einer allgemeinen prozessualen Aufklärungspflicht einen erhöhten richterlichen Einfluss auf den Prozess, da der Richter einen großen Entscheidungsspielraum bei der Frage nach dem Bestehen, den Grenzen und Konsequenzen einer solchen Pflicht habe. Dies könne bis zur unerlaubten Anwendung der Untersuchungsmaxime im Zivilprozess führen.[731]

Weiter wird die Annahme einer prozessualen Aufklärungspflicht als unnötig empfunden mit der Begründung, dass man die Informationsbedürfnisse der Parteien mit materiellrechtlichen Auskunftspflichten befriedigen könne.[732] Das Prozessrecht sei nicht der richtige Ort, um neue Informationspflichten einzuführen. Ob eine Partei Anspruch gegen die andere auf Erteilung von Auskünften, Rechnungslegung oder Urkundenvorlage usw. habe, sei eine Frage des materiellen Rechts.[733] Die Rechtsprechung habe überdies das Bestehen eines Auskunftsanspruchs nach den Grundsätzen von Treu und Glauben als Nebenpflicht bei materiellrechtlichen Rechtsverhältnissen bereits angenommen.[734] Die Systematik des deutschen Rechts erlaube es folglich nicht, eine dem materiellen Recht fremde allgemeine Aufklärungspflicht anzunehmen.

Weitere Bedenken richten sich gegen *Stürners* Analogiebasis als Rechtsgrundlage der allgemeinen prozessualen Aufklärungspflicht. Seine Analogie zu den §§ 138 Abs. 1 und 2, 372a, 423, 445 ff., 654 ff. a.F. ZPO wird als nicht überzeugend empfunden.[735] Es fehle der Nachweis für eine Gesetzeslücke und Planwidrigkeit, die eine

Arens, ZZP 96 (1983), S. 1 (4); Prütting, AnwBl 2008, S. 153 (156); ders., Gegenwartsprobleme der Beweislast, 1983, S. 137; Prütting/Gehrlein-Laumen, 8. Aufl. 2016, § 286 Rn. 87.

728 Vgl. Lüke, JuS 1986, S. 1 (3); Arens, ZZP 96 (1983), S. 1 (18); Prütting, AnwBl 2008, S. 153 (157); ders., Gegenwartsprobleme der Beweislast, 1983, S. 138 f.; vgl. Wieczorek/Schütze-Smid, 4. Aufl., § 142 Rn. 13.

729 Stein/Jonas-Leipold, 22. Aufl. 2005, § 138 Rn. 30.

730 Arens, ZZP 96 (1983), S. 1 (17 ff.).

731 Lüke, JuS 1986, S. 1 (3).

732 Arens, ZZP 96 (1983), S. 1 (21).

733 Stein/Jonas-Leipold, 22. Aufl. 2005, § 138 Rn. 27; MüKoZPO-Prütting, 5. Aufl. 2016, § 286 Rn 130; Prütting, AnwBl 2008, S. 153 (156 f.); Vgl. Lüke, JuS 1986, S. 1 (3); Wieczorek/Schütze-Smid, 4. Aufl., § 142 Rn. 12.

734 Arens, ZZP 96 (1983), S. 1 (21); Stein/Jonas-Leipold, 22. Aufl. 2005, § 138 Rn. 27.

735 Arens, ZZP 96 (1983), S. 1 (13); Prütting, AnwBl 2008, S. 153 (157).

Gesamtanalogie überhaupt erst ermöglichten.[736] Im Übrigen sei seine verfassungsrechtliche Analyse, die den Boden für eine analog eingeführte prozessuale Aufklärungspflicht bereitet, zweifelhaft.[737]

IV. Die Haltung der Rechtsprechung gegenüber der Einführung einer allgemeinen Aufklärungspflicht

Der BGH lehnt die Etablierung einer allgemeinen prozessualen Aufklärungspflicht in den deutschen Zivilprozess ausdrücklich ab.[738] Er teilt ähnlich wie die vorherrschende Lehre die Befürchtung, dass die Annahme einer allgemeinen Aufklärungspflicht der Verhandlungsmaxime und Beweislastverteilung entgegenstehe. Jede Partei müsse die ihr günstigen Tatsachen aus eigener Kraft behaupten und beweisen. Keine Partei sei gehalten, dem Gegner erst das Material zum Prozesssieg zu verschaffen. Das materielle Recht kenne darüber hinaus keine allgemeine Auskunftspflicht, und ihre Einführung nicht Aufgabe des Prozessrechts sei.

Bei näherer Betrachtung der Rechtspraxis ergibt sich jedoch ein ganz anderes Bild: Im Lauf der Zeit wurde immer deutlicher, dass die geschriebenen Regeln den Informationsbedarf im Zivilprozess nicht mehr decken können. Um dieses Defizit zu umgehen, entwickelte die Rechtsprechung zahlreiche Instrumente zugunsten der sich in einer Informationsnot befindenden Partei. Bemerkenswerterweise wird diese Rechtsentwicklung maßgeblich auf der rein prozessualen Ebene verwirklicht. Neben den auf der Grundlage des materiellen Rechts entwickelten Instrumenten – nämlich der richterrechtlichen Erweiterung der geschriebenen materiellrechtlichen Auskunftsansprüche und der aus § 242 BGB hergeleiteten Auskunftsanspruch –, hat der BGH weitere umfangreiche prozessuale Instrumente geschaffen, die der nicht risikobelasteten Partei eine Mitwirkungspflicht bei der Sachaufklärung auferlegen. Das Spektrum reicht hier von bloßen Beweiserleichterungen bis hin zur richterlichen Beweislastumkehr. Hinzu kommt die vom BGH entwickelte „sekundäre Behauptungslast", die eine wichtige Rolle bei der Bewältigung des Informationsdefizits einer substantiierungspflichtigen Partei hat.

Die Gemeinsamkeit aller dieser Hilfsmittel besteht darin, dass sie die Einbeziehung der besser informierten Partei in die Sachverhaltsaufklärung – unabhängig von der Beweislast – ermöglichen. Aus dieser Perspektive scheint der BGH von dem Grundsatz „*nemo contra se edere tenetur*" praktisch abzuweichen, obschon er ihn

---

736 Beckhaus, Die Bewältigung von Informationsdefiziten bei der Sachverhaltsaufklärung, 2010, S. 306 ff.; vgl. auch Lang, Die Urkundenvorlagepflichten der Gegenpartei gemäß § 142 Abs. 1 Satz 1 ZPO, 2007, S. 67. Beide Autoren widersetzen sich nicht der allgemeinen Aufklärungspflicht, sondern ihrer Herleitung analog zu den gesetzlichen Vorschriften.

737 Prütting, Gegenwartsprobleme der Beweislast, 1983, S. 138.

738 BGH v. 11.06.1990, NJW 1990, S. 3151 (3151); BGH v. 12.11.1991, NJW 1992, S. 1817 (1819); BGH v. 7.12.1999, NJW 2000, S. 1108 (1109).

ständig ausdrücklich propagiert. Er macht sich ebenso wenig Gedanken darüber, die Darlegungs- bzw. Beweislast ggf. abweichend von der Grundregel zu verteilen und die nicht beweisbelastete Partei mit der Aufklärung zu verpflichten. Unter diesem Gesichtspunkt verliert das Argument des BGH, wonach einer allgemeinen Aufklärungspflicht die grundsätzliche Beweislastverteilung entgegenstünde, merklich an Überzeugungskraft.

Erstaunlicherweise ähnelt die vom BGH entwickelte sekundäre Behauptungslast in ihren Voraussetzungen und Rechtsfolgen der Lehre von der allgemeinen Aufklärungspflicht.[739] Beide setzen grundsätzlich voraus, dass die risikobelastete Partei in einer entschuldbaren Unkenntnis ist, während ihr Gegner die nötigen Informationen unschwer erteilen kann. Die Folgen der Pflichtverletzung sind zwar nicht identisch, aber vergleichbar. So greift bei der Verletzung der sekundären Behauptungslast die Geständnisfiktion, bei der Verletzung der allgemeinen Aufklärungspflicht die Wahrheitsfiktion zu Ungunsten des Aufklärungspflichtiges ein. Das heißt, trotz ausdrücklicher Ablehnung ist die Rechtsprechung von der Anerkennung einer allgemeinen Aufklärungspflicht nicht soweit entfernt.[740] Zwar bleiben die von der Rechtsprechung verwendeten Instrumente zur Informationsbeschaffung teilweise hinter der allgemeinen Aufklärungspflicht zurück, ihr Einsatz zeigt jedoch gleichzeitig die faktische Bereitschaft des deutschen Rechts, eine allgemeine prozessuale Aufklärungspflicht einzuführen.

---

739 Vgl. oben Zweiter Teil § 4 I.1.

740 Vgl. Stürner, ZZP 104 (1991), S. 208 (211); Peters, FS-Schwab, 1990, S. 399 (405); Katzenmeier, JZ 2002, S. 533 (535); Waterstraat, ZZP 118 (2005), S. 459 (472).

§ 9 Die Durchführbarkeit einer allgemeinen prozessualen Aufklärungspflicht der Parteien

Im ersten Teil wurde bereits festgestellt, dass der Zweck des Zivilprozesses einer materiellen Wahrheitsfindung nicht entgegensteht. Vielmehr erfordert eine gerechte Entscheidung gerade die Suche nach materieller Wahrheit. Ob der materiellen Wahrheit ein Haupt- oder Nebenzweck darstellt, ist hierbei nicht der entscheidende Punkt. Wichtig ist die Gewährleistung der Gerechtigkeit auf Grundlage der materiellen Wahrheit. Dafür ist in jedem Fall eine detaillierte Sachverhaltsausforschung nötig. Diese kann in den geltenden Rechtssystemen hauptsächlich auf zweierlei Art und Weise erfolgen: Entweder werden dem Richter weitere Möglichkeiten gegeben, den Sachverhalt von Amts wegen zu erforschen oder es werden den Parteien weitere Pflichten zur Informationsbeschaffung auferlegt. Welcher Methode der Vorzug gegeben werden soll, ist eine rechtspolitische Entscheidung des Gesetzgebers. Den deutschen und türkischen Zivilprozess prägt jedoch der Verhandlungsgrundsatz. Die von den Parteien nicht vorgetragenen Tatsachen dürften bei der Entscheidung des Richters keine Berücksichtigung finden. Auch die Beschaffung der Beweismittel obliegt grundsätzlich den Parteien. In dieser Hinsicht spielen die Parteien in beiden Ländern eine sehr wichtige Rolle für einen zivilrechtlichen Richterspruch. Deshalb erscheint die Erweiterung ihre Pflichten im Zuge einer besseren Sachaufklärung systemfreundlicher.

Wenn man also mit der hiesigen Arbeit davon ausgeht, dass im Zivilprozess eine allgemeine prozessuale Aufklärungspflicht anerkannt werden sollte, ergeben sich Folgefragen. Namentlich gilt es zu untersuchen, ob eine derartige Aufklärungspflicht überhaupt praktisch durchführbar wäre oder ob sie – wie von ihren Gegnern behauptet – zu einem systemwidrigen Zustand führen würde. Da die vorliegende Arbeit sich grundsätzlich auf die Mitwirkungspflichten der Parteien in einem Zivilverfahren (nämlich auf die innerprozessualen Aufklärungspflichten) fokussiert, sollten die vorprozessualen Fragen an dieser Stelle unberücksichtigt bleiben.

I. Prozessrecht als geeigneter Ort für Informationspflichten?

Die Rechtsprechung und Teile der Literatur gehen vom Primat der materiellrechtlichen Auskunftsansprüche bei der Unterstützung der risikobelasteten Partei aus. Sie leugnen folglich eine auf der prozessualen Ebene entwickelte allgemeine Aufklärungspflicht der Parteien mit der Begründung, es sei nicht Aufgabe des Prozessrechts, eine dem materiellen Recht fremde Informationspflicht einzuführen.[741] Diese Auffassung stützt sich auf die herkömmliche Zweiteilung von materiellem Recht und Prozessrecht, wonach das materielle Recht zur Rechtsgewinnung und das Prozessrecht bloß zur Rechtsdurchsetzung diene.[742] Dieser Ansicht ist jedoch aus zwei Gründen zu widersprechen: Erstens darf nicht außer Acht gelassen werden, dass heute materielles Recht und Verfahrensrecht aufeinander bezogen sind.[743] Die Rechtsfiguren aus beiden Rechtsgebieten ergänzen sich. Z. B. wird an die in den § 421 dZPO geregelte materiellrechtliche Vorlagepflicht eine prozessrechtliche Sanktion im Rahmen der richterlichen Beweiswürdigung geknüpft, vgl. § 427 dZPO. Zweitens ist aufgrund der letzten Rechtsentwicklungen – sowohl was die Gesetzeslage als auch was die Rechtspraxis betrifft – eine deutliche Tendenz zu beobachten, neue Informationsansprüche rein auf der prozessualen Ebene zu schaffen. Zu nennen sind bspw. die Verankerung prozessualer Vorlagepflichten in den §§ 142, 144 dZPO n.F. sowie die Auskunftspflicht bei Unterhaltssachen in den §§ 235, 236 FamFG n.F. Die Rechtsprechung schafft in ähnlicher Weise vielfältige prozessuale Auskunftsansprüche gegen die nicht beweisbelastete Partei, obwohl sie gleichzeitig den Vorrang der materiellrechtlichen Auskunftsansprüche propagiert. Die sog. sekundäre Behauptungslast oder die Beweiserleichterungen helfen dort, wo das materielle Recht den Bedarf an Informationen nicht befriedigen kann. Darüber hinaus werden durch die richterliche Beweislastumkehr die abstrakt-generellen Regelungen des materiellen Rechts modifiziert. So kann das Prozessrecht heute nicht mehr als reines „Rechtsdurchsetzungsrecht" bezeichnet werden, sondern hat mit der Zeit die neue Aufgabe bekommen, das materielle Recht zu gestalten.[744]

An dieser Stelle sind besonders die jüngsten Entscheidungen des BGH zu erwähnen, in denen das Informationsdefizit der risikobelasteten Partei mithilfe der Schaffung eines prozessualen Informationsanspruchs ausgeglichen wurde.[745] Dies

---

741 Siehe oben Vierter Teil § 8 III.2. und Vierter Teil § 8 IV.

742 So ist Prütting, Gegenwartsprobleme der Beweislast, 1983, S. 138; vgl. Wagner, ZEuP 2008, S. 6 (13); vgl. Koch, Mitwirkungsverantwortung im Zivilprozess, 2013, S. 11.

743 Katzenmeier, JZ 2002, S. 533 (539); Zöllner, AcP 190 (1990), S. 471 (471); Beckhaus, Die Bewältigung von Informationsdefiziten bei der Sachverhaltsaufklärung, 2010, S. 273; S. Lang, Die Urkundenvorlagepflichten der Gegenpartei gemäß § 142 Abs. 1 Satz 1 ZPO, 2007, S. 161.

744 Wagner, ZEuP 2008, S. 6 (13 ff.), er sieht vor, dass das Zivilprozessrecht in der Zukunft viel stärker auf die Funktionen des materiellen Rechts ausgerichtet sein werde, S. 18; auch Koch, Mitwirkungsverantwortung im Zivilprozess, 2013, S. 11 ff.; ähnlich *Gilles* spricht von einem Funktionswandel des Prozessrechts als „materiales Rechtsgewinnungsrecht", Gilles, JuS 1981, S. 402 (408); Katzenmeier, JZ 2002, S. 533 (539); Beckhaus, Die Bewältigung von Informationsdefiziten bei der Sachverhaltsaufklärung, 2010, S. 276.

745 BGH, 17.2.2004, NJW-RR 2004, S. 989 (990 f.); BGH 8.12.2008, NJW-RR 2009, S. 751 (752 f.); auch BAG 27.9.2012, NZA-RR 2013, 291 (291). Siehe auch: Waterstraat, ZZP 118 (2005), S. 459 (477 ff.).

obwohl die Möglichkeit bestand, einen materiellen Auskunftsanspruch aus der zwischen den Parteien bestehenden rechtlichen Sonderbeziehung herzuleiten. Die Rechtsprechung bevorzugt demgemäß eine Lösung auf der Grundlage des Prozessrechts anstatt des materiellen Rechts. Der bisher propagierte Ansatz, die Informationsprobleme der Parteien auf der materiellrechtlichen Ebene zu lösen, verliert an Bedeutung.

Aus diesen Gründen ist die von den Gegnern einer allgemeinen prozessualen Aufklärungspflicht vertretene Meinung, das Prozessrecht sei nicht der richtige Ort für die Erweiterung der Informationspflichten, nicht haltbar. Dennoch bleibt erklärungsbedürftig, ob sich – wie *Stürner* meint – eine allgemeine Aufklärungspflicht *de lege lata* bereits aus geltendem Prozessrecht ergibt.

II. Eine allgemeine Aufklärungspflicht de lege lata?

Stürner leitet eine allgemeine prozessuale Aufklärungspflicht aus der Rechtsanalogie zu den gesetzlich geregelten Einzelfällen (§§ 138 Abs. 1, Abs. 2, 423, 445 ff., 372a, 654 ff. dZPO) her. In neuester Zeit wurde diese Analogiebasis von verschiedenen Autoren mit Hilfe der §§ 142, 144 dZPO und 235 FamFG (vormals § 643 dZPO) weiterentwickelt.[746] Ob eine solche Gesamtanalogie der geltenden dZPO überhaupt entnommen werden kann, ist jedoch m.E. sehr zweifelhaft. Eine Rechtsanalogie setzt eine planwidrige Regelungslücke voraus.[747] *Stürner* spricht zwar von einer solchen Lücke, erbringt jedoch keinen hinreichenden Nachweis dafür. Er verzichtet auf die Prüfung der Verfassungsmäßigkeit der gesetzlichen Regelungen und begnügt sich stattdessen mit dem bloßen Hinweis, dass eine anders geartete Regelung dem Verfassungsgebot – einem an der Wahrheitsfindung orientierten Verfahren – besser entspräche.[748] Die Möglichkeit einer besseren Gestaltung der gesetzlichen Lage führt jedoch nicht zwangsläufig zu einer Regelungslücke.[749] Ebenso wenig kann man von einem wertenden Vorverständnis eine gesetzliche Lücke abhängig machen.[750]

Sehr zweifelhaft ist auch die Planwidrigkeit der vermeintlichen Regelungslücke. Berücksichtigt man die geringe Anzahl und die engen Grenzen der prozessualen

---

746 Katzenmeier, JZ 2002, S. 533 (538); Waterstraat, ZZP 118 (2005), S. 459 (480 f.).

747 Koch, Mitwirkungsverantwortung im Zivilprozess, 2013, S. 328; Beckhaus, Die Bewältigung von Informationsdefiziten bei der Sachverhaltsaufklärung, 2010, S. 306; vgl. Steeger, Die zivilprozessuale Mitwirkungspflicht der Parteien beim Urkunden- und Augenscheinsbeweis, 1981, S. 60; vgl. Prütting, Gegenwartsprobleme der Beweislast, 1983, S. 138.

748 Stürner, Die Aufklärungspflicht der Parteien des Zivilprozesses, 1976, S. 47 f., 92 f.

749 Beckhaus, Die Bewältigung von Informationsdefiziten bei der Sachverhaltsaufklärung, 2010, S. 307. Für die Gegenansicht: Waterstraat, ZZP 118 (2005), S. 459 (479 f.).

750 Steeger, Die zivilprozessuale Mitwirkungspflicht der Parteien beim Urkunden- und Augenscheinsbeweis, 1981, S. 60; Beckhaus, Die Bewältigung von Informationsdefiziten bei der Sachverhaltsaufklärung, 2010, S. 307.

Aufklärungspflichten, steht zweifelsfrei fest, dass der historische Gesetzgeber nicht die Intention hatte, eine allgemeine Aufklärungspflicht einzuführen.[751] Zuletzt kommt dies in der ZPO-Reform 2002 bei der Neugestaltung der Vorlagepflichten in den §§ 142, 144 dZPO zum Ausdruck. Hier wird nur eine „behutsame" Erweiterung angestrebt.[752] *Stürners* Analogieschluss scheitert somit auch daran, dass es in der Gesetzeslage keine dem gesetzgeberischen Willen entgegenstehende Planwidrigkeit gibt.

Stürner ist sich der Schwäche seiner Analogie durchaus bewusst und räumt ein, dass sie „teilweise etwas erzwungen wirken mag".[753] Er hält jedoch seine Lösung im Zuge der Beseitigung von Informationsdefiziten für systemgerechter und ehrlicher als die von der Rechtsprechung entwickelten Lösungsansätze.[754] Zwar trifft es zu, dass die Rechtsprechung einerseits der Anerkennung einer prozessualen Aufklärungspflicht heftig widerspricht, andererseits jedoch in einigen Fällen schon seit langem durch ihre Rechtsausübung einer prozessualen Aufklärungspflicht sehr nahe kommt. Diese Feststellung reicht allein jedoch für die Annahme einer allgemeinen prozessualen Aufklärungspflicht *de lege lata* nicht aus, sondern fordert eine neue gesetzliche Regelung *de lege ferenda*.

Das Gleiche gilt auch für die Herleitung einer vorprozessualen kostensanktionierten Informationspflicht aus einer Analogie zu den §§ 93, 93 b, 94 dZPO in der *Stürnerschen* Lehre.[755] Wie *Beckhaus*[756] zutreffend erklärt, fehlen auch hier die Analogievoraussetzungen, insbesondere die Vergleichbarkeit der Interessenlage.

III. Vereinbarkeit mit der Dispositions- und Verhandlungsmaxime?

Die von Teilen der Literatur geäußerte Befürchtung, dass die Dispositions- und Verhandlungsmaxime durch die Annahme einer erweiterten Aufklärungspflicht entkräftet würden, scheint unbegründet. Denn die Dispositionsbefugnis der Parteien über den Streitgegenstand bleibt auch im Falle der Etablierung einer allgemeinen Aufklärungspflicht unberührt. Die Parteien dürfen den Inhalt und Ablauf des Verfahrens – wie immer – durch Klage, Klagerücknahme, Anerkenntnis, Vergleich, Rechtsmittel usw. bestimmen.

---

751 Beckhaus, Die Bewältigung von Informationsdefiziten bei der Sachverhaltsaufklärung, 2010, S. 307 f.

752 BT-Drucks. 14/6036, S. 120.

753 Stürner, Die Aufklärungspflicht der Parteien des Zivilprozesses, 1976, S. 104.

754 Er weißt hier auf die durch die freie Beweiswürdigung oder durch den Grundsatz „Treu und Glauben" entwickelten Hilfsmittel für Informationsdefiziten der Parteien, Stürner, Die Aufklärungspflicht der Parteien des Zivilprozesses, 1976, S. 104 f.

755 Siehe oben Vierter Teil § 8 II.2.a).

756 Für weitere Informationen siehe: Beckhaus, Die Bewältigung von Informationsdefiziten bei der Sachverhaltsaufklärung, 2010, S. 310 f.

Der Verhandlungsgrundsatz wird ebenfalls nicht angetastet, da das Recht der Parteien, allein den Streitstoff in den Prozess einzubringen, beibehalten wird. Auch nach der Lehre von der allgemeinen Aufklärungspflicht sind die dem Gerichtsurteil zugrunde liegenden Tatsachen grundsätzlich von den Parteien vorzutragen. Das Gericht selbst nimmt keine Tatsachenermittlung vor, sondern die Partei versucht, den Sachverhalt mit Hilfe ihres Gegners selbst aufzuklären.[757] In diesem Zusammenhang sind die Vorwürfe, dass die Anerkennung einer allgemeinen Aufklärungspflicht zur Stärkung der Richtermacht – bis hin zur Einführung der Untersuchungsmaxime – führe, da bei der Beurteilung des Bestehens einer solchen Pflicht dem Richter ein weiterer Spielraum zugebilligt werde, nicht stichhaltig. Zwar ist nicht zu leugnen, dass der Richter durch die Plausibilitätskontrolle eine erhebliche Rolle bei der Einbeziehung der nicht risikobelasteten Partei in die Sachaufklärung spielt. Es geht allerdings viel zu weit, allein deswegen von einer Geltung der Untersuchungsmaxime im Zivilprozess zu besprechen. Es liegt weiter allein in der Verantwortung der Parteien, die für eine richterliche Plausibilitätskontrolle nötigen Anhaltspunkte beizubringen.[758] Es darf auch nicht außer Acht gelassen werden, dass der Richter bereits nach derzeitiger Rechtslage einen großen Ermessungsspielraum bei der Bewältigung von Informationsdefiziten hat. Die Durchführung einer allgemeinen Aufklärungspflicht würde dem Richter keinen größeren Entscheidungsspielraum bieten, als es die heutige Rechtslage ohnehin schon tut. Vielmehr könnte sie dazu beitragen, klare Voraussetzungen für diesen Spielraum zu schaffen[759] sowie eine gewisse Einheitlichkeit in der Rechtsprechung zu erreichen.

Als Folge einer erweiterten Aufklärungspflicht der Parteien ist eher eine Reduzierung der richterlichen Tätigkeit zu erwarten, weil das, was die Parteien von sich aus zur Sachverhaltsaufklärung beitragen, nicht mehr vom Gericht geleistet werden muss.[760] In diesem Zusammenhang könnten die Regelungen, die dem Richter eine Beweiserhebung von Amts wegen bieten – also eine erhebliche Durchbrechung des Verhandlungsgrundsatzes darstellen – sogar überflüssig werden. Daher ist die Durchführung einer allgemeinen Aufklärungspflicht nicht als Einschränkung der Verhandlungsmaxime, sondern als ihr notwendiges Korrelat zu betrachten.[761]

---

757 Vgl. Katzenmeier, JZ 2002, S. 533 (537); Lorenz, ZZP 111 (1998), S. 35 (62); Beckhaus, Die Bewältigung von Informationsdefiziten bei der Sachverhaltsaufklärung, 2010, S. 294 ff.; Waterstraat, ZZP 118 (2005), S. 459 (473 f.); Heß, Wahrheits- und Aufklärungspflicht im Zivil- und Arbeitsgerichtsprozeß, 2006, S. 121.

758 Ebenso Waterstraat, ZZP 118 (2005), S. 459 (473).

759 Beckhaus, Die Bewältigung von Informationsdefiziten bei der Sachverhaltsaufklärung, 2010, S. 295.

760 Katzenmeier, JZ 2002, S. 533 (537); Waterstraat, ZZP 118 (2005), S. 459 (474). In diese Richtung auch Beckhaus, Die Bewältigung von Informationsdefiziten bei der Sachverhaltsaufklärung, 2010, S. 295 f.

761 Schlosser, JZ 1991, S. 599 (603); *Lorenz* geht noch ein Schritt weiter und erklärt, dass eine umfassende Aufklärungspflicht nicht nur notwendiges Korrelat zur Ver-

IV. Verschiebung der Darlegungs- und Beweislast?

Es bleibt noch die Frage zu klären, ob die allgemeine Aufklärungspflicht eine unzulässige Verschiebung der Darlegungs- und Beweislast verursacht. Auf den ersten Blick mag dies so scheinen, da der nicht risikobelasteten Partei eine Mitwirkungspflicht zugunsten der risikobelasteten Partei auferlegt wird. Bei genauer Betrachtung wird jedoch deutlich, dass eine solche Pflicht keine erhebliche Änderung des bestehenden Beweislastsystems mit sich bringt. Nach wie vor trägt jede Seite die Beweislast für die ihr günstigen Tatsachen und das Risiko der Nichterweislichkeit dieser Tatsachen. Wird der wahre Sachverhalt – trotz der Aufklärung der nicht beweispflichtigen Partei – nicht aufgeklärt, geht dieses non-liquet zu Lasten der beweispflichtigen Partei; also bleibt die objektive Beweislast ohnehin unberührt.[762] Hinsichtlich der Darlegungslast und subjektiven Beweislast (Beweisführungslast) dagegen lässt es sich nicht leugnen, dass der beweispflichtigen Partei eine erhebliche Beweiserleichterung zu Gute kommt. Dieser Eingriff in die subjektiven Lasten ist jedoch – wie *Stürner*[763] treffend formuliert – nicht zu überschätzen. Es bleibt nach wie vor Sache des Beweisführers, das Beweisthema zu bestimmen und die Beweismittel zu benennen. Durch die Aufklärungspflicht der Gegenpartei würde es ihm lediglich erleichtert, seiner Pflicht nachzukommen. Von einer Aufhebung der subjektiven Lasten zu sprechen, wäre jedoch übertrieben.[764]

Bei Beantwortung der Frage, ob die allgemeine Aufklärungspflicht mit den Beweislastregeln vereinbar ist, muss auch der Sinn und Zweck dieser Regeln mitberücksichtigt werden. Sie dürfen keinesfalls als Instrument zur Erschwerung der Aufklärung gesehen werden, vielmehr sind sie Instrument der Parteiaktivierung und bleibt dies auch bei der Aufklärungspflicht der anderen Seite.[765] Wie oben erwähnt, bezweckt ein Zivilverfahren die Gerechtigkeit auf der Grundlage der Wahrheit zu gewährleisten.[766] Die Beweislastnormen orientieren sich jedoch nicht daran, wer sich tatsächlich im Recht befindet[767], sondern greifen dort ein, wo die Wahrheits-

---

handlungsmaxime, sondern einer Stärkung derselben sei, Lorenz, ZZP 111 (1998), S. 35 (62).

762 Heß, Wahrheits- und Aufklärungspflicht im Zivil- und Arbeitsgerichtsprozeß, 2006, S. 122 ff.; Waterstraat, ZZP 118 (2005), S. 459 (474); Beckhaus, Die Bewältigung von Informationsdefiziten bei der Sachverhaltsaufklärung, 2010, S. 297 f.

763 Stürner, ZZP 98 (1985), S. 237 (255 f.).

764 Beckhaus, Die Bewältigung von Informationsdefiziten bei der Sachverhaltsaufklärung, 2010, S. 298; ähnlich Peters, FS-Schwab, 1990, S. 399 (407 f.), Waterstraat, ZZP 118 (2005), S. 459 (474); Heß, Wahrheits- und Aufklärungspflicht im Zivil- und Arbeitsgerichtsprozeß, 2006, S. 125; Brandt, Das englische Disclosure-Verfahren, 2015, S. 265 f.

765 Stürner, ZZP 98 (1985), S. 237 (256); Heß, Wahrheits- und Aufklärungspflicht im Zivil- und Arbeitsgerichtsprozeß, 2006, S. 125.

766 Siehe oben Erster Teil § 2 II.4.

767 Beckhaus, Die Bewältigung von Informationsdefiziten bei der Sachverhaltsaufklärung, 2010, S. 298.

ermittlung auf sinnvolle Grenzen stößt.[768] Demzufolge müssen keine Bedenken gegen eine Entschärfung dieser Regeln bestehen, wenn sie die Ermittlung der wahren Sachlage, d.h. eine gerechte Lösung, blockieren oder erheblich erschweren.

Die Gegenansicht weist auf die Folge der Pflichtverletzung seitens der nicht beweisbelasteten Partei hin. Verweigert sie ohne Rechtfertigungsgrund eine Aufklärung, kann der Richter – nach der *Stürnerschen* Lehre – den Tatsachenvortrag der beweisbelasteten Partei als wahr fingieren. Die Gegner sehen in dieser ungünstigen Fiktion eine unzulässige Umkehr der Beweislast.[769] Sie übersehen jedoch, dass diese negative Fiktion lediglich als Sanktion in Erscheinung tritt. In einzelnen Paragraphen der dZPO wird bereits an die Verletzung der Mitwirkungspflichten die gleiche Konsequenz geknüpft, etwa in den §§ 427, 371 Abs. 3, 446 dZPO. Niemand geht davon aus, dass in diesen Fällen die Beweislast faktisch abgeschafft würde. Der Richter hat im *status quo* fast bei jeder Verletzung der prozessualen Mitwirkungspflicht nach seinem freien Ermessen gem. § 286 dZPO zu entscheiden. Die von der allgemeinen Aufklärungspflichtlehre entwickelte negative Fiktion als Folge der Pflichtverletzung ist nicht anders zu beurteilen.

V. Vereinbarkeit mit dem Ausforschungsverbot (Plausibilitätskontrolle)?

Die Gegner einer allgemeinen prozessualen Aufklärungspflicht erblicken in dieser einen Verstoß gegen das Verbot des Ausforschungsbeweises.[770] Dieser Einwand lässt sich jedoch durch die von *Stürner* entwickelte Plausibilitätskontrolle entkräften.

Der deutsche und türkische Zivilprozess basieren auf dem Substantiierungsgrundsatz, welcher Behauptungen „ins Blaue hinein" sowie die Ausforschung des Gegners verbietet.[771] Ein sog. Ausforschungsbeweis liegt vor, wenn eine Partei einen völlig vagen und unsubstantiierten Beweisantrag stellt, um dadurch erst konkrete Hinweise für ihren weiteren tatsächlichen Vortrag zu erlangen.[772] Um diese Gefahr zu verhindern, tritt *Stürner* für eine Plausibilitätskontrolle ein. Danach erfordere die Herleitung einer Aufklärungspflicht der Gegenpartei grundsätzlich einen substantiierten Tatsachenvortrag von der darlegungs- und beweisbelasteten Partei, der

768 Stürner, ZZP 98 (1985), S. 237 (255).

769 Siehe dazu: Arens, ZZP 96 (1983), S. 1 (18); Prütting, Gegenwartsprobleme der Beweislast, 1983, S. 137; Schreiber, JR 1991, S. 414 (416).

770 Stein/Jonas-Leipold, 22. Aufl. 2008, § 284 Rn. 45.

771 Stein/Jonas-Leipold, 22. Aufl. 2008, § 284 Rn. 48 ff.; Prütting/Gehrlein-Laumen, 8. Aufl. 2016, § 284 Rn. 24 f. Das Substantiierungserfordernis wird in der Türkei in neu geregelten § 194 tZPO ausdrücklich geregelt. In Deutschland lässt sich es aus den §§ 138 Abs. 2, 371 Abs. 1 S. 1, 373, 424 Abs. 1 Nr. 2, 445 Abs. 1, 448 dZPO entnehmen, Beckhaus, Die Bewältigung von Informationsdefiziten bei der Sachverhaltsaufklärung, 2010, S. 77; vgl. Stürner, Die Aufklärungspflicht der Parteien des Zivilprozesses, 1976, S. 6 f.

772 MüKoZPO-Prütting, 5. Aufl. 2016, § 284 Rn. 79.

erkennen lässt, wie sie zu der ihr günstigen Rechtsbehauptung vernünftigerweise kommt.[773] Allerdings genügten in Fällen, in denen sich die risikobelastete Partei „typischerweise" in Unkenntnis über die von ihr substantiiert darzulegenden Tatsachen befindet, auch Anhaltspunkte als plausible Vermutungsbasis für eine allgemeine Rechtsbehauptung.[774]

Welche Anforderungen an die Plausibilitätskontrolle zu stellen sind, konkretisiert *Stürner* in zweierlei Hinsicht: Im Allgemeinen müsste sich die Substantiierungslast mit den für die Missbrauchsabwehr notwendigen Minimalanforderungen begnügen, da sie sonst Gefahr laufe, in eine verfassungsrechtlich unzulässige Rechtsschutzsperre umzuschlagen.[775] In Fällen typischer Unkenntnis genüge für Plausibilität darüber hinaus bereits ein sehr niedriger Wahrscheinlichkeitsgrad, der nur das völlig Abwegige vom noch Möglichen abgrenzt.[776] Erhebt die substantiierungsbelastete Partei danach eine vernünftige und nicht willkürliche Behauptung, müsste der Sachverhalt mit Hilfe der Gegenpartei geklärt werden. Wie gesehen befreit das Institut der allgemeinen prozessualen Aufklärungspflicht die aufklärungsbedürftige Partei nicht völlig von ihrer Substantiierungslast, sondern reduziert sie auf bestimmte Anhaltspunkte. Die Aufklärungspflicht des Gegners entsteht erst dann, wenn der Anspruchsteller hinreichende Anhaltspunkte für die Richtigkeit seiner Behauptung vorliegt. Aus diesem Grund entstünde mit einer allgemeinen prozessualen Aufklärungspflicht kein unzulässiger Ausforschungsbeweis.

Die Ansicht *Stürners* fügt sich stimmig in bisherige Deutungen von Plausibilitätskontrollen im Zivilprozess ein. Die Rechtsprechung stellt an die Plausibilität keine allzu hohen Anforderungen. Sie lässt im Allgemeinen bereits einen Sachvortrag genügen, der dem Gericht die Prüfung der Entscheidungserheblichkeit des Vorbringens und dem Gegner eine sachgerechte Verteidigung ermöglicht.[777] Lehre[778] und Rechtsprechung[779] sind zudem zurückhaltend darin, einen Beweisantrag als

773 Diese Substantiierungslast als eine Form der Plausibilitätskontrolle spiele einerseits bei der Anregung und Kanalisierung der Parteiaktivität eine wichtige Rolle, andererseits verhindere sie die missbräuchliche Einleitung von Prozessen oder Beweisverfahren, Stürner, Die Aufklärungspflicht der Parteien des Zivilprozesses, 1976, S. 112 f.

774 Stürner, Die Aufklärungspflicht der Parteien des Zivilprozesses, 1976, S. 119 ff.

775 Stürner, Die Aufklärungspflicht der Parteien des Zivilprozesses, 1976, S. 118.

776 Stürner, Die Aufklärungspflicht der Parteien des Zivilprozesses, 1976, S. 123.

777 BGH v. 18.1.1995, NJW-RR 1995, S. 715 (716); BGH v. 18.5.2000, NJW 2000, S. 2587 (2588); BGH v. 13.11.2013, NJW-RR 2014, S. 545 (546). Yargitay 2. HD. v. 14.06.2013, E. 2012/15863 K. 2013/16589 (UYAP Bilgi Bankası); Yargitay 23. HD. v. 25.03.2013, E. 2013/1067 K. 2013/1825 (UYAP Bilgi Bankası).

778 Stein/Jonas-Leipold, 22. Aufl. 2008, § 284 Rn. 42; Prütting/Gehrlein-Laumen, 8. Aufl. 2016, § 284 Rn. 25; MüKoZPO-Prütting, 5. Aufl. 2016, § 284 Rn. 79; Chudoba, Der ausforschende Beweisantrag, 1993, S. 186 ff.

779 BGH v. 13.12.2002, NJW-RR 2003, S. 491 (491); BGH v. 25.10.2011, NJW 2012, S. 382 (383 f.); BGH v. 4.2.2014, BKR 2014, S. 200 (202).

unzulässigen Ausforschungsbeweis einzuordnen, weil dies eine Ausnahme von der grundsätzlichen Pflicht des Gerichts darstellt, angebotene Beweise zu erheben. Augenfällig ist diese Zurückhaltung insbesondere dann, wenn die substantiierungspflichtige Partei gewisse Vorgänge nicht kennen kann, weil die Geschehnisse sich im Wahrnehmungsbereich der Gegenpartei abgespielt haben. Dann setzt die Rechtsprechung – ähnlich wie *Stürner* – ihre Substantiierungslast herab und fordert lediglich „tatsächliche Anhaltspunkte", die eine willkürlich „aufs Geratewohl" oder „ins Blaue hinein" aufgestellte Behauptung verhindern.[780]

VI. Entschuldbarkeit der Unkenntnis als notwendiges Kriterium?

In der Deutung *Stürners* genügen die Anhaltspunkte für eine allgemeine Aufklärungspflicht der Gegenseite nur dann, wenn sich die darlegungs- und beweisbelastete Seite in einer typischen Unkenntnis befindet.[781] Eine typische Unkenntnis sei gegeben bei Vorgängen, die sich im Geschäfts- oder Persönlichkeitsbereich des anderen Teils spielen. In solchen Fällen sei die risikobelastete Partei von dem wirklichen Ablauf der Sachverhaltsgestaltung so weit entfernt, dass keine genauen und umfassenden Angaben von ihr verlangt werden dürfen. Ihr Informationsdefizit müsse dann durch Aufklärungen der Gegenseite ausgeglichen werden. Beruhe die Unkenntnis der risikobelasteten Partei hingegen auf eigenem Verschulden, dann sei der Auskunftsanspruch ausgeschlossen. Wer eigene Informationsmöglichkeiten versäume, könne die selbstverschuldete Unkenntnis nicht durch die Inanspruchnahme der Gegenpartei ausgleichen.[782] *Stürner* beschränkt somit den allgemeinen Auskunftsanspruch auf Fälle entschuldbarer Unkenntnis.

Ob die „Entschuldbarkeit" ein geeignetes Kriterium für die Begründung einer allgemeinen Aufklärungspflicht darstellt, ist jedoch m. E. fragwürdig. Es ist schwer zu verstehen, warum einer Partei, die z. B. aus Unachtsamkeit eigene Unterlagen verloren hat oder aus Vergesslichkeit früher vorhandene Informationsmöglichkeiten nicht genutzt hat, ein Auskunftsanspruch versagt werden soll, selbst wenn ihrem Gegner die Erfüllung des Informationsanspruchs unschwer möglich ist. Warum soll dieser davon profitieren, dass die andere Partei schlecht organisiert ist?[783]

---

780 BGH v. 25.04.1995, NJW 1995, S. 2111 (2112); BGH v. 29.9.1999, NJW-RR 2000, S. 273 (275); BGH v. 5.4.2001, NJW 2001, S. 2327 (2328 f.); BGH v. 13.11.2013, NJW-RR 2014, S. 545 (546). Auch Yargitay 13. HD. v. 17.09.2014, E. 2014/26607 K. 2014/27487 (UYAP Bilgi Bankası); vgl. in diesem Zusammenhang auch die von der deutschen Rechtsprechung entwickelte sog. „sekundäre Behauptungslast", siehe oben Zweiter Teil § 4 I.1.

781 Stürner, Die Aufklärungspflicht der Parteien des Zivilprozesses, 1976, S. 119 ff.

782 Stürner, Die Aufklärungspflicht der Parteien des Zivilprozesses, 1976, S. 338.

783 Osterloh-Konrad, Der allgemeine vorbereitende Informationsanspruch, 2007, S. 200.

Gewiss spielt die Eigenverantwortung im Zivilprozess eine wichtige Rolle. Wer die Möglichkeit hat, sich ausreichend zu informieren, sollte die andere Partei nicht belästigen.[784] Aber in den Fällen, in denen sich eine Partei – gleichgültig, ob sie die erforderliche Sorgfalt angewandt hat – trotz Ausschöpfung sämtlicher verfügbarer Informationsmöglichkeiten in einer Informationsnot befindet, droht ihr die Gefahr der Nichtdurchsetzung ihres Hauptanspruchs. Die Mühen des Anspruchsgegners bei der Informationsbeschaffung hingegen wiegen im Vergleich zu dieser Gefahr meist nicht sonderlich schwer.[785] Freilich kann hiervon abgewichen werden, sofern die Abwägung der gegenseitigen Interessen ein anderes Bild vermittelt. Stellt nämlich die Informationsbeschaffung eine unzumutbare Belastung für den Anspruchsgegner dar, sollte er von seiner Aufklärungspflicht befreit werden.[786] Dies betrifft jedoch die „Zumutbarkeitsprüfung“ im Wege der Interessenabwägung, nicht hingegen die Frage, ob die Entschuldbarkeit der Unkenntnis überhaupt ein fester Bestandteil des allgemeinen prozessualen Auskunftsanspruchs sein sollte.

Gewiss kann eine vorsätzliche Informationsvernichtung – wie z. B. die bewusste Vernichtung einer Urkunde in Kenntnis ihrer Bedeutung – im Einzelfall zu einem Ausschluss des Informationsanspruchs führen.[787] In solchen Fällen findet der Grundsatz *venire contra factum proprium* (das Verbot widersprüchlichen Verhaltens) Anwendung, welcher das treuwidrige Informationsbegehren ausschließt.[788] Dies bedeutet jedoch nicht, dass ein Auskunftsanspruch allein deswegen versagt werden muss, weil der Anspruchsteller seine Unkenntnis selbst verschuldet hat.[789] An dieser Stelle könnte ein Blick auf die Entscheidung des BGH über die Herleitung eines Auskunftsanspruchs aus § 242 BGB hilfreich sein. Er bejaht dort das Recht des Anspruchstellers auf Einsicht in den Vertragsunterlagen des Gegners, weil er sein eigenes Vertragsexemplar verloren hat und es dem Gegner unschwer sei, nötige Informationen zu beschaffen. Dieses Recht beschränke sich nicht auf den Fall, dass dem Berechtigten das Vertragsexemplar ohne sein Verschulden abhanden gekommen ist. Er führt weiter aus: „Wenn sein Verlangen nicht aus besonderen Gründen

---

784 Stürner, Die Aufklärungspflicht der Parteien des Zivilprozesses, 1976, S. 336.

785 Osterloh-Konrad, Der allgemeine vorbereitende Informationsanspruch, 2007, S. 203.

786 Vgl. Osterloh-Konrad, Der allgemeine vorbereitende Informationsanspruch, 2007, S. 201, 204.

787 Vgl. BGH v. 28.11.1989, NJW 1990, S. 1358 (1358).

788 Osterloh-Konrad, Der allgemeine vorbereitende Informationsanspruch, 2007, S. 204.

789 Osterloh-Konrad, Der allgemeine vorbereitende Informationsanspruch, 2007, S. 204; Beckhaus, Die Bewältigung von Informationsdefiziten bei der Sachverhaltsaufklärung, 2010, S. 331 f. Beide Autoren befürworten dafür, das Verschulden bei der Verteilung der für die Informationsbeschaffung nötigen Kosten zu berücksichtigen. Für die Gegenansicht: Winkler v. Mohrenfels, Abgeleitete Informationsleistungspflichten im deutschen Zivilrecht, 1986, S. 59.

mutwillig oder missbräuchlich erscheint, kommt es nicht entscheidend darauf an, wie und warum er in die Lage geraten ist, erneut um Auskunft bitten zu müssen".[790]

Schließlich lässt sich noch ein weiterer Gesichtspunkt für die Ablehnung des Entschuldbarkeitserfordernisses als Voraussetzung der allgemeinen Aufklärungspflicht anführen. Keine von den oben untersuchten europäischen und internationalen Harmonisierungsvorschriften setzt eine solche Begrenzung voraus. Im Gegenteil sehen sie einen weitgehenden Zugang zu gegnerischen Informationen vor, unabhängig davon, ob sich das Informationsbegehren aus einer typischen oder untypischen Unkenntnis ergibt.[791]

VII. Vereinbarkeit mit dem Urkundenprinzip des türkischen Rechts?

Es kann schließlich gefragt werden, inwieweit die Annahme einer allgemeinen Aufklärungspflicht mit dem Prinzip des Urkundenbeweises des türkischen Rechts vereinbar ist. Dieses Prinzip begrenzt im Grunde die Mitwirkung der Parteien an der Sachverhaltsermittlung, indem es für die Aufklärung des Rechtsstreits bei bestimmten Rechtsgeschäften nur den Urkundenbeweis zulässt. Gelingt es der beweisbelasteten Partei nicht, eine solche Urkunde vorzulegen, bleibt ihre Suche nach der Wahrheit vor vornehinein ausgeschlossen. Das Gericht muss nicht tätig werden, solange die beweisbelaste Partei keine solche Urkunde vorlegt. Dies führt jedoch zu enorm passiven Parteien und beeinträchtigt die Suche nach der Wahrheit.

Die Lehre von der allgemeinen prozessualen Aufklärungspflicht könnte m.E. ein geeignetes Mittel sein, die Unzulänglichkeiten des Urkundenprinzips zu überwinden. Würde nämlich die beweisbelastete Partei, die sich in einer Informationsnot befindet und ihre Behauptung normalerweise durch eine Urkunde zu beweisen hat, hinreichende Anhaltspunkte für den Hauptanspruch vorliegen, wäre der Gegner dann zur Aufklärung verpflichtet. Wenn seine Erklärungen vor dem Gericht schriftlich protokolliert werden, können sie ggf. als Anfangsbeweis dienen und zur Befreiung der beweisbelasteten Partei von der Beweismittelbeschränkung führen.[792] Eine solche Lösung ist der türkischen Rechtsprechung nicht völlig fremd. Wie an anderer Stelle dargelegt[793], weicht sie in vielen Fällen vom Urkundenprinzip ab, wenn eine Lebenserfahrung für die Richtigkeit der Behauptung der beweisbelasteten Partei

790 BGH v. 28.4.1992, NJW-RR 1992, S. 1072 (1074); BGH v. 14.04.1988, NJW-RR 1988, S. 1072 (1073).

791 In neuerer Zeit wurde von *Beckhaus* die Ausschöpfung sämtlicher verfügbaren Informationsquellen von der Partei in Informationsnot als Voraussetzung der Aufklärungspflicht der Gegenpartei vorgesehen, Beckhaus, Die Bewältigung von Informationsdefiziten bei der Sachverhaltsaufklärung, 2010, S. 404.

792 Für die Bewertung der schriftlichen Protokolle vor dem Gericht als Anfangsbeweis: Yavaş, Senetle İspat ve Senede Karşı Senetle İspat Kuralları ile Bu Kuralların İstisnaları, 2009, S. 272.

793 Siehe oben Zweiter Teil § 4 II.2.

spricht. Welche nachteiligen Konsequenzen der Verweis auf einen so unbestimmten Begriff wie „Lebenserfahrung“ hat, wurde jedoch bereits dargelegt.[794] Es wäre daher deutlich vorteilhafter, das Urkundenprinzip nicht zugunsten der allgemeinen Lebenserfahrung – was auch immer damit im Einzelnen gemeint sein soll –, sondern zugunsten einer allgemeinen prozessualen Aufklärungspflicht zurückzudrängen.

VIII. Schlussfolgerungen

Die obigen Ausführungen zeigen, dass die Anerkennung einer allgemeinen prozessualen Aufklärungspflicht der Gegenpartei – anders als von Gegnern vielfach behauptet – der Systematik des deutschen Zivilprozesses keinesfalls entgegensteht. Aufgrund der vergleichbaren Systematik des türkischen mit dem deutschen Zivilprozess ist eine solche Pflicht auch aus türkischer Sicht sachgerecht. Sie ist problemlos mit den Verfahrensgrundsätzen und der Verteilung des Beweisrisikos in beiden Ländern vereinbar. Der Gegenansicht ist aber darin zuzustimmen, dass es derzeit keine hinreichende gesetzliche Basis dafür gibt, diese Pflicht bereits *de lege lata* anzuerkennen. Eine ausreichende Basis für eine entsprechende Analogie ist auch im türkischen Recht schwer belegbar.

An dieser Stelle ist noch einmal auf die ambivalente Haltung des BGH gegenüber den prozessualen Aufklärungspflichten hinzuweisen. Er lehnt grundsätzlich eine allgemeine prozessuale Aufklärungspflicht der nicht beweisbelasteten Partei ab, bringt sie jedoch im Einzelfall wie selbstverständlich zur Anwendung.[795] Durch die richterrechtlich entwickelten verschiedenartigen Auskunftsansprüche kommt der deutsche Zivilprozess in der Praxis der Lehre *Stürners* im Ergebnis sehr nah. Hier ist die vom BGH gewohnheitsrechtlich anerkannte „sekundäre Behauptungslast“ besonders bemerkenswert, weil sich ihre Voraussetzungen und Rechtsfolgen mit der Lehre der allgemeinen Aufklärungspflicht frappierend ähneln.[796]

Ein anderer bemerkenswerter Punkt ist die Übereinstimmung der Lehre von der allgemeinen Aufklärungspflicht mit der internationalen Rechtsentwicklung. Die europäischen und internationalen Harmonisierungsbestrebungen fordern ähnlich wie *Stürner* weitgehende prozessuale Möglichkeiten für die Heranziehung der nicht beweispflichteten Gegenpartei in die Sachverhaltsaufklärung.[797] Um eine ausufernde Sachverhaltsaufklärung und Ausforschung des Gegners zu verhindern, verpflichtet die überwiegende Mehrheit der Regelwerke die auskunftsbegehrende Partei zu einer gewissen Substantiierung ihrer Behauptung, wie es auch in der Lehre *Stürners* der Fall ist.

---

794 Siehe oben Zweiter Teil § 4 III.2.c).
795 Waterstraat, ZZP 118 (2005), S. 459 (460).
796 Siehe oben Vierter Teil § 8 IV.
797 Siehe oben Dritter Teil § 5.

Gesamtergebnis

Die Gestaltung des Zivilprozesses nach der Verhandlungs- und Dispositionsmaxime sollte nicht so verstanden werden, dass der Zivilprozess auf die Suche nach materieller Wahrheit gänzlich verzichtet und sich auf eine rein formelle Wahrheit beschränkt. Im Gegenteil bezweckt der Zivilprozess eine der materiellen Wahrheit entsprechende Entscheidung. Die Verfahrensmaximen bestimmen nur die Methode dieser Wahrheitsfindung. Ein so festgesetzter Prozesszweck erfordert eine möglichst erschöpfende Ermittlung des Sachverhaltes. Dies sollte im Zivilprozess vorrangig durch die Stärkung der Parteipflichten verwirklicht werden, weil sie einerseits als Herren des Verfahrens die größte Verantwortung für die Stoffsammlung tragen und andererseits als unmittelbare Wissensträger eine sehr wichtige Rolle für die Aufklärung des Sachverhalts einnehmen.

Zwar haben die prozessualen Aufklärungspflichten der Parteien durch jüngste Reformen in Deutschland und der Türkei eine erhebliche Erweiterung erfahren, dennoch sind sie für die Beseitigung der bestehenden Informationsdefizite im deutschen und türkischen Zivilprozesses immer noch unzureichend. Insbesondere in Fällen, in denen die darlegungs- und beweisbelastete Partei keine nähere Kenntnis der maßgebenden Tatsachen besitzt, während der Gegner sie hat und ihm nähere Angaben zumutbar sind, eröffnen die gesetzlichen Vorschriften nur eingeschränkte Lösungsmöglichkeiten. Um diesbezügliche Unzulänglichkeiten des geschriebenen Rechts bewältigen zu können, greifen die Gerichte beider Länder korrigierend ein und bedienen sich unterschiedlicher Hilfsinstrumente, um den als unbillig empfundenen Prozessverlust der risikobelasteten Partei wegen eines Informationsdefizits zu verhindern. Diese Instrumentalisierung bringt jedoch gleichzeitig Unklarheiten und Unsicherheiten in beiden Ländern mit sich, sodass diese Instrumente in der Rechtspraxis nicht einheitlich eingesetzt werden; das gilt insbesondere in Bezug auf ihre Voraussetzungen, ihre Reichweite, sowie die Rechtsfolgen für die Prozessbeteiligten.

Der von der deutschen Lehre entwickelte Ansatz einer allgemeinen prozessualen Aufklärungspflicht der Parteien könnte diesbezügliche Probleme des deutschen und türkischen Zivilprozesses weitgehend lösen. Durch die Annahme einer allgemeinen prozessualen Mitwirkungspflicht der nicht beweisbelasteten Partei könnte eine einheitliche Lösung im Bereich der Informationsbeschaffung geschaffen werden, deren Voraussetzungen und Rechtsfolgen für die Prozessparteien vorhersehbar sind. Dabei sind natürlich weiterhin auch die berechtigten Belange der aufklärungspflichtigen Partei zu berücksichtigen. Dies wird in der Lehre *Stürners* nicht außer Acht gelassen. Daher werden von ihm zum Schutz besonders anerkennenswerter Interessen der aufklärungspflichtigen Partei einige Ausnahmen von der allgemeinen Aufklärungspflicht zugelassen.[798] Ferner wird in der Lehre der allgemeinen Aufklärungspflicht

798 Siehe oben Vierter Teil § 8 II.1.

keine voraussetzungslose Inanspruchnahme der nicht beweisbelasteten Partei vorgesehen. Im Gegenteil ist sie nur dann zur Mitwirkung heranzuziehen, wenn die beweisbelastete Partei ein bestehendes Informationsdefizit nicht auf zumutbare Weise selbst beseitigen kann.[799] Außerdem kommt die Aufklärungspflicht der nicht beweisbelasteten Partei nur dann in Frage, wenn die beweisbelastete Partei hinreichende Anhaltspunkte für ihre Behauptung vortragen kann. Die Parteien müssen daher nicht automatisch zu Beginn des Verfahrens von sich aus alle relevanten Informationen preisgeben, wie es im *Discovery–Verfahren* nach US-amerikanischen Vorbild der Fall ist. Aus diesem Grund ist die Etablierung einer allgemeinen Aufklärungspflicht der Parteien nach dem Vorbild der Lehre *Stürners* nicht als eine Verfahrensweise einzustufen, die dem deutschen und türkischen Recht grundsätzlich fremd ist.

Mit einer einheitlichen allgemeinen Aufklärungspflicht ließen sich ferner die Ziele der ZPO-Reformen in Deutschland und der Türkei besser verwirklichen. Eine schnelle und effiziente Streitbeendigung und nachhaltige Streitbeilegung sind gemeinsame Hauptanliegen der deutschen und türkischen Reformgesetzgeber. Die erweiterten Parteipflichten zur Mitwirkung an der prozessualen Stoffsammlung würden eine frühe und erschöpfende Sachverhaltsaufklärung ermöglichen und zu einer besseren Gewährleistung der materiellen Gerechtigkeit im Zivilprozess führen. Dadurch könnte auch die Akzeptanz der Gerichtsurteile sowie die Effizienz der Streitbeilegung erhöht werden. Weiter könnten sich Deutschland und die Türkei durch eine so erweiterte prozessuale Aufklärungspflicht schneller an die internationalen Entwicklungen anpassen. Die Schaffung umfassender prozessualer Informationsbeschaffungspflichten steht – unabhängig von der Beweislastverteilung – auch im Zentrum der europäischen und internationalen Harmonisierungsbestrebungen. Die einschlägigen Regelwerke fordern dabei überwiegend die Erzwingbarkeit der Informationserteilung bereits im laufenden Prozess. Die Lehre *Stürners* genügt durch die widerlegbare Wahrheitsfiktion als Sanktion für Pflichtverletzungen auch dieser Forderung.[800]

Abschließend ist festzustellen, dass Deutschland und die Türkei sich auf dem richtigen Weg befinden, indem sie insbesondere in jüngster Zeit die Parteipflichten unabhängig vom materiellen Recht rein auf prozessualer Ebene erweitert haben. Der entscheidende Schritt hierfür war die Erweiterung der prozessualen Vorlagepflichten. Anders als in der Türkei wurden diese Reformen in Deutschland bedauerlicherweise nicht im Rahmen der Parteiaktivität, sondern im Rahmen der Richteraktivität umgesetzt. Die Neugestaltung der Vorlagepflichten als echte Parteipflichten könnte hingegen die Forderungen der Rechtspraxis und der internationalen Rechtsentwicklung in Deutschland besser erfüllen. Ebenso wäre dies besser mit der Verhandlungsmaxime vereinbar.

---

799 Beckhaus, Die Bewältigung von Informationsdefiziten bei der Sachverhaltsaufklärung, 2010, S. 257.

800 Siehe oben Vierter Teil § 8 II.1.

Insgesamt kann man festhalten, dass der türkische und deutsche Zivilprozess durch jüngste Reformen ein informationsfreundlicheres Bild erhalten haben. Die von den Rechtsprechungen entwickelten vielfaltigen Informationsbeschaffungsmöglichkeiten verstärken diesen Eindruck. Langfristig gesehen bedarf es hingegen in beiden Ländern einer klaren und einheitlichen Normierung der Mitwirkungspflichten der Parteien. Der von der deutschen Lehre entwickelte Ansatz einer allgemeinen Aufklärungspflicht der Parteien bildet hier einen vielversprechenden Lösungsansatz.

Literaturverzeichnis

Alangoya, Yavuz: Medeni Usul Hukukunun Amacı ve Sosyal Karakteri Açısından Hukuk Muhakemeleri Kanun Tasarısı'nın Bazı Hükümlerinin Değerlendirilmesi, in: Medeni Usul ve İcra-İflas Hukukçuları Toplantısı V, Ankara 2006, S. 33–54.

Alangoya, Yavuz: Medeni Usul Hukukunda Vakıaların ve Delilllerin Toplanmasına İlişkin İlkeler, İstanbul 1979.

Alangoya, Yavuz: „Senede Karşı Senetle İspat" Kuralı ve „Hayatın Olağan Akışı" Kavramı, in: Prof. Dr. Necip Kocayusufpaşaoğlu için Armağan, Ankara 2004, S. 521–531.

Alangoya, Yavuz/Yıldırım, M. Kamil/Deren-Yıldırım, Nevhis: Medeni Usul Hukuku Esasları, 8. Auflage, Istanbul 2011.

Albayrak, Hakan: Medeni Usul ve İcra İflas Hukukunda Yaklaşık İspat, Ankara 2013.

Allner, Uwe: Die tatsächliche Vermutung mit besonderer Berücksichtigung der GEMA-Vermutung, Pfaffenweiler 1993.

Amschewitz, Dennis: Die Durchsetzungsrichtlinie und ihre Umsetzung im deutschen Recht, Tübingen 2008.

Anzinger, M. Heribert: Anscheinsbeweis und tatsächliche Vermutung im Ertragsteuerrecht, Baden-Baden 2006.

Arens, Peter: Zur Aufklärungspflicht der nicht beweisbelasteten Partei im Zivilprozeß, in: ZZP 96 (1983), S. 1–24.

Arslan, Aziz Serkan: Medeni Usul Hukukunda Delillerin Toplanmasi ve Doğrudanlik İlkesi, Ankara 2012.

Arslan, Ramazan: Medeni Usul Hukukunda Dürüstlük Kuralı, Ankara 1989.

Atalay, Oğuz: Emare İspatı, in: MBD 1999/70, S. 7–22.

Atalay, Oğuz: Medeni Usul Hukukunda Menfi Vakıaların İspatı, Izmir 2001.

Bahlmann, Anika: ZPO-Reform 2002: Stärkung der ersten Instanz? Eine Untersuchung zu §§ 139 und 278 ZPO n. F. (Europäische Hochschulschriften – Reihe II), Frankfurt am Main 2006.

Başözen, Ahmet: Medeni Usul Hukukunda İlk Görünüş İspatı, Ankara 2010.

Baumbach, Adolf/Lauterbach, Wolfgang/Albers, Jan/Hartmann, Peter: Zivilprozessordnung, 75. Auflage, München 2017.

Baumgärtel, Gottfried: Die Bedeutung der sog. „tatsächlichen Vermutung" im Zivilprozeß – eine Analyse der Rechtsprechung –, in: Gottwald, Peter et al. (Hrsg.), Festschrift für Karl Heinz Schwab zum 70. Geburtstag, München 1990, S. 43–51.

Baur, Fritz: Funktionswandel des Zivilprozesses? in: Gernhuber, Joachim (Hrsg.), Festschrift gewidmet der Tübinger Juristenfakultät zu ihrem 500jährigen Bestehen 1977 von ihren gegenwärtigen Mitgliedern, Tübingen 1977, S. 159–175.

Baur, Fritz: Parteirechte und Richterpflichten im modernen Zivilprozeß-Wandlungen und Erfahrungen, in: AnwBl 1986, S. 424–428.

Baur, Fritz: Wege zu einer Konzentration der mündlichen Verhandlung im Prozess, Berlin 1966.

Beckhaus, Gerrit M.: Die Bewältigung von Informationsdefiziten bei der Sachverhaltsaufklärung, Tübingen 2010.

Bender, Rolf: Funktionswandel der Gerichte? in: ZRP 1974, S. 235–238.

Benedicter, Gregory Stephan: Die Sachverhaltsermittlung im Zivilprozess, Erlangen-Nürnberg 2005.

Bernhardt, Wolfgang: Das Zivilprozeßrecht, 3. Auflage, Berlin 1968.

Bernhardt, Wolfgang: Die Aufklärung des Sachverhalts im Zivilprozess, in: Bernhardt, Wolfgang et al. (Hrsg.), Festgabe zum Siebzigsten Geburtstag von Leo Rosenberg, München 1949, S. 9–50.

Brandt, Verena: Das englische Disclosure-Verfahren, Tübingen 2015.

Brehm, Wolfgang: Die Bindung des Richters an den parteivortrag und Grenzen freier Verhandlungswürdigung, Tübingen 1982.

Chudoba, Gerd: Der ausforschende Beweisantrag, Berlin 1993.

Cohn, Ernst J.: Zur Ideologie des Zivilprozeßrechts, in: Kaufmann, Hilde et al. (Hrsg.), Erinnerungsgabe für Max Grünhut (1893–1964), Marburg 1965, S. 31–45.

Çağa, Tahir: Hukuk Usulü Muhakemeleri Kanununun Tadiline Dair Proje Hakkinda Bir Rapor, in: İBD 1949, S. 13–27.

de Boor, Hans Otto: Die Auflockerung des Zivilprozesses. Ein Beitrag zur Prozeßreform. Schriftenreihe der Akademie für deutsches Recht, Gruppe Bürgerliche Rechtspflege, Nr. 1., Tübingen 1939.

Demir, Mehmet: Hekimin Sözlesmeden Dogan Sorumlulugu, in: AÜHFD 2008/3, S. 225–252.

Deren-Yıldırım, Nevhis: Die Eventualmaxime oder der Konzentrationsgrundsatz? – Führen alle Wege nach Rom? in: Meller, Hannich et al. (Hrsg.), Festschrift für Eberhard Schilken zum 70. Geburtstag, München 2015, S. 235–248.

Deren-Yıldırım, Nevhis: Die Kooperationsmaxime und ihre ideologischen Aspekte, in: Bittner, Ludwig et al. (Hrsg.), Festschrift für Walter H. Rechberger zum. 60. Geburtstag, Wien 2005, S. 103–113.

Deren-Yıldırım, Nevhis: Hakimle Tarafların İşbirliği İlkesi ve Yarattığı İdeolojik Çağrışımlar, 75. Yaş Günü için Prof. Dr. Baki Kuru Armağanı, Ankara 2004, S. 817–832.

Deubner, Karl Günther: Gedanken zur richterlichen Verfahrensbeschleunigungspflicht, in: Prütting, Hanns et al. (Hrsg.), Festschrift für Gerhard Lüke zum 70. Geburtstag, München 1997, S. 51–63.

Diederichsen, Uwe: Zur Rechtsnatur und systematischen Stellung von Beweislast und Anscheinsbeweis, in: VersR 1966, S. 211–222.

Dütz, Wilhelm: Funktionswandel des Richters im Zivilprozeß?, ZZP 87 (1974), S. 361–403

Erdönmez, Güray: Adi Ve Resmi Senette Sahtelik Iddiasinin Hukuk Davalarina Ve Icra Takiplerine Etkisi, TBBD 2016/123, S. 147–208.

Erdönmez, Güray: Hukuk Muhakemeleri Kanunu'na göre Delillerin Gösterilmesi ve Ibrazı, in: İBD 2013/5, 15–53.

Erdönmez, Güray: Medeni Usul Hukukunda Belgelerin İbrazı Mecburiyeti, İstanbul 2010.

Eren, Fikret: Borclar Hukuku Genel Hükümler, 18. Auflage, Ankara 2015.

Ermenek, İbrahim: Hukuk Muhakemeleri Kanuna Göre Ön İnceleme, in: İNÜHFD 2011/1, S. 139–175.

Gaul, Hans Friedhelm: Der Zweck des Zivilprozesses- Ein Anhaltend Aktuelles Thema-, in: Yıldırım, M. Kamil (Hrsg.), Zivilprozessrecht im Lichte der Maximen, Istanbul 2001, S. 68–96.

Gaul, Hans Friedhelm: Zur Frage nach dem Zweck des Zivilprozesses, in: AcP 168 (1968), S. 27–62.

Gilles, Peter: Zum Bedeutungszuwachs und Funktionswandel des Prozeßrechts, in: JuS 1981, S. 402–409.

Goldschmidt, James: Der Entwurf einer Zivilprozeßordnung, in: JW 1931, S. 2444.

Gottwald, Peter: Die Principles of Transnational Civil Procedure und das deutsche Zivilprozessrecht, in: Stürner, Rolf et al. (Hrsg.), Festschrift für Dieter Leipold zum 70. Geburtstag, Tübingen 2009, S. 33–45.

Gottwald, Peter: Empfehlen sich im Interesse eines effektiven Rechtsschutzes Maßnahmen zur Vereinfachung, Vereinheitlichung und Beschränkung der Rechtsmittel und Rechtsbehelfe des Zivilverfahrensrechts? – Gutachten A, in: Ständige Deputation des Deutschen Juristentages (Hrsg.), Verhandlungen des einundsechzigsten Deutschen Juristentages – Karlsruhe 1996, Band I (Gutachten), München 1996, S. A 1–109.

Göertz, Susann: Beweislastumkehr bei der Kausalität von Aufklärungspflichtverletzungen? – Anmerkung zu BGH, Urt. v. 8. 5. 2012 – XI ZR 262/10, in: BKR 2012, S. 368–377.

Göksu, Mustafa: 6100 Sayılı Hukuk Muhakemeleri Kanunu Çerçevesinde Senetle İspat Kuralları ve Bunların İstisnaları, in: HHFD 2011/1, S. 53–65.

Göksu, Mustafa: Hukuk Yargılamasında Karsı Tarafın Elindeki Belgelere Delil Olarak Basvurulabilmesi, MİHDER 2009/2, S. 251–282.

Greger, Reinhard: Justizreform? Ja, aber ..., in: JZ 2000, S. 842–851.

Greger, Reinhard: Justizreform-und nun?, in: JZ 2002, S. 1020–1029.

Greger, Reinhard: Praxis und Dogmatik des Anscheinsbeweises, in: VersR 1980, S. 1091–1104.

Gruber, Peter/Kießling, Erik: Die Vorlagepflichten der §§ 142 ff: ZPO nach der Reform 2002, in: ZZP 116 (2003), S. 305–333.

Grunsky, Wolfgang: Grundlagen des Verfahrensrechts, 2. Auflage, Bielefeld 1974.

Haedicke, Maximilian: Informationsbefugnisse des Schutzrechtsinhabers im Spiegel der EG-Richtlinie zur Durchsetzung der Rechte des geistigen Eigentums, in: Ohly, Ansgar et al. (Hrsg.), Perspektiven des Geistigen Eigentums und Wettbewerbsrechts – Festschrift für Gerhard Schricker zum 70. Geburtstag, München 2005, S. 19–32.

Häsemeyer, Ludwig: Parteivereinbarung über präjudizielle Rechtsverhältnisse zur Fragwürdigkeit der Parteidisposition als Urteilsgrundlage, in: ZZP 85 (1972), S. 207–228.

Hellwig, Konrad: Lehrbuch des deutschen Zivilprozessrechts, Leipzig 1907.

Hergenröder, Curt Wolfgang: Zivilprozessuale Grundlagen richterlicher Rechtsfortbildung, Tübingen 1995.

Heß, Katja: Wahrheits- und Aufklärungspflicht im Zivil- und Arbeitsgerichtsprozeß, Saarbrücken 2006.

Hippel, Fritz von: Wahrheitspflicht und Aufklärungspflicht der Parteien im Zivilprozess, Frankfurt am Main 1939.

Hirtz, Bernd: Die Zukunft des Zivilprozesses, in: NJW 2014, S. 2529–2533.

Hök, Götz-Sebastian: Obliegenheitsverletzung durch fehlende Substantiierung: zum Parteivorbringen bei Informationsgefälle, in: MDR 1995, S. 773–779.

Hommerich, Christoph/Prütting, Hanns/Ebers, Thomas/Lang, Sonja/Traut, Ludger: Rechtstatsächliche Untersuchung zu den Auswirkungen der Reform des Zivilprozessrechts auf die gerichtliche Praxis – Evaluation ZPO-Reform, Bundesanzeiger 2007.

Huber, Stefan: Entwicklung transnationaler Modellregeln für Zivilverfahren, Tübingen 2008.

Hug, Peter: Die Wahrheitspflicht der Parteien im Zivilprozess nach den Prozessrechten des Eidgenössischen Standes Zürich und die Vergleichung des heutigen Zustandes mit § 138, Abs. 1 der Deutschen Zivilprozess-Novelle vom 27. Oktober 1933, Zürich 1943.

Jacoby, Sidney B.: Das Erforschungsverfahren im Amerikanischen Zivilprozeß – Vorschläge für eine Reform der ZPO, in: ZZP 74 (1961), S. 145–165.

Janal, Ruth M.: Europäisches Zivilverfahrensrecht und Gewerblicher Rechtsschutz, Tübingen 2015.

Kapoor, Arun: Die neuen Vorlagepflichten für Urkunden und Augenscheinsgegenstände in der Zivilprozessordnung, Baden-Baden 2009.

Karaaslan, Varol: Medeni Usul Hukukunda Hakimin Davayı Aydınlatma Ödevi, Ankara 2013.

Katzenmeier, Christian: Aufklärungs-/Mitwirkungspflicht der nicht beweisbelasteten Partei im Zivilprozeß, in: JZ 2002, S. 533–540.

Keser, Leyla: İlk Görünüş İspatı, in: Prof. Dr. Mahmut Tevfik Birsel'e Armağan, Izmir 2001, S. 231–251.

Kläsener, Amy Cohen/Dolgurokow Alexander: Die Überarbeitung der IBA-Regeln zur Beweisaufnahme in der internationalen Schiedsgerichtsbarkeit, in: SchiedsVZ 2010, S. 302–310.

Klein, Franz: Zeit- und Geistesströmungen im Prozesse? 2. Auflage, Frankfurt am Main 1958.

Koch, Raphael: Mitwirkungsverantwortung im Zivilprozess, Tübingen 2013.

Konuralp, Haluk: Yazılı Delil Baslangıcı, Ankara 1988.

Kraatz, Erik: Der Einfluss der Erfahrung auf die tatrichterliche Sachverhaltsfeststellung: Zum „strafprozessualen“ Anscheinsbeweis, Berlin 2011.

Kraayvanger, Jan/Hilgard, Mark C.: Urkundenvorlegung im Zivilprozess Annäherung an das amerikanische "discovery"-Verfahren?, in: NJ 2003, S. 572–575.

Kress, Otto: Die Wahrheitspflicht im Zivilprozeß und ihre Sanktionen, Tübingen 1939.

Kuru, Baki: Hukuk Davalarının Uzaması Sebepleri, in: Makaleler, İstanbul 2006, S. 99–116.

Kuru, Baki: Hukuk Davalarında Yargılmanın Çabuklaştırılması için Alınması Gereken Tedbirler, in: Makaleler, İstanbul 2006, S. 117–139.

Kuru, Baki: Hukuk Muhakemeleri Usulü, Cilt II, 6. Auflage, Istanbul 2001.

Kuru, Baki/Arslan, Ramazan/Yılmaz Ejder: Medeni Usul Hukuku Ders Kitabı, 23. Auflage, Ankara 2012.

Lang, Johannes: Die Aufklärungspflicht der Parteien des Zivilprozesses vor dem Hintergrund der europäischen Rechtsvereinheitlichung, Berlin 1999.

Lang, Sonja: Die Urkundenvorlagepflicht der Gegenpartei gemäß § 142 Abs. 1 Satz 1 ZPO, Frankfurt am Main 2007.

Laumen, Hans-Willi: Die „Beweiserleichterung bis zur Beweislastumkehr“ – ein beweisrechtliches Phänomen, in: NJW 2002, S. 3739–3746.

Laumen, Hans-Willi: Voraussetzungen und Rechtsfolgen der Beweisvereitelung, in: MDR 2009, S. 177–188.

Leipold, Dieter: Neuere Entwicklungen der Beweislast und der Beweiserleichterungen nach deutschem und europäischem Zivilprozessrecht, in: Ritsumeikan Law Review 25 (2008), S. 77–99.

Leipold, Dieter: Prozeßförderungspflicht der Parteien und richterliche Verantwortung, in: ZZP 93 (1980), S. 237–265.

Leipold, Dieter: Wahrheit und Beweis im Zivilprozess, in: Heldrich, Andreas et al. (Hrsg.), Festschrift für Hideo Nakamura zum 70. Geburtstag, Tokyo 1996, S. 300–320.

Lent, Friedrich: Wahrheitspflicht der Partei im Zivilprozeß, in: JW 1933, S. 2674–2675.

Lorenz, Stephan: Auskunftsansprüche im Bürgerlichen Recht, in: JuS 1995, S. 569–575.

Lorenz, Stephan: Die Neuregelung der pre-trial-Discovery im US-amerikanischen Zivilprozeß-recht-Inspiration für den deutschen und europäischen Zivilprozeß?, in: ZZP 111 (1998), S. 35–65.

Lüderitz, Alexander: Ausforschungsverbot und Auskunftsanspruch bei Verfolgung privater Rechte, Tübingen 1966.

Lüke, Gerhard: Der Informationsanspruch im Zivilrecht, in: JuS 1986, S. 2–7.

Lüke, Gerhard: Die Zurückweisung verspäteten Vorbringens im Zivilprozeß, in: JuS 1981, S. 503–507.

Lüke, Wolfgang/Arens, Peter: Zivilprozessrecht, 10. Auflage, München 2011.

Mantzouranis, Ioannis: Die notwendige Streitgenossenschaft im Zivilprozess, Tübingen 2013.

McGuire, Mary-Rose: Beweismittelvorlage und Auskunftsanspruch nach der Richtlinie 2004/48/EG zur Durchsetzung der Rechte des Geistigen Eigentums – Über den Umsetzungsbedarf im deutschen und österreichischen Prozessrecht, in: GRURInt 2005, S. 15–22.

Menger, Anton: Das Bürgerliche Recht und die besitzlosen Volksklassen, 4. Auflage, Tübingen 1908.

Meriç, Nedim: Medeni Yargılama Hukukunda Tasarruf İlkesi (Hukuk Muhakemeleri Kanunu Hükümleri Çerçevesinde), Ankara 2011.

Meyer, Peter: Wandel des Prozessrechtsverständnisses – vom „liberalen" zum „sozialen" Zivilprozess?, in: JR 2004, S. 1–6.

Münchener Kommentar zur Zivilprozessordnung: Rauscher Thomas et al. (Hrsg.), Band 1 §§ 1–354, 5. Auflage, München 2016; Band 2 §§ 355–945b, 5. Auflage, München 2016.

Musielak, Hans-Joachim: Die sog. tatsächliche Vermutung, in: JA 2010, S. 561–566.

Musielak, Hans-Joachim (Hrsg.): Kommentar zur Zivilprozessordnung, 13. Auflage, München 2016.

Musielak, Hans-Joachim: Reform des Zivilprozesses, Zum Entwurf eines Gesetzes zur Reform des Zivilprozesses (Zivilprozessreformgesetz – ZPO-RG), in: NJW 2000, S. 2769–2779.

Nart, Serdar: Alman ve Türk Hukukunda Senetle İspat, in: DEÜHFD 2007/1, S. 207–232.

Olzen, Dirk: Die Wahrheitspflicht der Parteien im Zivilprozeß, in: ZZP 98 (1985), S. 403–426.

Önen, Sait: Usul Ve Icra Hukuku Sahasinda Yapilan Tecrübeler Ile Elde Edilen Neticeler, Davalarin Sür'atle Neticelendirilmesi Icin Yapilmasi Lazimgelen Hamleler, in: İBD 1948, S. 614–642.

Osterloh-Konrad, Christine: Der allgemeine vorbereitende Informationsanspruch – Zivilrechtliche Auskunfts- und Rechenschaftsansprüche und ihre Funktion im Zivilprozess, München 2007.

Özekes, Muhammet: Medeni Usul Hukukunda Hukuki Dinlenilme Hakkı, Ankara 2003.

Özer, Tülay: HUMK'tan HMK'ya Medeni Usul Kanunu Tasarıları, Istanbul 2012.

Pawlowski, Hans-Martin: Keine Bindung an „Geständnisse" im Zivilprozeß?, in: MDR 1997, S. 7–10.

Pekcanıtez, Hakan: Grundlinien der Reform der Zivilprozessordnung in der Türkei, in: Ritsumeikan Law Review 30 (2013), S. 175–189.

Pekcanıtez, Hakan: Hukuki Dinlenilme Hakkı, in: Prof. Dr. Seyfullah Edis'e Armağan, Izmir 2000, S. 753–789.

Pekcanıtez, Hakan: Hukuk Muhakemeleri Kanun Tasarısının Tanıtımı, in: Medeni Usul ve İcra-İflas Hukukçuları Toplantısı V, Ankara 2006, S. 3–31.

Pekcanıtez, Hakan/Atalay, Oğuz/Özekes, Muhammet: Hukuk Muhakemeleri Kanunu Hükümlerine göre Medeni Usul Hukuku, 13. Auflage, Ankara 2012.

Peters, Egbert: Auf dem Wege zu einer allgemeinen Prozeßförderungspflicht der Parteien?, in: Gottwald, Peter et al. (Hrsg.), Festschrift für Karl Heinz Schwab zum 70. Geburtstag, München 1990, S. 200–408.

Peters, Egbert: Ausforschungsbeweis im Zivilprozess, Köln 1966.

Peters, Egbert: Das richterliche Fragerecht, in: JW 1938, S. 1432–1434.

Peters, Egbert: Richterliche Hinweispflichten und Beweisinitiativen im Zivilprozeß, Tübingen 1983.

Piekenbrock, Andreas: Umfang und Bedeutung der richterlichen Hinweispflicht, in: NJW 1999, S. 1360–1365.

Postacioglu, Ilhan/Altay, Sümer: Medeni Usul Hukuku Dersleri, 7. Auflage, Istanbul 2015.

Prütting, Hanns: Die Strukturen des Zivilprozesses unter Reformdruck und europäischer Konvergenz, in: Gottwald, Peter et al. (Hrsg.), Festschrift für Ekkehard Schumann zum 70. Geburtstag, Tübingen 2001, S. 309–325.

Prütting, Hanns: Discovery im deutschen Zivilprozeß?, in: AnwBl 2008, S. 153–159.

Prütting, Hanns: Gegenwartsprobleme der Beweislast, München 1983.

Prütting, Hanns/Gehrlein, Markus (Hrsg.): ZPO Kommentar, 8. Auflage, Köln 2016.

Rimmelspacher, Bruno: Zivilprozessreform 2002, München 2001.

Rosenberg, Leo: Das neue Zivilprozeßrecht nach dem Gesetz vom 27. Oktober 1933 (RGBI.1780), in: ZZP 58 (1934), S. 283–293.

Rosenberg, Leo: Die Beweislast auf der Grundlage des Bürgerlichen Gesetzbuches und der Zivilprozessordnung, 5. Auflage, München 1965.

Rosenberg, Leo/Schwab, Karl Heinz/Gottwald, Peter: Zivilprozessrecht, 17. Auflage, München 2010.

Roth, Herbert: Die Vorschläge der Kommission für ein europäisches Zivilprozeßgesetzbuch – das Erkenntnisverfahren, in: ZZP 109 (1996), S. 271–313.

Roth, Peter: Die Wahrheitspflicht der Parteien im Zivilprozess, Erlangen/Nürnberg 1991.

Rüzgaresen, Cumhur: Medeni Muhakeme Hukukunda Usul Ekonomisi İlkesi, Ankara 2013.

Saenger, Ingo: Grundfragen und aktuelle Probleme des Beweisrechts aus deutscher Sicht, in: ZZP 121 (2008), 139–163.

Saenger, Ingo (Hrsg.): Zivilprozessordnung – Handkommentar, 7. Auflage, Baden-Baden 2017.

Schaefer, Thomas: Was ist denn neu an der neuen Hinweispflicht?, in: NJW 2002, S. 849–853.

Schellhammer, Kurt: Zivilprozess, 15. Auflage, Heidelberg 2016.

Scherer, Gießen: Zweifel des Gerichts an der Wahrheit unstreitiger Tatsachenbehauptungen, in: DRiZ 1996, S. 58–62.

Schlosser, Peter: Die lange deutsche Reise in die prozessuale Moderne, in: JZ 1991, S. 599–608.

Schlosser, Peter: Zivilprozessrecht 1, 2. Auflage, München 1991.

Schmid, Johann Martin: Materielle Wahrheit und Eventualmaxime im bündnerischen Zivilprozessrecht unter besonderer Berücksichtigung des Novenrechts, Zürich 1975.

Schmidt, Eike: Partei- und Amtsmaxime im Zivilprozeß, in: DRiZ 1988, S. 59–61.

Schmidt, Elke: Der Zweck des Zivilprozesses und seine Ökonomie, Frankfurt am Main 1973.

Schmidt, Richard: Die Lüge im Prozeß, in: DJZ 1909, S. 40–45.

Schmude, Lothar: Veränderungen und Entwicklungen des Beweisrechts im deutschen Zivilprozess, in: BRAK-Mitt. 2005, S. 155–159.

Schneider, Egon: Beiträge zum neuen Zivilprozeßrecht (Teil 1), in: MDR 1977, S. 793–797.

Schreiber, Klaus: Zivil- und Zivilprozeßrecht, in: JR 1991, S. 413–416.

Schoofs, Hans-Gert: Entwicklung und aktuelle Bedeutung der Regeln über Geständnis und Nichtbestreiten im Zivilprozess, Münster 1980.

Schwab, Martin: Zivilprozessrecht, 5. Auflage, Heidelberg 2016.

Siegmann, Matthias: Die Beweisführung durch „gegnerische" Urkunden Prozesstaktische Hinweise zu § 142 Abs. 1 ZPO, in: AnwBI 2008, S. 160–162.

Staab, Gerhard Walter: Die Wahrheitspflicht im Zivilprozess, Würzburg 1973.

Stackmann, Nikolaus: Richterliche Anordnungen versus Parteiherrschaft im Zivilprozess?, in: NJW 2007, S. 3521–3526.

Stadler, Astrid: Geheimnisschutz im Zivilprozess aus deutscher Sicht, in: ZZP 123 (2010), S. 261–282.

Stadler, Astrid: Inquisitionsmaxime und Sachverhaltsaufklärung; erweiterte Urkundenvorlagepflichten von Parteien und Dritten nach der Zivilprozeßrechtsreform, in: Nakamura, Hideo et al. (Hrsg.), Festschrift für Kostas E. Beys, dem Rechtsdenker in attischer Dialektik zum 70. Geburtstag, 2. Band, Athen 2003, S. 1625–1647.

Stadler, Astrid: „Was drei wissen, das erfahren hundert" – Auskunftspflichten und Geheimnisschutz im Zivilprozess nach Umsetzung der Richtlinie zur Durchsetzung der Rechte des geistigen Eigentums: in Stürner, Rolf et al.(Hrsg.), Festschrift für Dieter Leipold zum 70. Geburtstag, Tübingen 2009, S. 201–220.

Steeger, Winfried: Die zivilprozessuale Mitwirkungspflicht der Parteien beim Urkunden- und Augenscheinsbeweis, Hamburg 1981.

Stein, Friedrich/Jonas, Martin (Begr.): Kommentar zur Zivilprozessordnung, Band 1 Einleitung, §§ 1–77, 23. Auflage, Tübingen 2014; Band 2 §§ 78–147, 23. Auflage, Tübingen 2016; Band 4 §§ 253–327, 22. Auflage, Tübingen 2008; Band 5 §§ 328–510c, 23. Auflage, Tübingen 2015.

Storme, Marcel (Hrsg.): Rapprochement droit judiciaire de l'Union Europeenne/Approximation of Judiciary Law under the European Union, Dordrecht 1994.

Stürner, Rolf: Anmerkung zum Urteil des BGH vom 11.6.1990, in: ZZP 104 (1991), S. 208–217.

Stürner, Rolf: Die Aufklärungspflicht der Parteien des Zivilprozesses, Tübingen 1976.

Stürner, Rolf: Die „Principles of Transnational Civil Procedure" – Eine Einführung in ihre wichtigsten Grundlagen, in: ZZPInt 11 (2006), S. 381–401.

Stürner, Rolf: Entscheidungen, in: JZ 1976, S. 317–323.

Stürner, Rolf: Parteipflichten bei der Sachverhaltsaufklärung im Zivilprozeß, in: ZZP 98 (1985), S. 237–256.

Stürner, Rolf: The Principles of Transnational Civil Procedure – an Introduction to Their Basic Conceptions, in: RabelsZ 2005, S. 201–254.

Tandoğan, Haluk: Borçlar Hukuku – Özel Borç İlişkileri – Cilt: II, Istanbul 2010.

Tanrıver, Süha: Türk Medeni Usul Hukuku bağlamında hukuka aykırı yollardan elde edilen delillerin durumunun irdelenmesi, in: TBBD 2006/65, S. 368–377.

Tanrıver, Süha: Türk Medeni Yargılama Hukukunda İkrarın Bölünüp Bölünemeyeceği Sorunu, in: TBBD 1993/2, S. 212–243.

Taşpınar, Sema: Fiili Karinelerin Ispat Yükünün Dagılımındaki Rolü, in: AÜHFD 1996/1, S. 533–572.

Taşpınar, Sema: Medeni Yargılama Hukukunda İspat Sözleşmeleri, Ankara 2001.

Taşpınar, Sema: Medeni Yargılamada Amaç Sorunu, in: Av. Dr. Faruk Erem Armağanı, Ankara 1999, S. 759–787.

Tercan, Erdal: Hakimin Davayı Aydınlatma Yükümlülüğü Kapsamında Tarafların Dinlenmesi, in: MİHDER 2011/18, S. 1–56.

Tercan, Erdal: Medeni Usul Hukukunda Tarafların Isticvabı (Tarafların Bilgisine Delil Olarak Başvurulması), Ankara 2011.

Tercan, Erdal: Medeni Usul Hukukunda Gerçeği Söyleme Yükümlülüğü, in: Prof. Dr. Şakir Berki'ye Armağan, Konya 1996, S. 181–212.

Thieme, Paul Hans: Verhandlungsmaxime, richterliche Aufklärungspflicht und Warheitspflicht der Parteien im deutschen Zivilprozeß, Erlangen 1936.

Thomas, Heinz/Putzo, Hans (Begr.): Zivilprozessordnung – Kommentar, 37. Auflage, München 2016.

Topuz, Gökçen: Medeni Usul Hukukunda Karinelerle İspat, Ankara 2012.

Ulukapı, Ömer: Yargıtay Kararları Işığında Medeni Usul Hukukunda Yargılamaya Hakim Olan İlkelerden Taraflarca Hazırlama İlkesi, in: Prof. Dr. Süleyman Arslan'a Armağan, Konya 1998, S. 713–732.

Umar, Bilge/Yılmaz Ejder: Isbat Yükü, 2. Auflage, Istanbul 1980.

Üstündag, Saim: Die Sammlung des Prozesstoffs im Türkischen Zivilprozessrecht und die damit Verbundenen Probleme, in: Schilken, Eberhard et al. (Hrsg.), Festschrift für Hans Friedhelm Gaul zum 70. Geburtstag, Bielefeld 1997, S. 751–757.

Volkmar, Erich: Das neue Zivilprozeßgesetz vom 27. Oktober 1933, in: JW 1933, S. 2427–2437.

Vollkommer, Gregor: Die lange Dauer der Zivilprozesse und ihre Ursachen, in: ZZP 81 (1968), S. 102–135.

Wach, Adolf: Grundfragen und Reform des Zivilprozesses, Berlin 1914.

Wach, Adolf: Handbuch des deutschen Civilprozessrechts, Leipzig 1885

Wach, Adolf: Vorträge über die Reichs-Civilprocessordnung, Bonn 1879.

Wagner, Gerhard: Entwinklungstendenzen und Forschungsperspektiven im Zivilprozess und Insolvenzrecht, in: ZEuP 2008, S. 6–31.

Wagner, Gerhard: Europäisches Beweisrecht – Prozessrechtsharmonisierung durch Schiedsgerichte, in: ZEuP 2001, S. 441–514.

Wassermann, Rudolf: Der soziale Zivilprozeß, Neuwied und Darmstadt 1978.

Waterstraat, Daniel: ALI/UNIDROIT Principles and Rules of Transnational Civil Procedure – Ein Instrument zur Lösung des deutsch-amerikanischen Justizkonflikts bei grenzüberschreitenden Beweisaufnahmen?, Baden-Baden 2006.

Waterstraat, Daniel: Informationspflichten der nicht risikobelasteten Partei im Zivilprozess – Ist die Auffassung des BGH vom Primat des materiellen Rechts als Grundlage für die Erteilung von Auskünften im Prozess heute noch haltbar?, in: ZZP 118 (2005), S. 459–484.

Weyers, Hans-Leo: Über Sinn und Grenzen der Verhandlungsmaxime im Zivilprozeß, in: Dubischar, Roland et al. (Hrsg.), Dogmatik und Methode – Josef-Esser zum 65. Geburtstag, Kronberg 1975, S. 193–224.

Wieczorek, Bernhard/Schütze A. Rolf (Hrsg.): Zivilprozessordnung und Nebengesetze – Großkommentar, Band 3 §§ 128–252, 4. Auflage, Berlin 2013; Band 4 §§ 253–299a, 4. Auflage, Berlin 2013.

Winkler von Mohrenfels, Peter: Abgeleitete Informationsleistungspflichten im deutschen Zivilrecht, Berlin 1986.

Wolf, Manfred: Geständnis zu eigenen lasten und zu Lasten Dritter?, in: Heldrich, Andreas et al. (Hrsg.), Festschrift für Hideo Nakamura zum 70. Geburtstag, Tokyo 1996, S. 685–695.

Yavaş, Murat: Senetle İspat ve Senede Karşı Senetle İspat Kuralları ile Bu Kuralların İstisnaları, Ankara 2009.

Yıldırım, M. Kamil: Der Sachverständige im türkischen Beweisrecht, in: Bittner, Ludwig et al. (Hrsg), Festschrift für Walter H. Rechberger zum. 60. Geburtstag, Wien 2005, S. 749–760.

Yıldırım, M. Kamil: Die Bedeutung des Urkundenbeweises im türkischen Zivilprozeßrecht, in: ZZPInt 3 (1998), S. 379–396.

Yıldırım, M. Kamil: Ein Allgemeiner Überblick über den Türkischen Zivilprozessrecht, in: Waseda Proceeding of Comparative Law, Tokyo 2004, S. 72–90.

Yıldırım, M. Kamil: Gedanken zur Rolle des Richters, in: Meller-Hannich et al. (Hrsg.), Festschrift für Eberhard Schilken zum 70. Geburtstag, München 2015, S. 573–586.

Yıldırım, M. Kamil: Medeni Usul Hukukunda Delillerin Değerlendirilmesi, Istanbul 1990.

Yıldırım, M. Kamil: Senetle Ispat Kuralının Türk Medeni Yargılama Hukukundaki Önemi, in: Ilkeler Isıgı Altında Medeni Yargılama Hukuku, 6. Auflage, Istanbul 2011.

Yılmaz, Ejder: Hukuk Muhakemeleri Kanunu Tasarısı Üzerine Notlar, in: Medeni Usul ve İcra-İflas Hukukçuları Toplantısı V, Ankara 2006, S. 168–209.

Yılmaz, Ejder: Usul Ekonomisi, in: AÜHFD 2008/1, S. 243–274.

Zeiss, Walter/Schreiber, Klaus: Zivilprozessrecht, 12. Auflage, Tübingen 2014.

Zekoll, Joachim/Bolt, Jan: Die Pflicht zur Vorlage von Urkunden im Zivilprozess – Amerikanische Verhältnisse in Deutschland? in: NJW 2002, S. 3129–3134.

Zöller, Richard (Begr.): Zivilprozessordnung – Kommentar, 31. Auflage, Köln 2016.

Zöllner, Wolfgang: Materielles Recht und Prozeßrecht, in: AcP 190 (1990), S. 471–495.

Anhang

Zentrale Vorschriften der türkischen ZPO zur Mitwirkungspflicht der Parteien

Erster Teil – Zweites Kapitel: Grundsätze des Verfahrens

Dispositionsgrundsatz

§ 24 – (1) Der Richter kann ohne ein Antrag einer der Parteien, von selbst ein Verfahren nicht untersuchen und ein Beschluss beschließen.

(2) Ohne dass es im Gesetz ausdrücklich dargelegt wird, ist niemand gezwungen, zu eigenen Gunsten ein Verfahren zu erheben oder sein Recht zu beantragen.

(3) Die Eingriffsbefugnis der Parteien auf die Klagesache führt auch, nachdem das Verfahren eröffnet worden ist, fort.

Beibringungsgrundsatz

§ 25 – (1) Außer den im Gesetz vorgesehenen Ausnahmen, kann der Richter die Aussagen oder Tatsachen, die nicht von einer der Parteien vorgebracht worden sind, nicht von selbst berücksichtigen und darf sich auch nicht einmal eine derartige Anspielung erlauben.

(2) Sofern es nicht gesetzlich vorgesehen ist, kann der Richter von selbst keine Beweisaufnahme durchführen.

Grundsatz der Forderungsabhängigkeit

§ 26 – (1) Der Richter ist an die Abschlüsse der Anträge der Parteien abhängig und kann nicht mehr oder etwas Anderes beschließen. Entsprechend der Sachlage kann er ein minderes Forderungsresultat beschließen.

(2) Die Bestimmungen des Gesetzes, dass der Richter nicht an den Forderungen der Parteien abhängig ist, sind vorbehalten.

Anspruch auf Rechtliches Gehör

§ 27 – (1) Die Parteien des Verfahrens, Nebenkläger und andere, die an dem Verfahren beteiligt sind, haben zu ihren gesetzlichen Rechten ein Anspruch auf rechtliches Gehör.

(2) Dieses Recht beinhaltet folgendes;

a) Über das Verfahren informiert zu sein,
b) Erläuterungs- und Beweisrecht,
c) Dass das Gericht die Erklärungen berücksichtigt und beurteilt und die Urteile konkret und klar begründet.

Öffentlichkeitsgrundsatz

§ 28 – (1) Die Gerichtsverhandlungen und Beschlüsse werden öffentlich bekanntgegeben.

(2) In dem die allgemeine Sittlichkeit oder öffentliche Sicherheit es für erforderlich hält, kann auf Antrag einer der Parteien oder von Amts wegen durch das Gericht beschlossen werden, die Gerichtsverhandlung zum Teil oder komplett nicht öffentlich durchzuführen.

(3) Die Geheimhaltungsforderungen der Parteien werden im Rahmen der Vorfragen in der geheimen Gerichtsverhandlung überprüft und beschlossen. Der Richter wird die Begründungen dieses Beschlusses zusammen in der Sache darüber erlassenen Beschlusses bekannt geben.

(4) Der Richter ermahnt diejenigen, die während des Verfahrens der geheimen Gerichtsverhandlung anwesend sind, darüber, dass sie die Kenntnisse, die sie über das Verfahren bekommen haben, nicht veröffentlichen dürfen und bei Verstoß die Bestimmungen zur Vertraulichkeit des türkischen StGB mit der Gesetzesnummer 5237 vom 26/9/2004 angewendet werden. Die Mahnung wird im Protokoll aufgenommen.

Grundsatz des Treu und Glaubens

§ 29 – (1) Die Parteien sind verpflichtet in Übereinstimmung mit dem Grundsatz des Treu und Glaubens zu handeln.

(2) Die Parteien sind verpflichtet die Erläuterungen über die Tatsachen wahrheitsgemäß zu machen.

Grundsatz der Verfahrensökonomie

§ 30 – Der Richter ist dazu verpflichtet das Verfahren innerhalb einer angemessenen Frist und ordnungsgemäß durchzuführen und unnötige Kosten zu verhindern.

Richterliche Aufklärungspflicht

§ 31 – Der Richter kann bei den Angelegenheiten, die er als formell oder rechtlich unklar oder widersprüchlich erachtet, die Parteien auffordern Erklärungen zu machen, ihnen Fragen stellen und die Beweisführung verlangen.

Die Leitung und Verwaltung des Verfahrens

§ 32 – (1) Das Verfahren wird durch den Richter geleitet und verwaltet; damit die Verfahrensordnung nicht gestört wird, werden alle möglichen Maßnahmen getroffen.

(2) Um den nicht lesbaren oder nicht betreffenden Antrag erneut auszustellen, wird eine angemessene Frist erteilt und dieser Antrag in die Akte beigelegt. Wenn innerhalb der vorgegebenen Frist kein neuer Antrag ausgestellt worden ist, wird erneut keine Frist erteilt.

Dritter Teil – Viertes Kapitel: Vorprüfungsverfahren

Umfang der Vorprüfung

§ 137 – (1) Nachdem die Anträge gegenseitig überreicht worden sind, wird eine Vorprüfung durchgeführt. Das Gericht überprüft in der Vorprüfung die Prozessvoraussetzungen und ersten Einsprüche, stellt die Konfliktsachen vollständig fest, trifft die Vorbereitungen für den Beweisantritt der Parteien und für die Beweiserhebung, verweist die Parteien bei Prozessen, die über ein Dispositionsbefugnis verfügen, auf die Güteverhandlung oder Mediation und nimmt diese Angelegenheiten im Protokoll auf.

(2) Ohne die Vorprüfung abzuschließen und die erforderlichen Beschlüsse zu erlassen, kann das Hauptverfahren nicht eröffnet und hierfür ein Termin erteil werden.

Beschluss über die Prozessvoraussetzungen und ersten Beschwerden

§ 138 – (1) Das Gericht beschließt vorrangig der Akte entsprechend über die Prozessvoraussetzungen und ersten Beschwerden; falls erforderlich, können während der Vorprüfungsverfahren die Parteien verhört werden.

Ladung zum Vorprüfungsverfahren

§ 139 – Das Gericht legt den Verhandlungstermin fest und lädt die Parteien zur Vorprüfung ein, nachdem die Anträge gegenseitig gestellt und die Prüfung der in den oben genannten Paragrafen abgeschlossen ist. Die Ladung erinnert die Parteien daran, dass sie zur Befriedigung die nötigen Vorbereitungen zu treffen haben. Wenn zur Verhandlung nur eine der Parteien erscheint und die Verhandlung fortführen möchte, darf die nichterschienene Partei die Prozesse, die in ihrer Abwesenheit geführt wurden, nicht Einspruch einlegen und darf die erschienene Partei ohne das Einverständnis der nichterschienenen Partei seine Klage sowie seine Verteidigung erweitern oder ändern.

Vorprüfungsverfahren

§ 140 – (1) Um im Vorprüfungsverfahren über die Prozessvoraussetzungen und ersten Beschwerden ein Beschluss erlassen zu können, kann der Richter, wenn er es für notwendig hält, die Parteien verhören; danach wird im Umfang der Behauptungen und Verteidigungen der Parteien die Angelegenheiten, zu denen sie einig und nicht einig sind, einzeln festgestellt.

(2) Nach Feststellung der Konflikte verweist der Richter die Parteien auf die Güteverhandlung oder Mediation. Indem er der Meinung ist, dass zu dieser Angelegenheit ein Ergebnis erreicht werden kann, so wird für nur einmal ein neuer Verhandlungstermin bestimmt.

(3) Am Ende des Vorprüfungsverfahrens wird in einem Protokoll festgestellt, ob durch die Tätigkeiten zum Frieden und Kompromiss ein Resultat erzielt worden ist, wenn kein Resultat erzielt worden ist, werden die Angelegenheiten, über die die Parteien sich nicht einig sind, festgestellt.

(4) Das Vorprüfungsverfahren wird in einer Sitzung abgeschlossen. In erforderlichen Fällen kann einmalig ein erneuter Verhandlungstermin festgelegt werden.

(5) Im Vorprüfungsverfahren wird den Parteien eine zweiwöchige endgültige Frist gesetzt, entweder um die noch nicht eingereichten Unterlagen, die sie in ihren Anträgen aufgeführt hatten, dem Gericht einzureichen, oder dass sie die erforderlichen Aussagen machen können, um die Unterlagen einzuholen, die von anderen Stellen gebracht werden müssen. Wenn dies diesbezüglich nicht im vollen Umfang in der

angegebenen Zeit verrichtet wurde, wird entschieden, dass auf dieses Beweisstück verzichtet wird.

Erweiterung oder Veränderung der Anklage und Verteidigung

§ 141 – (1) Die Parteien können mit ihrem Schriftsatzwechsel frei, im Vorprüfungsverfahren jedoch nur mit klarer Zustimmung der Gegnerpartei, ihre Anklage oder Verteidigungen erweitern oder verändern. Wenn eine der Parteien an der Vorprüfungssitzung unentschuldigt nicht teilnimmt, so kann die anwesende Partei ohne dessen klare Zustimmung ihre Anklage und Verteidigung erweitern oder verändern. Nach Abschluss des Vorprüfungsstadiums kann die Anklage oder Verteidigung nicht erweitert und verändert werden.

(2) Zur Erweiterung oder Veränderung der Klage und Verteidigung bleiben die Bestimmungen über die klare Zustimmung der Gegnerpartei und Berichtigung der Schriftsätze vorbehalten.

Regelung hinsichtlich Fristen

§ 142 – Wenn das Vorprüfungsverfahren abgeschlossen ist und bevor der Richter mit der Prüfung der Streitsache angefangen hat, prüft er die Einhaltung von Fristen und die Beschwerden, die die Verwirkung und Verjährung betreffen, und fällt ein Urteil.

Dritter Teil – Fünftes Kapitel: Beweiserhebung und besondere Situationen

Anhörung der Parteien

§ 144 – (1) Während der Ermittlung der Sache kann das Gericht beide Parteien in entsprechender Form laden und sie in den vorgebrachten Angelegenheiten anhören.

(1) Die Ladungsfrist für die Anhörung, die das Gericht festsetzt, darf nicht kürzer als zwei Wochen betragen. Diese Frist kann gegebenenfalls von dem Gericht von Amts wegen oder auf Antrag einer Partei verlängert, aber auch verkürzt werden.

Beweismittelerhebung nach Ablauf der Frist

§ 145 – Die Parteien können nach der angegebenen Frist, die im Gesetz festgeschrieben ist, keine Beweisanträge stellen. Nur wenn ein später vorgelegtes Beweismittel nicht die Absicht besitzt, das Verfahren zu verzögern oder nicht durch eigenes Verschulden der betreffenden Partei innerhalb der genannten Frist eingereicht werden konnte, kann das Gericht genehmigen, dass das Beweisstück vorgelegt werden kann.

Parteivernehmung

§ 169 – (1) Das Gericht kann von sich aus oder auf Antrag entscheiden, die Parteien zur Vernehmung zu laden.

(2) Die Parteivernehmung bezieht sich auf das Verfahren und diesbezügliche Tatsachen.

Berichtigung der Schriftsätze

§ 176 – (1) Jede der Parteien kann sein rechtliches Verfahren, das sie eingeleitet hat, teilweise oder gänzlich berichtigen.

(2) Im selben Verfahren können die Parteien nur ein einziges Mal den Weg der Berichtigung in Anspruch nehmen.

Vierter Teil – Erstes Kapitel: Allgemeine Vorschriften über die Beweisaufnahme

Beweislast

§ 190 – (1) Die Partei trägt die Beweislast für Tatsachen, aus welche sie Rechte ableitet, solange im Gesetz keine gesonderte Regelung aufgeführt ist.

(2) Die Partei, die sich an eine gesetzliche Vermutung anlehnt, trägt die Beweislast lediglich hinsichtlich der Vermutungsbasis. Außer den Ausnahmen, die im Gesetz vorgesehen sind, kann die Gegenpartei das Gegenteil der gesetzlichen Vermutung beweisen.

Bewertung der Beweismittel

§ 198 – Außer den gesetzlichen Ausnahmen, bewertet der Richter die Beweisstücke frei.

Vierter Teil – Zweites Kapitel: Dokument und Urkunde

Dokument

§ 199 – Daten, wie ein handschriftlicher oder gedruckter Text, eine Urkunde, eine Zeichnung, ein Plan, eine Skizze, ein Foto, ein Film, eine Film- oder Stimmaufnahme und elektronische Daten und ähnliche Datenträger, sind Dokumente gemäß diesem Gesetz.

Prinzip des Urkundenbeweises

§ 200 – (1) Wenn Rechtsgeschäfte zum Zweck der Entstehung, Verwirkung, Übertragung, Auswechslung, Erneuerung, Aufschiebung, Anerkennung und Gestehung eines Rechtes ausgeübt werden und der Streitwert am Tag der Ausführung zweitausendfünfhundert Türkische Lira übersteigt, müssen sie durch eine Urkunde bewiesen werden. Auch wenn der Wert dieser Rechtsgeschäfte aufgrund der Zahlung oder Befreiung der Schulden o. ä. unter zweitausendfünfhundert Türkische Lira sinkt, kann der Beweis ohne Urkunde nicht durchgeführt werden.

(2) Bei Belangen im Sinne des Paragraphen, die eine Urkunde erfordern, kann ein Zeuge angehört werden, wenn an die Regelung im ersten Absatz erinnert wird und die Gegenseite dieser zustimmt.

Verbot des Zeugenbeweises gegenüber dem Urkundenbeweis

§ 201 – Die Rechtsgeschäfte, die eine Urkunde betreffen und deren Aussagekraft aufheben oder schwächen, können nicht durch einen Zeugen bewiesen werden, auch wenn ihr Streitwert nicht zweitausendfünfhundert Türkische Lira übersteigt.

Anfangsbeweis

§ 202 – (1) Wenn in den Fällen, in denen ein Urkundenbeweis erforderlich ist, ein Anfangsbeweis besteht, kann ein Zeuge angehört werden.

(2) Der Anfangsbeweis ist ein Dokument, das zwar für den Nachweis des Rechtsgeschäfts nicht genug ist, jedoch es wahrscheinlich macht und durch die davon nachteilig betroffene Partei oder ihren Vertreter abgegeben oder verschickt wird.

Die Pflicht der Parteien Dokumente vorzulegen

§ 219 – (1) Die Parteien müssen alle ihnen zur Verfügung stehenden Dokumente, auf die sie sich selbst oder die Gegenpartei sich als Beweisstücke stützen, dem Gericht einreichen. Elektronische Dokumente müssen ausgedruckt werden, und wenn sie zur Prüfung angefordert werden in einer angebrachten Art und Weise auf einen elektronischen Datenträger kopiert und dem Gericht eingereicht werden.

(2) Dokumente, wie Handelsbücher, die stets verwendet werden, können nur die betreffenden beglaubigten Abschnitte dem Gericht eingereicht werden.

Nichtvorlage eines Dokuments durch eine Partei

§ 220 – (1) Wenn ein Dokument, das für den Beweis des im Antrag vorgetragenen Streitgegenstandes notwendig ist, eingereicht werden soll, und diese Anforderung seitens des Gerichtes als passend erachtet wird und die Gegenseite anerkennt, dass dieses Dokument in ihrem Besitz ist oder dass sie aufgrund des vorgetragenen Antrages geschwiegen hat oder festgestellt wurde, dass durch eine offizielle Registrierung die Existenz des Dokumentes belegt wurde oder wenn durch ein anderes Dokument zur Anerkennung erlangt wurde, gibt das Gericht zur Einreichung des Dokumentes eine endgültige Frist.

(2) Das Gericht bietet der Partei, die bestreitet, das eingeforderte Dokument nicht zu haben, den Eid an, indem sie schwört, dass sie solch ein Dokument nicht zur Hand habe, dass sie sorgfältig gesucht und dennoch nicht gefunden habe und auch nicht weiß, wo es sich befinde.

(3) Wenn die Partei, die aufgefordert wurde, ein Dokument einzureichen, nicht in der angegebenen Frist das Dokument einreicht und in dieser Frist auch keine sie entschuldigende Angabe hervorbringt oder bestreitet, dass das Dokument sich bei ihr befinde und den ihr angebotenen Eid nicht annimmt oder nicht ausführt, kann das Gericht je nach Situation die inhaltliche Angabe des Dokumentes der Gegenseite annehmen.

Nichtvorlage eines Dokuments durch eine dritte Person

§ 221 – (1) Wenn ein Dokument, das sich bei einer dritten Person oder einer Einrichtung befindet und das Gericht es für den Nachweis einer Parteibehauptung als rechtserheblich sieht, ordnet das Gericht die Einreichung des Dokumentes an.

(2) Wenn das Dokument nicht vorgelegt werden kann, muss der hierfür genannte Grund zusammen mit den Beweisen vortragen werden. Wenn das Gericht das Vorgetragene als unzureichend ansieht, kann diese Person als Zeuge vernommen werden.

(3) Diejenigen, die das Dokument einreichen müssen, können nach den Vorschriften des Zeugnisverweigerungsrechts die Vorlage oder ihre Zeugenaussage verweigern. Bei denen, die das Dokument vorlegen müssen oder in diesem Gegenstand als Zeuge aussagen müssen, werden zeugenbetreffende Rechtsmittel angewandt.

Vierter Teil – Sechstes Kapitel: Augenschein

Der Beweis durch Augenschein

§ 288 – (1) Der Richter kann im Streitfall persönlich mit Hilfe seiner Sinnesorgane vor Ort oder am Gericht eine Nachforschung durchführen, um Wissen zu erlangen. Der Richter kann bei Bedarf die Hilfe eines Gutachters in Anspruch nehmen.

(2) Der Beschluss zur Augenscheinnahme wird bis zur mündlichen Verhandlung durch einen Antrag von einer der Parteien oder von Amts wegen gefällt.

Duldung des Augenscheins

§ 291 – (1) Die Parteien und Dritte müssen sich an die Anordnung zur Augenscheinnahme fügen und verhindernde Einstellung und Verhalten vermeiden.

(2) Wenn einer der Parteien sich gegen die Augenscheinnahme verweigert, und diese Partei diejenige ist, die die Beweislast hat, wird angenommen, dass sie von diesem Beweisstück absieht. Wenn es die Gegenpartei ist, wird davon ausgegangen, dass sie den behaupteten Tatbestand angenommen hat. Der Richter kann je nach Situation und Verweigerungsgrund von dieser Vorschrift absehen.

(3) Die Augenscheinnahme wird zu einem Zeitpunkt durchgeführt, die der dritten Person passt. Der Zeitpunkt und der Ort der Augenscheinnahme wird der dritten Person mitgeteilt. Wenn bei einer Verspätung ein Schaden vermutet wird, wird die Augenscheinnahme ohne Bekanntgabe ausgeführt. Wenn die dritte Person die Augenscheinnahme verweigert, verurteilt der Richter sie, die Kosten, die durch ihr widersetzendes Verhalten verursacht wurde, zu übernehmen und verhängt eine Disziplinarstrafe von fünfhundert Türkische Lira bis fünftausend Türkische Lira. Bei Bedarf kann er dies erzwingen. Die dritte Person kann jedoch aufgrund der Zeugenverweigerung basierenden Gründe die Verpflichtung der Augenscheinnahme vermeiden.

Feststellung der Abstammung

§ 292 – (1) Um den Konfliktgegenstand zu lösen und um die Abstammung feststellen zu können, ist es für jeden verpflichtend die Blut- und Gewebeentnahme hinzunehmen, vorausgesetzt, sie werden gemäß den wissenschaftlichen Daten durchgeführt, außerdem dürfen sie keine Gefahr für die Gesundheit darstellen. Wenn kein berechtigter Grund vorhanden ist und dieser Pflicht nicht nachgekommen wird, hat der Richter das Recht die Durchführung mit Gewalt anzuordnen.

(2) Die dritte Person kann aus dieser Pflicht nicht entlassen werden, indem sie sich auf das Zeugnisverweigerungsrecht beruft.

www.ingramcontent.com/pod-product-compliance
Ingram Content Group UK Ltd.
Pitfield, Milton Keynes, MK11 3LW, UK
UKHW021937290926
8980IPUK00016B/1665

9 783631 747483